色と色彩の心理学

松田隆夫・高橋晋也・宮田久美子・松田博子　共著

培風館

本書の無断複写は，著作権法上での例外を除き，禁じられています。
本書を複写される場合は，その都度当社の許諾を得てください。

まえがき

　本書は,「色」に関するさまざまな主題を心理学の立場から幅広く系統的かつ平易に概説し,色を学び始めた人や,これから学び始めようとしている人のための,初級から中級程度の標準的テキストブックとなることを目標に執筆された。そのため,内容の構成は極めてオーソドックスであり,その記述は学術性を旨としながらも,いずれも身近な話題として理解できるように,できるだけ日常的な事例とも関連付けて分かりやすく解説するよう心がけた。今日,「色」を専門領域とする著名な研究者は数多く,「色」を主題とする書はすでに多数出版されているにもかかわらず,あえて本書を上梓したのは,上記のような目標があったからである。

　本書はタイトルを『色と色彩の心理学』とした。「色」と「色彩」の二語は同義的であり,いずれも外来語で表せば「カラー」であるが,ことさら併記することにしたのは,その語を見たとき聞いたときの語感やその語を使うときのニュアンスに微妙な区別があり,私たちは特に意識することなく慣用的に二語を使い分けているからである。例えば,「光の色」である虹の「色」や信号の「色」は,光の波長成分の差異によって区別される色感覚の表現であって,これを色彩とは言わない。他方,果物の色や衣服の色は「物の色」で,その色合いや配色から受ける感性印象的な表現には「色彩」の語をあてることが多く,色彩感情とか色彩調和という合成語を使ったりする。しかし,「物の色」であっても,その色感覚を生じさせる色刺激としての心理物理的性質を記述するときには「色」の語を用いる。本書でも,このような慣用に準じて二語を混用しているので,タイトルにもその意を反映させて,「色」と「色彩」の二語を併用した。

　さて,本書の共著者は,いずれも大学,短期大学,専門学校等で,色彩心理学や色彩学の講義あるいは実習を担当してきており,「色と色彩」に関する研究者として,教育者として,あるいは実務者として,長期の経験を重ねてきた。その経験から言えば,今日,日常生活の中で果たしている色の機能についての人々の認識は一層深まり,各人が有為な社会生活を営んでいく上での「色」への関心もことさら高まっている。当然,色に関する学生の知識欲や研究関心も高く,「色」の講義や実習は,共著者がそれぞれに担当する職務の一部であるにもかかわらず,学生からの質問や実験計画に関する相談では「色」に関する話題が相対的に多い。

多くの学生が色を身近な問題として捉えているからであろう．実際，近年は，大学，短期大学，専門学校等での主専攻が何であるかにかかわりなく，色彩に関する各種の検定試験を受験した学生や受験希望の学生が相当数いる実情である．このような折に，本書の上梓が企画された．

　企画に当たっては，冒頭で述べたように，「色と色彩」に関する標準的テキストブックとなることを目標とし，その内容は，目次を一瞥すれば分かるように，極めてオーソドックスな構成とした．そして，本書は，各人が特定の章あるいは節について分担執筆したものを編者が一冊の本にまとめるという編集方針ではなく，本書のすべての執筆内容にすべての執筆者が等しく責任を負うというかたちの共著書とした．そのため，最初の草稿は誰かが執筆したとしても，その草稿には全員が等しく目を通し，自由に意見交換をしながら各所に追加・削除・修正・推敲を幾度も繰り返し，互いに納得した内容の記述になるよう努めた．さらに，本書を手にした人はすぐに気付いている通り，「色と色彩」を主題としているにもかかわらず，本書には色刷りの図版が1枚もない．その理由は，インターネットで各種の色画像が容易に閲覧できる今日，色図版の採用をあえて避けることによって，本書の安価な入手が優先できると考えたからである．それ以外の図表も，使用は最少限にとどめた．実際，本書では図や表を見ることによって理解が深まる記述が多々ある．各章や節の見出し，あるいは本文中にゴシック体で記述されている事項をキーワードにインターネット検索すれば，鮮明なカラー図版，その他が解説付きで閲覧できるので，そのような補助手段とともに本書を読み進めていってほしい．

　本書は，最初の企画から上梓に至るまでの間，培風館編集部の近藤妙子氏には大変お世話になり，特に，図版の作成やその整理には多大な助力を得た．記して謝意を表したい．

　　2014年1月

　　　　　　　　　　　　　　　　　　　　　　　　　　著　者　一　同

目　　次

プロローグ：色と人間生活 ———————————————————— 1

1章　光の物理的性質と色覚 ———————————————— 5

1-1　色情報の担い手 ………………………………………………… 5
- 1-1-1　電磁放射と可視光　5
- 1-1-2　電磁スペクトルと可視光の範囲　5
- 1-1-3　太陽光のスペクトル分光　6

1-2　色情報の性質 …………………………………………………… 8
- 1-2-1　無彩光と有彩光　8
- 1-2-2　太陽光と人工光源　9
- 1-2-3　色温度　11
- 1-2-4　光の色と物体の色　12

2章　色覚の生理学的基礎 ——————————————— 16

2-1　視覚系の構造と機能 …………………………………………… 16
- 2-1-1　視覚系の構造　16
- 2-1-2　視覚系の機能　20

2-2　色覚の神経機構 ………………………………………………… 22
- 2-2-1　3種類の錐体視物質　22
- 2-2-2　受容野の性質と3種類の色特異性細胞　24

2-3　色覚説 …………………………………………………………… 26
- 2-3-1　ヘルムホルツの三色説とヘリングの反対色説　26
- 2-3-2　現代の色覚説　29

2-4　明暗や色の感受に関する基本的視覚特性 …………………… 31
- 2-4-1　光覚閾と視感度曲線　31
- 2-4-2　網膜部位における感受機能の不均等性　32
- 2-4-3　感受機能の時間的経過特性　35

3章　色の三属性と混色の知覚的性質―色覚の基本的性質 ——— 40

3-1　色の三属性とその知覚的性質 ………………………………… 40
- 3-1-1　色の三属性　40
- 3-1-2　色相環と色立体　43

3-2　混色とその知覚的性質 ………………………………………… 45
- 3-2-1　混色の方法　45
- 3-2-2　混色の三原色　49
- 3-2-3　混色の実際　52

4章　色覚の異常 ──────────────── 54

4-1　色覚の正常と異常 ･･･ 54
- 4-1-1　ヒトの眼は三色型色覚　54
- 4-1-2　色覚異常の分類とその発現人口比　55
- 4-1-3　色覚異常の原因とその様態　58

4-2　色覚検査の方法と検査結果への対応 ････････････････････････ 61
- 4-2-1　色覚検査の方法　61
- 4-2-2　検査結果への対応　64

5章　色名による物体色の表示 ──────── 68

5-1　古今の色名とJISの慣用色名 ････････････････････････････････････ 68
- 5-1-1　いろいろな古今の色名　68
- 5-1-2　JISの慣用色名　71

5-2　JISの系統色名 ･･ 75
- 5-2-1　JISの系統色名の原則　75
- 5-2-2　JISの系統色名の表示のルール　76

5-3　PCCSの系統色名 ･･･ 79
- 5-3-1　PCCSの特徴　79
- 5-3-2　PCCSの系統色名の表示のルール　80

6章　表色系による色の表示 ──────── 82

6-1　CIE表色系 ･･･ 82
- 6-1-1　RGB表色系とXYZ表色系　82
- 6-1-2　CIE標準表色系としてのXYZ表色系　84

6-2　マンセル表色系 ･･･ 89
- 6-2-1　マンセル表色系の構成と基本理念　89
- 6-2-2　マンセル表色系の色票配置とカラーチャート　92

6-3　オストワルト表色系 ･･･ 96
- 6-3-1　オストワルト表色系の構成と基本理念　96
- 6-3-2　オストワルト表色系における色票配置と色票チャート　99

6-4　NCS（ナチュラルカラーシステム） ･･････････････････････････ 103
- 6-4-1　NCSの構成原理　103
- 6-4-2　NCSの色空間　104
- 6-4-3　NCSにおける色の表示と色票　107

6-5　PCCS（日本色研配色体系） ････････････････････････････････････ 108
- 6-5-1　PCCSの開発理念と色の構成概念　108
- 6-5-2　PCCSにおける色票配置とヒュー・トーン・システム　109

7章　色の知覚的性質の諸相 ────────── 114

7-1　色の見え方・現れ方 ……………………………………… 114
- 7-1-1　色の知覚と記憶　114
- 7-1-2　色知覚と照明光の条件　117
- 7-1-3　色の現れ方　119
- 7-1-4　色の見えやすさ・わかりやすさ　122

7-2　色の対比と同化 ……………………………………………… 125
- 7-2-1　明度の対比　125
- 7-2-2　色相の対比　129
- 7-2-3　彩度の対比　131
- 7-2-4　明度・色相・彩度の同化　132

7-3　形態性と色の知覚 …………………………………………… 134
- 7-3-1　形態の知覚と明るさ知覚　134
- 7-3-2　形態の知覚と色の知覚　137

8章　色の感性情動的性質の諸相 ────── 139

8-1　知覚判断に影響する色の感性印象的効果 ……………… 139
- 8-1-1　色のモダリティ内効果　139
- 8-1-2　色のモダリティ間効果　141

8-2　色の感性情動的性質 ………………………………………… 142
- 8-2-1　色の感情価とその評価　142
- 8-2-2　色の象徴性　146
- 8-2-3　色の好き嫌い　149

8-3　配色の感性情動的性質 ……………………………………… 153
- 8-3-1　配色の感情効果　153
- 8-3-2　2色配色とその好悪　155
- 8-3-3　配色感情効果の応用　157

8-4　色彩感情の個人差とパーソナリティの診断 …………… 158
- 8-4-1　色彩感情の個人差　158
- 8-4-2　色とパーソナリティ・テスト　159

9章　色彩調和論と調和的配色の実際 ──── 163

9-1　欧米の色彩調和論 …………………………………………… 163
- 9-1-1　19世紀までの状況　163
- 9-1-2　オストワルトの色彩調和論　165
- 9-1-3　ムーンとスペンサーの色彩調和論　167
- 9-1-4　当時の色彩調和論に関するジャッドの論考　169
- 9-1-5　イッテンの色彩調和論　169

9-2 日本における色彩調和の研究 …………………………………… 172
　9-2-1 日本における色彩調和研究の沿革　172
　9-2-2 日本における代表的な色彩調和研究　173
9-3 配色の実際 ………………………………………………………… 177
　9-3-1 2色配色の基本型　177
　9-3-2 効果的配色の基礎技法　180

10章　カラーコーディネートの基礎と応用 ── 185

10-1 ファッションビジネスと色彩 ………………………………… 185
　10-1-1 ファッションカラー情報の時系列　185
　10-1-2 ファッションビジネスの視点　187
10-2 カラーコーディネートとカラーイメージ …………………… 189
　10-2-1 カラーコーディネートにおける色彩の基礎知識　190
　10-2-2 ファッションに影響する色彩心理とその特徴　193
　10-2-3 ファッションに用いられるトーンイメージとその特徴　195
　10-2-4 配色イメージと配色構成色　196
　10-2-5 カラーイメージスケール　198
10-3 インテリアカラーコーディネートにおける色彩計画 ……… 200
　10-3-1 インテリアカラーコーディネートの手順　201
　10-3-2 インテリアカラーコーディネートの注意点　203

11章　色の知覚的・感性情動的性質の測定法 ── 205

11-1 実証的研究の特徴と研究法の類型 …………………………… 205
　11-1-1 実証的研究の基礎と一般的手続き　205
　11-1-2 研究方法の類型　208
11-2 感覚知覚的性質の測定とその適用事例 ……………………… 211
　11-2-1 心理物理的測定法　211
　11-2-2 心理尺度構成法　215
　11-2-3 その他の方法　218
11-3 感性情動的性質の測定とその適用事例 ……………………… 220
　11-3-1 評定法とその多様なバリエーション　220
　11-3-2 心理尺度構成法の応用　223
　11-3-3 SD法　225

エピローグ：再び，色と人間生活 ─────────── 227
文　　献 ──────────────────────── 231
索　　引 ──────────────────────── 239

プロローグ：色と人間生活

　私たちの日常は色と色彩に満ちあふれている。ここでは，私たちの生活と関わって，色はどのような機能を果たしているか，色はどのような話題を提供しているかなど，幾つかの身近なトピックスをエッセイ風に述べ，1章から系統だてて概説する「色と色彩の心理学」へのプロローグとしたい。

■色による意味の伝達と意味の表象

　遠方に鳥居が見えると，私たちは，その付近に神社があると推察する。鳥居が朱色であれば一層目に入りやすく，その色と形は日本人にとって神社の象徴であるから，そこに神社があると確信する。郵便ポストの色は，日本では1901年以降，赤で統一されており，探すときの手掛かりになる。ポストの色は国によって異なっているが，いずれの国でもその色は統一されているから，人々に意味を伝達する上での機能は十分に果たしている。
　注意を促し危険を知らせることを目的とする意味の伝達では，使用する色の約束ごとを国際的にも国内的にも定めておかないと困る。身近な交通信号は，わが国でも国際規格に準じて，『道路交通法施行令』で「赤色・黄色・青色」と定めているし，飛行場の滑走路や誘導路などを指示する灯火，飛行機の主翼先端や垂直尾翼に点ける灯火の色は『航空法施行規則』によって規定されている。その他，安全色や安全標識に関する多種類の規格が，国際的にはISO(国際標準化機構)，国内的にはJIS(日本工業規格)によって制定されている。
　意味の伝達に色が多用されるのは，誘目性や視認性を高めるためであろう。花の色の鮮やかさは受粉の効率を高める。繁殖期のオシドリやクジャクのオスは見事な変身で羽の色を目立たせてメスにアピールし，華美なディスプレイ(求愛動作)を披露したりする。同じアピールでも，護身のための威嚇色もある。
　心の絆を表象する色として，ナショナルカラーとも呼ばれる「国の色」がある。その色はまさにその国の歴史を体現する象徴的な色であり，近年馴染みであるのは，国際試合で選手が着るユニフォームの色であろう。特に，アルゼンチンの空色，ブラジルの緑と黄色，スペインの赤と黄色などはその国の国旗の色でもあり，国家のアイデンティティを表象する色として当然の理がある。
　特定の文脈で特定の色が明確なメッセージを伝え，人々の心に訴えかけること

もある。欧米で流行し各国に広まったアウェアネスリボンは，特定の色のリボンを身に付けたり，その形のステッカーを車などに貼ることで，その色が意味する特定の社会問題や社会運動に対する支援や賛同の意思表示となる。乳がんの予防・早期発見を啓発するピンクリボンや，世界エイズデー（12月1日）を象徴するレッドリボンなどは，わが国でも知られるようになった。また，2011年3月11日の震災で壊滅的な被害を被った陸前高田市の民家跡地に掲げられた黄色いハンカチは，"街に再び幸せが来るように"という被災者の祈りや希望が込められており，これなどは，まさに人々の心の絆を象徴する色と言えよう。

■色による統一と識別

　かつて日本心理学会年次大会のワークショップで，古都・京都の街並みに見る色の統一感の乱れが，景観との関わりで議論されたことがある。他方，外国の写真あるいは現地で目にする統一された赤褐色の屋根や純白の外壁に，地域全体のまとまりある印象とともに，ある種の感動すら覚えることがある。

　企業で統一されたユニフォームとその色は，顧客の心に信頼感や親近感を与えるのに役立ち，その色はその企業のイメージカラーであり，シンボルカラーとなる。世論の信頼や評価と結びつく企業イメージの醸成に関連して，ユニフォームの色が潜在的に担っている役割は無視できない。その上，着用者には仲間としての連帯感をもたらし，所属集団への帰属意識を高揚させる機能もある。

　色による統一とは，裏を返せば他のものと色で区別することでもある。ユニフォームは着用者（内集団のメンバー）の帰属意識を高めると書いたが，反面，その色は外集団のメンバーとの違いの明確な表明でもある。それが時には，集団間の競争意識や差別感，偏見を助長することもあり，例えば，スポーツチームのサポーターの間に険悪な空気が誘発されることすらある。

　先に，色は意味を伝達すると書いたが，これも，色で他との区別ができるからである。金融機関の窓口にある出入金の伝票は淡い色の青と赤で区別されているように，色は一見して物の区別を教えてくれる。生鮮食品の鮮度や果物の熟れ具合を色で判断するように，色は品物の見定めにも役立ってきた。色は，私たちに示差的特徴を知らしめる有力な視覚情報であり，色の見せ方が売り上げに関わってくる商店では，品物の照明に演色性への配慮も怠らない。

　色による識別と統一が共役的に作用して大変役に立っている事例は，大都市の地下鉄路線図であろう。色の違いによる識別性と同じ色による統一性が有効に働きあって，複雑に入り組んだ多数の路線の経路が一目で分かる。この地下鉄路線図を白黒コピーしてみると，たちまち路線が辿れなくなる。

■色による感性の演出と感性への挑戦

　街にあふれる色とりどりの色物商品は，人々の感情に直接働きかけて販売を競うようになり，便箋や下着は白が常識と決め込んでいた時代は，遥か遠のいてしまった。色物の多用はすでに現世の趨勢であり，もはや過去の色の常識は通用しない。企業は，パッケージやロゴタイプの色にも工夫を凝らして，世論や消費者に働きかけている。

　色彩感情という用語があるように，色は，ある種の感情的・情動的な性質を人々の心に惹き起こす。色の組合せには，美を生み快感情をもたらす配色が望まれるのが通常であり，色彩調和論は，そのための配色ルールを最大公約数的に提言する試みでもある。ファッションやインテリアの色は，それぞれ多様なイメージと深く結びついて，気分の創出にも一役買ってきた。今日，さまざまな領域で色のコーディネートに関する要求は高まってきている。

　エクステリアの色彩設計に関する近年の世間の話題は「色と景観」の問題であろう。建物の外壁や看板の色など，人々の自然な感性に逆らう挑戦的な色使いを規制しようということで，2004年に「景観法」が国会を通過し，瞬く間に千にも及ぶ市町村で「景観条例」が制定された。三星(2011)は"騒色公害"と名付けて，都バスのボディーの配色(1981年)，家電量販店外壁のオレンジ色蛍光塗装(1986年)，マンション外壁のピンク色塗装(1997年)など，日本における数々の"騒色事件"の経緯を展望している。2008年4月には，赤と白にストライプ彩色した"まことちゃんハウス"(漫画家・楳図かずお邸)を住民が提訴したとの報道があった。他方，三鷹天命反転住宅(2005年，荒川修作設計)やJR加古川線の電車(2004年，横尾忠則デザイン)も派手ではあるが，これに訴訟が起こったとは聞いていない。建築物であれ移動物体であれ，色の景観論争で是とするか非とするかの境目はなかなか決め難い。

　かつてブルーノ・タウトは，桂離宮を"清純真率な建築"と激賞し，返す刀で日光東照宮の建物群を"堕落の極致"と切って捨てたという(橋本，2012)。しかし，派手な色で奇抜だから景観論争が起こるというものでもない。京都の平安神宮や伏見稲荷は大鳥居だけでなく社殿も派手な赤であるが，その景観に非があると論じられたことはない。今はくすんだ色の国宝建造物や彫刻塑像の類も，当初は極彩色であったものが多い。美意識は見た目に映るとおりの色だけで対立的に論じられるものではなく，その色彩文化を一律の基準で評価することはできないということであろう。

プロローグ：色と人間生活

■カラー画像の再現技術と色覚の仕組み

　日本では1950年代に初めて色付きの「総天然色映画」が出現し，1960年代になってカラー写真やカラーテレビが比較的安価に普及し始めたのも，今や昔話となった。その後の半世紀間，パソコンやデジカメも身近な存在となり，多種多様なカラー画像の登場と色再現技術の格段の進歩は，情報化社会といわれて久しい現代にあって，扱われる情報の量と質を高める役割を着実に果たしてきた。今日，タブレット型情報端末やスマートフォンも普及し，入手したい情報が多彩なカラー情報として容易に閲覧できる時代になった。

　1990年代の中頃から始まった新聞の多色刷りも，今では当たり前になった。2007年の正月，ある全国紙の夕刊に「立体広告新聞」と称して，色刷りの3D広告が掲載された。その3D画像を添付の専用メガネ（片眼が赤，他眼が青の色フィルター付きメガネ）で眺めると，広告に登場する人物の姿が飛び出して見え，活造りの刺身や砂浜の貝殻などが見事な奥行感を伴って観察できた。ちなみに，この頃には3Dテレビも話題になっていたが，二次元画像を見て三次元空間が知覚できる仕組みは，立体広告も立体テレビも基本的に同じである。

　なぜかくも多彩な色が，映画や写真，雑誌や新聞，テレビやパソコンのディスプレイ上で再現できるのだろうか。直接的には，理工学分野における優れた科学技術の産物として，このような機器媒体が開発されたからであるが，間接的には，色に関する基礎科学分野で，私たち人間の色覚の仕組みが着実に解明されてきたからであり，その仕組みを機器媒体が工学的に模擬してカラー画像を再現しているからである。そして，私たちは機器媒体が運んできた画像の中の対象に"本来の物"の色を知覚している。

　私たちが知覚し弁別できる色は無数に近い。日常使っている色でも数千はある。一口に色と言っても，「空の青」と「画像の青」と「色紙の青」では見え方が違う。その青も，青みの程度や明るさは多様である。このように多彩な色の違いを区別して表示するにはどうすればよいだろうか。物理的に同じ表示の色でも，見るときの条件によって知覚される色の感じは同じとは限らない。それ以前の問題として，そもそも色の情報は何によって運ばれているのだろうか。

　このプロローグでは，色が果たしている多様な機能の一端を知るため，幾つかの身近な事例を紹介してきた。しかし，色を見る仕組みやその見え方の特徴，色と心の機能との関わりなどについては，まだ何も述べていない。このような，人間の色覚に関するさまざまな疑問を追いながら，以下の本論を読み進めてほしい。

1章
光の物理的性質と色覚

　この章では，色情報の担い手は光刺激(可視光)であることを述べた上で，光の物理的性質と色覚との関係について概説する。はじめに，光は広い波長範囲の電磁放射(電磁波)の一部であり，短波長側のガンマ線やX線から長波長側のラジオ・テレビ電波などに至る電磁スペクトルのなかではごく狭い波長領域を占めているに過ぎないことを述べ，次いで，太陽光をスペクトル分光した，かの有名なニュートンの実験を手掛かりに，光の波長と色との関係，単色光・有彩光・無彩光，太陽光と人工光源，光の色と物体の色の同異などについて順に述べる。

1-1　色情報の担い手

1-1-1　電磁放射と可視光

　私たちが周囲の環境の情況を目で見ることができるのは，環境に存在している光エネルギーが眼に到達して，明から暗，白から黒，虹の七色といったさまざまな視感覚が惹き起こされるからである。一般に心理学では，生体の感覚器官に感受されるエネルギーまたはその変化のことを**刺激**(stimulus)と呼ぶから，私たちに明から暗，白から黒，虹の七色といったさまざまな視覚的体験をもたらす「視覚情報(色情報)の担い手」は，光エネルギーまたは光刺激だということができる。

　光エネルギーは，光子の性質を伴って'波'(電磁波)のかたちで放出または伝播される広い波長範囲の**電磁放射**(electromagnetic radiation)のうちのごく一部であり，眼で光として捉えることができる放射という意味で，**可視放射**(visible radiation)または**可視光**(visible light)と呼ばれている(図1-1)。

1-1-2　電磁スペクトルと可視光の範囲

　広い波長範囲にわたる電磁放射(電磁波)について，短波長側のガンマ線から長波長側の交流電流まで，波長領域ごとの呼称を順に表したものを**電磁スペクトル**(electromagnetic spectrum)という。人間にとっての可視光とされる波長領域(**可**

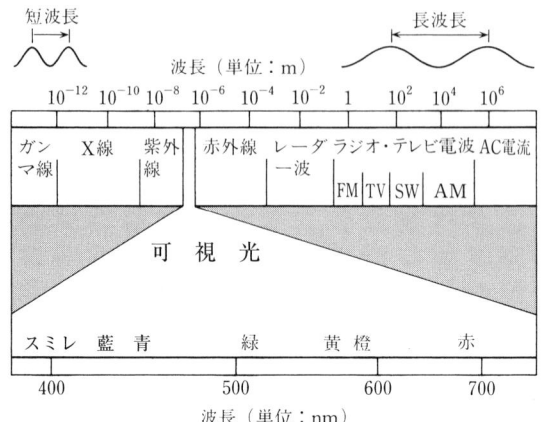

図 1-1 電磁スペクトルと人間の可視光

視スペクトル)は,電磁スペクトルのうちのごく狭い範囲に過ぎず,通常,その下限は 360〜400 nm,上限は 760〜830 nm とされる。ここで nm(**ナノメートル**;nanometer)とは,極めて微小な長さを表記するときに用いる長さの国際単位であり,nano は 10^{-9} を意味するから,1 nm は 10 億分の 1 メートルに相当する。念のため付記すれば,かつては nm と同じ長さの単位として mμ(ミリミクロン;millimicron)が使用されており,今でも古い著書では mμ の記述を見かけることがあるが,1967 年に開催された国際度量衡総会でナノ単位の採用およびミクロン単位の廃止が決まり,今日では原則として mμ は使用されなくなった。

図 1-1 に,電磁スペクトルと人間の可視光の範囲を示す。上述のとおり,可視光とされる波長の下限と上限は一義的には決められないが,ひとまずここでは可視光の範囲を 380〜780 nm と理解しておくことにする。なお,可視光の範囲を,約 500 nm と約 600 nm を境に三つの領域に大別し,約 500 nm 以下を短波長域,約 500〜600 nm を中波長域,約 600 nm 以上を長波長域と呼ぶ。

1-1-3 太陽光のスペクトル分光

可視光とされる波長領域をほぼ均等に含んでいる太陽光(自然光)は色みのない光であるが,すでに 17 世紀の後半に,ニュートン(Newton, I.)がプリズムを用いた基本的実験で,太陽光を赤・橙・黄・緑・青・インディゴ(藍)・スミレの 7 色の波長成分(ニュートンのいう太陽光の純粋成分)にスペクトル分光してみせた。波長の違いが 7 色の情報を運ぶことを明示したのである。

■ **ニュートンの実験と虹の七色**　　図 1-2 は Newton の実験の概念図であり,分

1-1 色情報の担い手

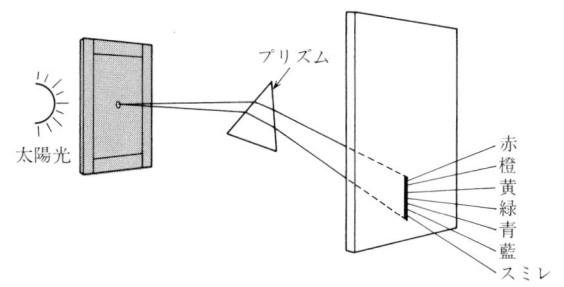

図 1-2 太陽光を 7 色にスペクトル分光したニュートンの基本実験

光された色光（スペクトル色，spectral color）の帯は，波長の違いに応じて長波長側の赤から短波長側のスミレ色（青みの紫）まで，「虹の七色」にそって連続的に変化して知覚される。人間の眼には色みのない太陽光が，実際には 7 色の混合であることを示したのである。Newton は，スペクトル分光して特定のスペクトル色だけを取り出し，その色光を再びプリズムを通して観察しても同じ色が見えるだけで，それ以上の成分に分析することはできないことを示し，スペクトル色こそ"純粋の光"（pure light）であることが証明できたと考えた。ちなみに，彼が光分散の実験を行ったのは 1666 年であり，初めて光と色の研究を発表したのは，29 歳になった 1672 年のことであったというが，その後，著書 *Opticks* の公刊（1704）までには 30 年余を待たなければならなかった。

　もちろん，スペクトル光の色の違いは 7 色だけではない。図 1-1 の下部にも，Newton に倣って 7 色だけを記入しておいたが，実際には私たちの眼は，可視スペクトルのすべての範囲で純粋な色みの違いだけでも 200 以上は弁別できるし（☞ p.41，色相の弁別），これに飽和度（彩度）や明るさ（明度）の違い（☞ p.40, 3-1-1）を掛け合わせ，日常的に使っている色の種類は 3000 以上，実験的に区別できる色の数は数百万以上もあるといわれる。

　そうであるのに，なぜ Newton は 7 色にこだわったのであろうか。音楽における音階からの類推という説もあるが，多分，ずっと後年になって「不思議な数"7±2"」とう論文が話題となったように（Miller, 1956），当時の Newton も，ただ目立って感じられた色におさまりよく 7 個の色名を割り当て，それ以来，"虹の色は 7 色"という知識が世界の教育分野で定着するに至ったというのが実際のところであろう。ちなみに，日本をはじめ，西欧ではフランス，オランダ，東洋では韓国など，虹は 7 色とする国は多い。しかし，これが世界の常識というわけではなく，鈴木（1990），その他によれば，イギリスやアメリカでは，学術や教育の

分野では7色と記述されてはいても，国民の間での一般的認識は，赤・橙・黄・緑・青・紫の6色だという．スウェーデンでも6色，また，ドイツやベルギー，地域によってはフランスでは5色とするのが当たり前らしい．世界の中には4色とも3色とも，さらには2色とする民族もいるという．

■ **光の波長と知覚される色**　既述のとおり，波長の違いがさまざまに異なる色の情報を運んでいる．つまり，特定の波長の光は特定の色感覚を生起させることになるので，特定の波長光のことを**単色光**(monochromatic light)あるいは**単色放射**(monochromatic radiation)という．例えば，700 nm，520 nm あるいは 475 nm の辺りの単色光には，それぞれ赤，緑，青の色感覚が起こる．ただし，特定の波長といっても，理論的には光に含まれる波長帯域は無限に狭められる一方で，現実的にごく狭い波長帯域(例えば 1 nm 単位)の光を発生させることには技術的な困難も伴うので，実際には数 nm 程度で切られた範囲の波長光を単色光と呼ぶのが一般的である．

先に，実験的にはスペクトル光の色の違いを 200 以上も弁別できることを述べた．それを Newton は代表的な7色で記述したのであるが，ここで，あらかじめ**光の波長と知覚される色との関係**を少しだけ細分して理解しておくため，後に図 6-3(☞ p.89)で説明する CIE 色度図のスペクトル軌跡上に並ぶ色の違いを参照してほしい．これを見ると，スペクトルの両端は別にして，波長範囲の広い色相(例えば緑)もあれば狭い色相(例えば黄)もあることが分かる．このことは，図 3-3(☞ p.44)を見ても納得できる．

ところで私たちは，日常，特定の波長成分だけの単色光を見ることは滅多にない．現実に見る色のほとんどは，さまざまな波長帯域の光が組み合わさった**複合放射**(complex radiation)である．また，紫(purple)という色は，単色光としてスペクトルには存在しない．紫は，スペクトル両端の短波長成分と長波長成分をともに含んでおり，したがって，紫は両端のスペクトル光の混合によって得ることができる(☞ p.45，混色)．このことが，知覚的な色相の変化が直線配列ではなく円環配列となることにつながる(☞ 図 3-3)．

1-2 色情報の性質

1-2-1 無彩光と有彩光

太陽光は私たちにただ明るさを感じさせるだけで，それ自体は色みのない自然光であり，すでに述べたとおり，分光成分としてはすべての波長の光をほぼ均等に含んでいる．色を感じさせないこのような光を**無彩光**(achromatic light)とい

1-2 色情報の性質

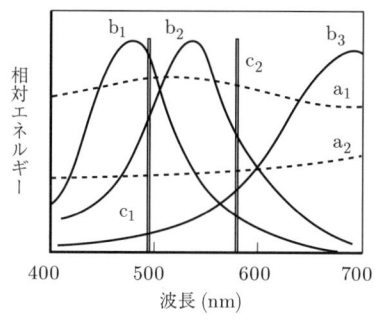

図 1-3 (a)無彩光,(b)有彩光,(c)単色光の分光分布の例
(記号ついては本文を参照)

い,明から暗への明るさの変化は無彩の程度の変化である。これに対して,色を感じさせる光を**有彩光**(chromatic light)という。上述した**単色光**も有彩光の特別な事例であるが,多くの場合,有彩光は分光組成の相対エネルギー分布(**分光分布**)が非均等であり,際立って多く含まれている特定の波長(**主波長**,dominant wavelength)あるいはその組合せによって,知覚される色の性質が決まる。したがって,光源の分光分布が分かれば,その光がどのような色に見えるか推定することができる。

図 1-3 に,無彩光,有彩光,単色光の分光分布を例示した。図中の a は無彩光 (a_1:明,a_2:暗),b は有彩光(b_1:青,b_2:緑,b_3:赤),c は単色光(c_1:青,c_2:黄)の例である。ここで付記しておけば,可視光範囲の両端にある 400 nm 以下と 700 nm 以上の波長成分は色の見えに対する影響が少ないので,分光分布をグラフに描くときの横軸は,図 1-3 のように 400〜700 nm の波長範囲とすることが多い。

なお,光源としての太陽光と眼に到達した太陽光との分光分布は,地球の大気や塵埃などによる散乱,さらには眼球各部での光の透過性の違いにより,同じではない。長波長をよく通す大気中を直進してくる朝日や夕日は,赤っぽく見える。空の色は拡散された太陽光の色であり,"散乱光の強さは波長の 4 乗に逆比例する"というレイリーの散乱法則(Rayleigh, J. W. S., 1871)の理屈で,昼間の空は青く見える。また,昼間の海の色が青く見えるのは,青空の水面反射に加えて,短波長光が水分子によって散乱するからである。

1-2-2 太陽光と人工光源

すでに述べたように,ひとくちに太陽光といっても常に同じ光の色に見えるわ

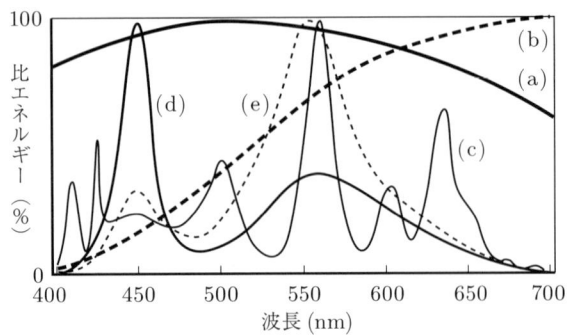

図 1-4 (a)太陽光, (b)白熱電球, (c)昼光色蛍光灯, (d)白色 LED ランプ, (e)電球色 LED ランプの分光分布の例

けではないが, 逆に, 同じ色に見えたからといって分光分布が同じだという保証もない(☞ p.47, 条件等色)。古くから昼光色とか白色光の商品名で市販されている蛍光照明灯に自然光と同様の明かりを感じたとしても, その分光分布は, 例えば図 1-4(c)が示しているように太陽光(a)とは大違いである。図 1-4(b)には, 昔ながらの白熱電球の成分を記した。長波長側の成分が多く含まれているから, 白熱電球の光はオレンジ色を帯びて感じられるし, その照明のもとで室内撮影したカラー写真が黄赤っぽく印画される理由も分かる。

近年, 青色 LED の開発によって実現した白色光の **LED ランプ**は, 消費電力と耐久性に大変優れていると喧伝されている。技術は日進月歩であるが, 現時点での LED ランプは, 白色光であってもその分光分布には二つまたは三つの山があり, 例えば図 1-4(d)に示すとおり, 太陽光と違って分光組成は非均等である。LED とは発光ダイオード(light-emitting diode)のことであるが, 単一の LED では白色光を出すことはできず, 今は 450 nm 辺りをピークとする狭い山の青色 LED (光の三原色のうちの 1 色)と 550 nm 辺りをピークに幅広く分布する黄色発光体(青色の補色)を組み合わせた補色組合せ方式(図 1-4(d)), あるいは黄色発光体に換えて 650 nm 辺りと 500 nm 辺りをピークに幅広い分布もつ赤色発光体と緑色発光体の 2 色(光の三原色のうちの 2 色)を青色 LED と組み合わせる三原色組合せ方式, あるいは, 赤・緑・青の三原色の LED をそのまま混光する三原色 LED 混光方式によって, 白色光を実現している。そのため, 見た目は白色光であっても分光分布曲線は平坦ではなく, 二つまたは三つの山をもつことになる。また, LED ランプでも白熱電球色のものは図 1-4(e)に例示のとおり, (d)の白色 LED ランプの分光分布とくらべると長波長側の成分が多い。

1-2-3 色温度

炭素の塊のような完全黒体を高温で熱したときに発せられる放射光の分光分布は，絶対温度によって規則的に変化し，それに対応して，放射光に知覚される色光の性質も規則的に変化する。そこで，表現しようとする光の色を黒体からの放射光の色と対応させ，そのときの黒体の絶対温度を用いて記述することができる。

■ **完全黒体の放射曲線**　完全黒体とは，すべての波長の放射を吸収する完全に黒い物体のことであり，絶対温度(単位はK：ケルビン)とは，これ以上は温度が下がらないという絶対零度(物体を構成する分子の動きが停止する温度)を原点とする温度体系である(0 K は $-273℃$ に相当)。そして，高温で熱せられた完全黒体が発する分光放射強度を絶対温度ごとに表した分光分布図のことを **黒体の放射曲線** という。

図1-5に，黒体の放射曲線を対数分光分布で示した。この図の可視光部分の放射曲線(網掛けの部分)から理解できるように，1600 K では長波長領域のみを成分とする赤みがかった暗い色光であるが，温度が 2600〜3000 K に上ると長波長側の成分が短波長側よりも相対的に多い分布(白熱電灯光の分光分布曲線に近似)のかたちで強度が次第に増加する。温度が 6000 K にまで高まると，放射曲線は平坦ではあるが中波長帯にピークをもつ分布(昼間の自然光)となり，さらに10000 K にまで高まると，短波長側の成分が相対的に優位な分布の色光(晴天の明るい青空)にまで連続的に変化する。

■ **色温度**　図1-5が示すように，熱せられた完全黒体が発する可視光部分の放射曲線は絶対温度によって規則的に変化し，その放射色光(光源色)は，絶対温度が低いときの'赤っぽい色'から温度が高いときの'白色'，さらに'青白い

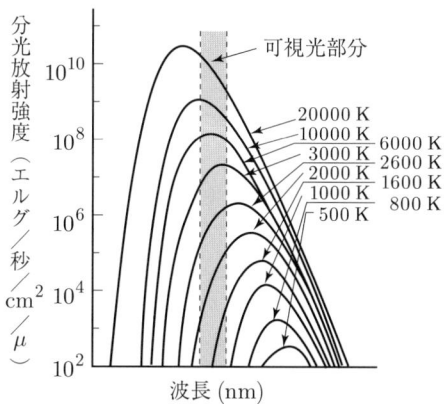

図1-5　対数分光分布で表わした黒体の放射曲線

色′にまで連続的に変化する．つまり，黒体の放射曲線は絶対温度によって異なるわけで，そのときの放射光に対して知覚される色も規則的に変化する．

そこで，表現しようとする光の色を黒体からの放射光の色と対応させ，そのときの黒体の絶対温度を用いて，例えば，ロウソクの炎は1800 K程度，日の出や日没のときに見る太陽は1800～2000 K，日中の太陽光は6000 K，天頂の満月は4000 Kというように記述することができる．このような光の色の表し方を**色温度**(color temperature)という．そして，黒体からの放射曲線は図1-5で見るように単峰性であるが，不規則なスペクトル分布の蛍光灯(☞ p.10，図1-4(c))であっても黒体の放射光の色と対応づけることができるので，白色蛍光灯は3900～4500 K(通常は4200 K)，昼白色光蛍光灯は4500～5200 K(通常は5000 K)，昼光色蛍光灯は5700～7100 K(通常は6500 K)などと表現することができる．高速自動車道路トンネル内の高圧ナトリウムランプの色温度は約2000 Kである．ただし，すべての種類の光の色を色温度で記述することは不可能であり，例えば，緑色を呈する色光に対応する色温度は存在しない．

1-2-4　光の色と物体の色

ここまでは太陽や照明灯や黒体など，自ら光を発している光源の色(光の色)について，分光組成やスペクトル光と関係づけながら記述してきた．実際，街角の信号灯やネオンサイン，家庭内のテレビやパソコンのディスプレイなど，光の色を見る機会はとても多い．しかし，ひとくちに「色」といっても，光の色のほかに，花の色や果物の色，色紙の色や洋服の色などもあり，私たちにとっては物体の色(物の色)のほうがもっと馴染み深いかもしれない．

■**光の色**　すでに説明したように，特定波長だけの単色光の色はその波長成分によって，また，複数の単色光を不連続に含む複合光の色や，いろいろな波長成分を不均等に含む有彩光の色は，それらの光に含まれる波長成分の組合せや主波長によって決まる．また，可視光領域のすべての波長をほぼ均等に含んでいる光は，色みのない無彩な光として知覚される．つまり，光の色は，その光に含まれている波長ごとの相対エネルギー分布(分光分布)で決まる．

■**物体の色**　何かの物体に光が当たれば，光は物体の表面で多かれ少なかれ反射する．物の表面に色が見えるのは，光が物に当たったとき，その物の表面で反射した光(**反射光**)が眼に入射するからである．例えば，紅玉のリンゴが赤く見えるのは，リンゴの皮に含まれている色素(アントシアニン)によって，可視波長域のうちの約600 nm以下の波長成分の大部分が吸収され，それ以上の長波長域の光が反射されて眼に入射するからである．一般に，どの波長が吸収されたり反射

1-2 色情報の性質

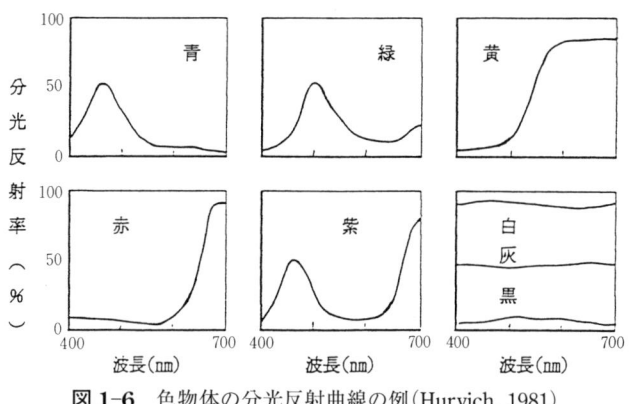

図 1-6　色物体の分光反射曲線の例（Hurvich, 1981）

されたりするかは，物体表面の分子構造によって決まる。

　反射光であっても光であることに変わりはなく，その反射光の波長成分によって知覚される色は決まるのであるから，光の色の場合と同様，物体色の情報の担い手は光だといってよい。当然，すべての波長成分をほぼ均等に反射する物体であれば，その物体の表面に色は知覚されない。

　物体に投射された光が，その物体に特有の吸収／反射特性によってどのような比率で反射されるかを，可視光領域の波長の別に表したものを**分光反射率**（相対反射率）という。図 1-6 に，代表的な色物体（青・緑・黄・赤・紫・白・灰・黒）の**分光反射率曲線**（相対反射特性）を例示した。この図を見れば，青・緑・黄・赤の物体の表面からの反射は，それらの色を知覚させる主波長領域での反射率が高いこと，紫の物体は可視スペクトルの両端の波長をよく反射すること，無彩色の物体はすべての波長成分をほぼ均等に反射し，白・灰・黒の違いは反射率の高・中・低の違いであることが分かる。

　ちなみに，光を 100% 反射する白，逆に 100% 吸収する黒は，まずお目にかかれそうもない。白でいえば，半世紀ほど前までは酸化マグネシウム（MgO）の白色煙着面，近年は硫酸バリウム（$BaSO_4$）の粉末を成形した白色面を標準としているが，その反射率はせいぜい 90〜95% 程度であり，真の意味での真っ白ではない。黒についても同様で，真っ黒な物体といってもその表面は普通 5〜10% の光を反射している。なお，2008 年 1 月 28 日付の朝日新聞によれば，米国の二つの大学の研究チームが近年のナノテクノロジーを使って，照射された光の 99.955% を吸収する最も黒い物質（すなわち反射率 0.045%）を作ることに成功したという。

　さて話を戻して，ここで留意しておくべきことは，以上で述べた物体の色は，

あくまでも物体を自然の太陽光（あるいは，すべての波長を均等に含む人工光源）のもとで見たときの話であって，そのときに知覚される物体の色は，物体表面の分光反射率によって決まるということである．しかし，例えば，太陽光のもとで赤く見えるリンゴを短波長側だけの青い色の照明光のもとで見ても，リンゴの表面で反射されるはずの長波長成分は含まれていないから赤くは見えず，この場合，照明光の成分の大部分は吸収されてリンゴは黒ずんで見える．つまり，ある波長成分に最大割合の反射特性を示す物体に，その波長成分を含まない照明光が当てられても，物体はその成分を反射してはこない．逆に，戸外の自然光の下で真っ白に見える物体でも，青の照明光の下では青く，赤の照明光の下では赤く見える．ナトリウムランプで照明された自動車道路のトンネル内で，着衣や肌の色が異様な感じを与えるのも，このような理屈である．

すでに説明したとおり，物体の色は，照明光の分光分布特性と物体表面の分光反射特性の双方に依存して決まる．すなわち，(後述する色の恒常性等の調整過程を考慮しなければ)「目に見える物体の色＝照明光の分光分布×物体表面の反射特性」の式で表される．後に話題とする演色性(☞ p.119)は，物体の色の見せ方についての照明の性質のことをいう．

なお，物体の色には「**色彩**」という用語をあて，光の「**色**」と区別することがある．「色」という用語は光の色にも物の色にも使われるが，光の色を「色彩」ということはまずない．色みのない光は無彩光，色みのある光は有彩光と呼んだが，物体の色については，それぞれ**無彩色**および**有彩色**と呼ぶ．

■ **主 観 色**　色情報の担い手は可視光であり，光の色であれ物体の色であれ，私たちがいろいろ異なった色を知覚できるのは，眼に入射してくる光の波長成分が違うためであることを述べてきた．光の主波長が 470 nm 辺りであれば青，520 nm 辺りであれば緑，700 nm 辺りであれば赤を感じるというわけである．しかしながら色そのものが外在しているわけではなく，物理的存在としての可視放射に対する視覚の働き（次の 2 章で詳述）が色覚を生むのであるから，その意味ですべての色は主観の産物であるともいえる．しかしこのことを指して主観色とは言わない．

主観色(subjective color)とは，通常は色を感じさせるはずのない無彩な白黒刺激を，ある特定の条件の下で観察するときに知覚される色のことをいう．通俗的に表現すれば，"色がないのに見える色"のことであり，少し厳密に表現すれば，"刺激の分光分布特性からは予測できない色"が主観色である．

主観色という語が使われたのは，金子(1990)によれば，心理物理学や実験美学の祖として高名なフェヒナー(Fechner, G. T.)が，渦巻状の曲線で描いた円板の

1-2 色情報の性質

 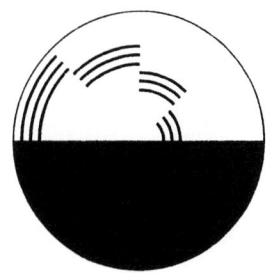

図 1-7　フェヒナーの円板（金子，1990）　　図 1-8　ベンハムの円板

回転で色が発生することを書いた論文(1838)が最初ではないかという。この円板は**フェヒナーの円板**(図 1-7)として知られているが，今日，主観色の現象をこれほどまでに有名にしたのは，1894 年に学術誌"*Nature*"で紹介された**ベンハムの円板**(Benham disk)であった(図 1-8)。これは当時，ベンハム(Benham,C.E.)に著作権のある**人工スペクトル・コマ**(artificial spectrum top)としてイギリスで流行した玩具であるが，模様は単純であるのにコマを回せば，紫，うす茶色，黄色，ピンク…と多彩な色が観察され，しかも逆に回すと色の現れ方が反転したり，回転の速さや見る角度で見える色が変わったりと，理屈ぬきで主観色の現象観察を楽しむことができる。ベンハムの人工スペクトル・コマは，今は日本でも市販されているし，私用には図 1-8 を模して自分で作ることもできる。

　白色光の点滅呈示でも主観色を生じさせることができるので，刺激の運動自体は主観色発生の要件ではない。波長ごとの光の感覚時間や残存時間が一様でなく，それと刺激のオン／オフの時間的パターンの組合せが神経興奮の中に色の情報を生むのではないかと考えられたこともある。しかし，今日なお，主観色を説明する合意的な理論はない。

2章
色覚の生理学的基礎

　この章では，明暗や色を感受する生体の仕組みについて概説する。はじめに，眼から脳にいたるまでの視覚系の構造と機能について述べ，次いで，色覚の神経機構について述べる。眼球内での色覚情報の処理という点では，網膜の外層部にある3種類の錐体視細胞と内層部にある神経節細胞の機能が重要であり，今日，その神経機構も比較的よく分かってきた。このような知識に基づいて色が見える仕組みを説明する理論が色覚説である。さらに本章では，生体，特に網膜についての生理学的基礎知識と関連づけながら，色の感受に関する基本的な視覚特性の諸事例を，光覚閾と視感度曲線，網膜部位における感受機能の不均等性，感受機能の時間的経過特性に大別して解説する。

2-1　視覚系の構造と機能

2-1-1　視覚系の構造
　光刺激の感覚器官は眼（eye）であるが，ヒトの眼は脊椎動物のなかでも最高の進化をとげたレンズ眼であり，眼から中枢にいたるヒトの視覚系は，すべての動物の中でもっとも精緻な構造と機能をもっている。視覚の働きについて述べるとき，視覚系の構造と機能について記述すべき事柄は多々あるが，本書の主題が「色」であることに鑑み，ここでは，色覚の仕組みを理解する上で比較的重要と思われる知識についての記述にとどめる。

■ **眼球の構造**　　図2-1はヒトの右眼の水平断面図である。眼球は直径20数mmのほぼ球形で，その最外層には前面の透明な角膜（cornea）とそれにつながる周囲の不透明な強膜（鞏膜）があり，中間層には，虹彩，毛様体筋，毛様体小帯で張られた水晶体（レンズ），周囲の脈絡膜がある。最内層には網膜があり，これら三つの層が，内部の透明な媒質（硝子体）を包んだ構造になっている。脈絡膜は豊富な色素の組織で光を遮断し，網膜や眼球内部を暗箱に保つ役目を果たしている。
　光が通過する媒質は，角膜，前眼房（眼房水），水晶体，硝子体の4種であるが，約380 nm以下と約780 nm以上の電磁波は水晶体とその手前の媒質で吸収され

2-1 視覚系の構造と機能

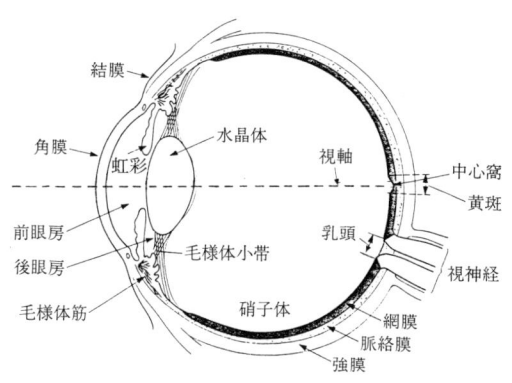

図 2-1 ヒトの右眼の水平断面図

て，網膜には到達しない．その間にある 380～780 nm の可視光の吸収率（逆に言えば，透過率）も波長によって異なる．また，空気－角膜前面，前眼房－水晶体前面，水晶体後面－硝子体の 3 か所の境界部位で，それぞれの光学的定数（面の曲率半径や媒質の厚さなど）に応じた光の屈折が起こる．眼球の形や屈折力に異常があると近視（myopia）や遠視（hypermetropia）となる．また，角膜は完全な球面ではなく，その曲率は主として眼球の縦横の方向で幾分異なっており，これが乱視（astigmatism）の原因となる．

　眼に入った光を屈折させ，網膜上に鮮明な像を得る作用を**遠近調節**または単に**調節**（accommodation）といい，水晶体の働きが重要である．水晶体の曲率は，毛様体筋（2 種類の平滑筋）によってコントロールされる．眼は，もともと遠方の視対象を網膜上で鮮明に結像する仕組みになっているので，近い物を見るときは毛様体筋を緊張させて水晶体を厚くし，その曲率を変える．このような調節力は加齢とともに弱くなり，結果的にはある時点で老眼（presbyopia）と呼ばれるようになる．水晶体の前面は，円形の中央部を残して**虹彩**（こうさい，iris）に取り囲まれており，この中央部から光は眼球に入る．この光の通過孔が**瞳孔**（pupil）で，その大きさは虹彩内の平滑筋（括約筋と散大筋）の働きにより，入射光が微弱なときの直径約 8 mm から，まぶしいときの直径 2～3 mm の間で反射的に変わる．これは，**対光反射**と呼ばれる瞳孔反射の一つである．

■ **網膜の構造**　視覚の感覚器官としての眼でもっとも肝心な部位は，眼球の最内層にある**網膜**（retina）である．網膜は，厚さがわずか 0.2 mm といわれるが，その構造には大きく分けて 3 種のニューロン層があり，無数のニューロンが緊密な連絡をもって整然と配列された神経回路網を構成している．図 2-2 は，その組

織構造の一部を単純化して描いた模式図である。網膜の最外層(色素上皮)から眼球内部に向って，視細胞層，双極細胞層，神経節細胞層の3層の細胞が，方々でシナプスを形成して重なり合った構造になっている。

　視細胞層には，視細胞すなわち光受容器(photoreceptor)としての**錐体**(cone)と**桿体**(**杆体**，rod)の2種類が区別される。その機能については後述するが(☞ p.20, 2-1-2)，光を受容した視細胞は神経活動(インパルス)を生じ，双極細胞層に伝達する。双極細胞層には，**双極細胞**のほかに**水平細胞**と**アマクリン細胞**があり，双極細胞は樹状突起を視細胞層に，神経突起を次の神経節細胞層に伸ばし，網膜の第2次ニューロンとして両細胞層の連絡を担っている。水平細胞は同様の連絡のほかに，水平細胞同士で網膜の横方向の情報伝達をしており，アマクリン細胞も横の連絡のほか，双極細胞と神経節細胞層の間を仲介している。**神経節細胞**は，その樹状突起で双極細胞やアマクリン細胞からの情報を受け，網膜の最内層で軸索を長く伸ばして視神経繊維層を形成する。すべての視神経繊維は乳頭(視神経円盤，optic disc)に向かい，まとまって眼球の外へ出て視神経の束となる。乳頭の部位は，いわば視神経繊維の出口であるから視細胞を欠くことになり，**盲点**(blind spot)とはこの部位のことである。

　網膜の中心部位は**中心窩**(fovea)と呼ばれる。窩(か；凹状部の意)という呼名がついたのは構造上のくぼみがあるからで，直径0.33 mmほどのその部位は，

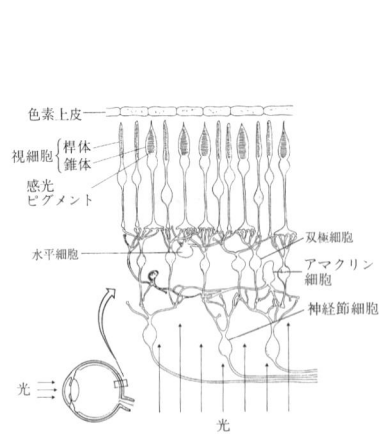

図2-2　網膜の組織構造の模式図
(Spear, Penrod, & Baker, 1988)

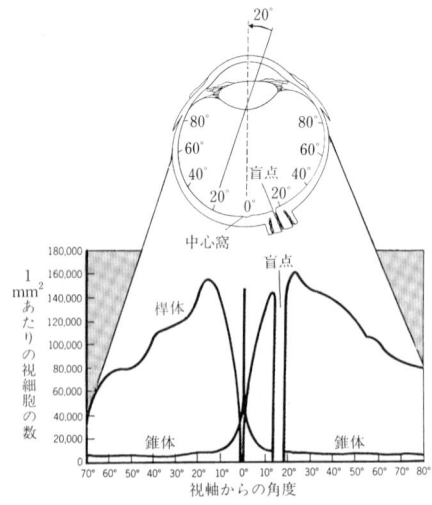

図2-3　左眼網膜の水平断面付近における錐体と桿体の分布(Pirenne, 1967)

光の経路の途中にある双極細胞や神経節細胞などの組織が横に掻き分けられて，網膜の一番奥にある視細胞層が露出し，光が効率よく到達できる構造になっている。当然，中心窩は結像性にもっともすぐれている。通常，視対象を見るということは網膜の中心部で見ることであり，これを**中心視**(central vision；foveal vision)といい，網膜の周辺部位で見る**周辺視**(peripheral vision)と機能的に区別される。また，水晶体から中心窩への光の経路を**視軸**と呼ぶ。

2種類の視細胞(錐体と桿体)の網膜上での分布は均一ではなく，神経節細胞への連絡の仕組みも異なっている。図2-3に，左眼網膜の水平断面付近における錐体と桿体の分布を示した。錐体の分布は中心窩とその近傍に集中しており，神経節細胞との連絡も密であるから，物を細部まで見分けることができるし，後述するように色の違いを知覚することができる。

■ **視覚伝送路と視覚中枢**　　眼球から大脳皮質の視覚野までの視覚伝送路の概略を図2-4に示した。眼球から外へ出た**視神経**(optic nerve)の太さは0.5〜12.0 μm (マイクロメートル；$1\,\mu m = 10^{-6} m$)と多様であり，その数は100万本とも150万本ともいわれる。図2-4に見るとおり，視神経は，網膜の鼻側の半分からきた繊維だけが**視神経交叉**(視交叉，optic chiasma)し，同じ繊維のまま**視索**(optic tract)と名を変えて，間脳に左右1対ある**外側膝状体**(lateral geniculate body；LGB)に入る。そこで大部分の繊維はシナプスを形成し，中継を受けた繊維は側頭葉を放射状に走る**視放線**(optic radiation)となって，後頭葉の**線条皮質**(striate cortex；第1次視覚野，primary visual cortex；V1)に到達する。この部位は，かつてブロードマン(Broadman, K.)が描いた脳地図の17野(線条野V1；表面積は15〜20 cm²)にあたる。これと接して線条前野(pre-striate cortex)18野および19野(視覚前野V2およびV3)があり，これらの領域のすべてを含めて皮質の視

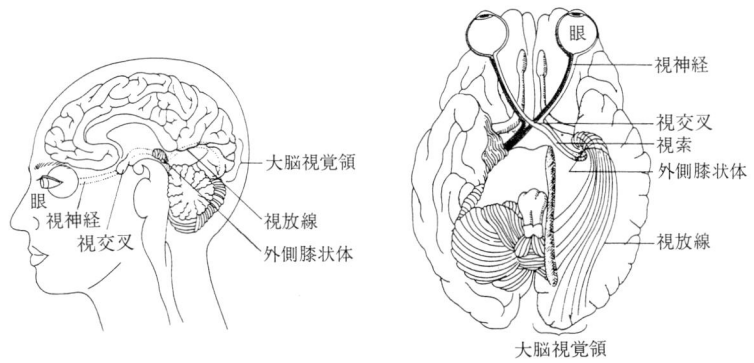

図 2-4　視覚伝送路の模式図(池田，1988)

覚領(視覚投射野)という。

　中枢経路となる外側膝状体や視覚領での部位と網膜上の部位との間には，整然とした対応関係の部位局在機構(topographical organization；レチノトピー，retinotopy)がある。しかし，網膜上で中心窩は小さい領域しか占めないが中枢では大きな領域に投射されるといったように，網膜部位と中枢部位の対応は，視覚機能の重要さに応じた非線形な投射関係となっている。部位局在機構があるがゆえに，網膜自体が健全であっても，視覚伝送路や視覚中枢のどこかに損傷があると，それと対応する網膜上の情報は処理されなくなる。

2-1-2　視覚系の機能

　瞳孔の対光反射や水晶体の調節作用など，眼の機械的な光学反応については先に述べた。ここでは，光受容器としての網膜と視覚中枢における光の情報処理について略述し，色覚の神経機構について述べるための予備知識としたい。

■ **網膜における情報処理**　　既述のとおり，網膜の視細胞には**錐体**(cone)と**桿体**(rod)の2種類がある(☞ 図2-2)。それら視細胞の機能は，光を受けてその情報を神経情報(電気的信号)に変え，2次ニューロンとしての双極細胞に伝達することにあり，いわば"エネルギー変換器"としての役割をもつ。

　神経情報への変換，つまり視細胞が電気的活動を起こす仕組みには今日に至っても未知なことが多いが，これまで，視細胞の外節に含まれる**視物質**(visual substance；光色素，photopigment)に光が吸収されて光化学的反応が起こり，その反応過程の一部が，特定イオン(特にNa^+)に対する視細胞膜の透過性の変化を引き起こすからだと考えられてきた。光化学的反応を起こす視物質は，明暗の感受にかかわる**桿体視物質**と，色および明暗の双方の感受にかかわる**錐体視物質**に大別され，前者はロドプシン(rhodopsin)，後者はアイオドプシン(iodopsin)の名で古くから指摘されてきた。特に**ロドプシン**は1870年代に発見されて以来，研究の歴史も長く，多量かつ純粋に抽出することができるので，その光化学的反応の性質はよく分かっている。ロドプシンは**視紅**(visual purple)とも呼ばれ，暗所で抽出した直後は鮮紅色を呈するが，光を受けると順次複雑な光化学的反応を起こし，黄色を経て無色にまで変化する退色過程を伴う。この過程のどこかで電気的活動が生まれるらしい。この反応過程は可逆的で，暗黒になればもとの鮮紅色に戻る。

　他方，長い間，アイオドプシンと名づけられてきた錐体視物質は，その抽出が難しく，基本的にはロドプシンと同じ光化学的反応を呈するものと考えられてきた。色の感受にかかわる錐体視物質が1種類だけとは考えにくいが，今のところ

は，錐体には複数の視物質があって，錐体視物質とはそれらの総称だと捉えるしかない．後述するように，ヤング(Young, T.)は19世紀初頭に，ヘルムホルツ(Helmholtz, H. L. F. von)は同中頃に，まだ網膜の構造もよく分かっておらず，色覚についての生理学的研究も始まっていない時代であったにもかかわらず，眼には光に対して異なる反応をする3種類の物質があるとする色覚説を唱えていた(☞ p.26, 2-3-1)．

さて，錐体は色の感受と関係していると述べた．Alpern(1967)によれば，2種類以上の錐体視物質を抽出したという報告は1950年代に入ってから多く，例えばRushton(1962)は，顕微反射分光光度計によるヒトの網膜中心窩での測定に基づき，このことを確認したという．また，Marks, Dobelle, & MacNichol(1964)は，サルとヒトから摘出した網膜中心窩の錐体外節の吸収スペクトルを透過式顕微分光装置で測定し，青，緑，赤に特徴的な極大点を示す**3種類の錐体視物質**(cyanolabe, chlorolabe, erythrolabe)を確認している．

視物質の存在とそれらの光化学的反応の過程が確認されても，エネルギー変換器としての視細胞の電気的活動の仕組みは十分には分かっていない．ただ，視細胞に光が当たれば過分極性の電位が発生するので，極細の微小電極を視細胞に直接刺入して，単一桿体電位や単一錐体電位を記録することはできる．光の成分や強度を操作して，電位を指標とした視細胞のスペクトル応答を記録すると，視物質のスペクトル吸収曲線とよく一致する(☞ p.23，図2-5；図2-6)．

視細胞からの情報は双極細胞層を経て神経節細胞に伝えられるが，この過程にある神経細胞は，単に入力された情報をそのまま出力として送り出すのではなく，多数のシナプスを介して多数の視細胞からの入力を受けて処理を加えた後に，次の神経細胞に出力している．つまり，1個の神経節細胞の反応は多数の視細胞からの情報を受けており，逆に見れば，網膜上のある領域内の多数の視細胞が1個の神経節細胞の反応に影響を与えているといえる．そこで，1個の神経節細胞の反応に影響する網膜上の領域を実験的に定めることができるわけで，その領域のことを，その神経節細胞の**受容野**(receptive field)という．より一般的にいえば，受容野とは，神経節細胞に限らず，外側膝状体，皮質の視覚領など，"視覚系の各レベルにある神経細胞が，視細胞からの情報を受けてその情報を処理することになる網膜上の範囲"のことである．中でも，神経節細胞は視細胞からの情報を最初に統合する重要な機能をもっており，Kuffler(1953)がその受容野の性質を初めて明らかにして以来，次節(☞ 2-2)で述べるように，色覚の神経機構についても多くのことが分かってきた．

■ **視覚中枢における情報処理** 眼球から視覚中枢への情報の伝送経路にある外

側膝状体は，系統発達的には両眼視の機能をもつ動物になって初めて発達してきたといわれる．しかし，左右の眼から外側膝状体へ入力された情報には，弱い相互抑制を示す両眼性干渉(binocular interaction)があるだけで，両眼統合作用(binocular integration)が示されるのは，これよりもっと後の神経段階である．細胞の受容野という点では，次項で述べる神経節細胞のそれと本質的に類似した構造をなしている．外側膝状体には不明な点も多いが，ある細胞には側抑制過程(☞ p.129)が特に顕著に認められることから，同時対比(☞ p.125)と深く関わっているのではないか，また，色情報に特異な応答を示す3種類の反対色細胞群(黄－青系，赤－緑系，明－暗系)が見つかっていることから，色覚情報の処理と関係しているのではないか，などの指摘がある．

外側膝状体から視放線を経由して視覚中枢の入口である第1次視覚野(V1)に到達した色覚の神経情報は，以降の視覚前野(V2，V3)をはじめとする脳内の各所で処理を受け，しかるべき色覚がもたらされる．視覚領の神経細胞の受容野については，神経節細胞や外側膝状体に典型的にみられるオンとオフの同心円状二重構造(☞ p.24, 2-2-2)とは基本的に異なり，その性質や形状の上で種々特殊な構造となっていることが，1960年代の前半から始まったHubel & Wieselの一連の研究によって明らかとなった．当時，受容野の構成や機能によって，単純型細胞，複雑型細胞，低次超複雑細胞，高次超複雑細胞などに分類されたが，色覚についての確実な知識は提示されなかった．

当然のことながら，色覚は脳あっての知覚機能である．このことは，明暗，大きさや形，奥行など，基本的な視知覚機能には障害がないにもかかわらず，大脳性色盲(cerebral achromatopsia)という中枢性の色覚異常が存在することからも分かる(☞ p.59)．

2-2 色覚の神経機構

2-2-1 3種類の錐体視物質

前項で，視細胞には錐体と桿体があり，色の感受には錐体が関係すること，錐体には光を吸収して光化学的反応を起こす3種類の錐体視物質(光色素)があること，錐体に光が当たれば過分極性の電位が発生し，その際の電気的活動(単一錐体電位)を記録できることを述べた．

■ **錐体視物質の検証** 錐体に光を当てたときの単一錐体電位を記録することによって，錐体に3種類あることを確認することができる．錐体に，先端直径0.1μm以下の微小電極を刺入して，スペクトル光が照射されたときの過分極方向へ

2-2 色覚の神経機構   23

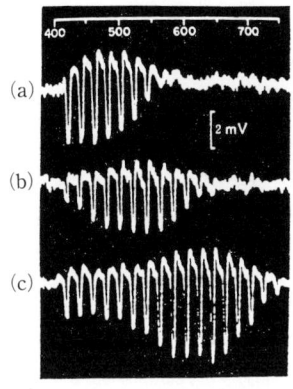

図 2-5　単一錐体電位を指標とするコイのスペクトル応答(Tomita et al., 1967)

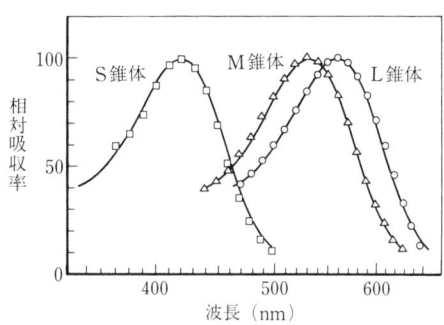

図 2-6　ヒトの錐体における 3 種の錐体ピグメントの吸収スペクトル(Dartnall et al., 1983)

の緩電位を測定するのである。図 2-5 に，コイの単一錐体に 10 nm 幅のスペクトル光を 400〜740 nm の範囲で 20 nm ごとに与えて得た記録を示す(Tomita, Kaneko, Murakami, & Pauter, 1967)。延べ 142 例の記録を 3 群に分け，各群の極大振幅波長を平均した結果は，426±16 nm，529±14 nm，611±23 nm であったという。錐体視物質の吸収スペクトルを測定すると，青，緑，赤にそれぞれ特徴的な極大点を示す 3 種の視物質が区別されること(Marks et al., 1964)も前項で述べた。

■ S 錐体・M 錐体・L 錐体　　その後，ヒトの錐体視物質(錐体ピグメント，cone pigment)の吸収スペクトルを直接測定することが可能となり，錐体に 3 種類あることは，多くの研究者によって確認されてきた。図 2-6 に Dartnall, Bowmaker, & Mollon(1983)の記録を示したが，三つのタイプの錐体は，それぞれ 420 nm，530 nm，560 nm の波長に対して感受性が最大であった。順に，短波長(short-wavelength)，中波長(middle-wavelength)，長波長(long-wavelength)に敏感であることから，S 錐体(S cone)，M 錐体(M cone)，L 錐体(L cone)と名付けられた。

　Dartnall ら(1983)より過去にも，Rushton(1962)はヒトの網膜中心窩からの反射光を測定して，540 nm と 590 nm に極大点をもつ 2 種類の錐体視物質を確認し，Marks(1965)は，キンギョで極大点が 455±15 nm，530±5 nm，625±5 nm の視物質を報告している。先に，Marks ら(1964)がサルとヒトの摘出網膜で 3 種の視物質(cyanolabe, chlorolabe, erythrolabe)を確認したと記したが，その吸

収スペクトルの極大点は 445 nm, 535 nm, 570 nm であった.

　三つのタイプの錐体は，いずれも広い範囲にわたる波長光を多かれ少なかれ吸収するのであるから，ほとんどの波長光はたった一つのタイプの錐体だけにしか吸収されないということはない．例えば，480 nm の単色光が与えられたとき，3 種の錐体のすべてに反応が引き起こされる．同じスペクトル光に異なった吸収を示す 3 種の錐体があるから色覚が生じるのであり，その仕組みについては後述する (☞ p.30, 図 2-9).

　以上に述べてきたように，色覚の働きは網膜の錐体から始まるのであるから，3 種の錐体の全部または一部に欠損があったり機能不全が生じたりすれば，色覚に異常もしくは障害が生じる (☞ p.54, 4 章). また，錐体の分布は，図 2-3 (☞ p.18) で見たとおり中心窩周辺に集中しているため，私たちは中心視で色がよく見えても，周辺視になると色の判断がおぼつかなくなる．何かを感じる視野範囲は広くても，色視野はかなり狭いのである (☞ p.35, 図 2-11).

2-2-2　受容野の性質と 3 種類の色特異性細胞

　先に，受容野とは，"視覚系のあるレベルにある神経細胞が視細胞からの情報を受けてその情報を処理することになる網膜上の範囲" と定義し，神経節細胞を例にその意味を説明した (☞ p.21). ここで，色に特異な応答を示す神経細胞について説明するにあたり，再び神経節細胞の事例で，受容野の測定とその性質について述べておきたい．

▎**受容野の性質**　　受容野の測定は，例えば麻酔をかけたネコを開頭して，神経節細胞から伸びている視神経繊維に微小電極を刺入し，神経応答が増幅記録できるようにする．ネコの顔面をスクリーンの前に固定した上で，網膜上に焦点を結ぶように調節したスポット光 (小光点) をスクリーンの種々の場所に投射して，その際の視神経繊維の応答を記録する．このとき，ネコは麻酔により頭を動かすことも眼球運動を起こすこともないから，神経応答を生じさせるスポット光のスクリーン上の位置は，ネコの網膜上の位置と一致することになり，その範囲がその神経節細胞の受容野ということになる．

　実験の結果，単一の神経節細胞の受容野の中には明確に区別できる二つの領域があった．一つは，スポット光を当てた瞬間に強い応答をする部位 (**オン領域**), 他は，光を当てると反応が抑えられ，逆に消したときに強い応答をする部位 (**オフ領域**) である．オン領域とオフ領域の双方に同時にスポット光を当てると，神経応答は抑制され，弱まるかほとんど記録されなくなった．そして受容野の全体では，オン領域を中心に周囲をオフ領域が同心円状に取り囲む**オン中心型受容野**

(on-center type)と，逆にオン領域がオフ領域を取り囲む**オフ中心型受容野**(off-center type)が区別でき，神経節細胞の受容野は，中心とその周囲が互いに拮抗している二重構造をなすことが分かった。オン領域に光を当て，オフ領域に光を当てないとき，その神経節細胞の反応は最大になるのであるから，オン中心型の細胞は暗い背景上の光点に最もよく反応し，逆に，オフ中心型の細胞は明るい背景の中心部が暗点で覆われているときにもっともよく反応することになる。その後の研究で，オン中心型とオフ中心型とも，さらに型が細分されることが分かっている。なお，先に，視覚領の神経細胞の受容野の性質や形状は，上述した神経節細胞の同心円状二重構造的な受容野と異なっていると述べたが，視覚領での受容野であっても，その測定方法は基本的に神経節細胞の場合と同じである。

■**3種類の色特異性細胞**　サルの色覚はヒトの色覚によく似ているので，例えばアカゲザルを被験体として，神経節細胞や外側膝状体，さらには視覚領の神経細胞について，受容野の性質が研究されてきた。その結果，それぞれの一部で，色(光刺激の波長特性)に特異な応答を示す神経細胞(**色特異性細胞**，color-specific cell)の存在が確認され，大別すると，明－暗系を含めて3種類あることが分かってきた。今，明－暗系，赤－緑系，黄－青系の3種類の受容野の性質を神経節細胞の場合で説明すると以下の通りである。

　明－暗系(light-dark system)の受容野をもつ神経節細胞は，可視光の範囲内であれば，単色光の波長にかかわらず一様にオン中心あるいは逆にオフ中心の応答を示し，受容野のオン領域とオフ領域との間に波長別の感度差は認められない。

　赤－緑系(red-green system)には，二つの型の二重反対色構造の受容野がある。その一つは「赤－オン中心／緑－オン周辺」(L-on-center/M-on-surround)型の受容野で，赤(長波長)の単色光を用いると受容野の中心で神経応答が高まり(興奮)，その周囲で応答は抑制されるが，緑(中波長)の単色光を用いると受容野の中心は抑制され，周囲は興奮する。もう一つの型は，赤と緑の色光に対する興奮と抑制の関係が，受容野の中心と周辺で逆になる「赤－オン周辺／緑－オン中心」(L-on-surround/M-on-center)型の受容野である。

　黄－青系(yellow-blue system)の神経節細胞も，赤－緑系と同様に色特異性の拮抗的な受容野の構造を示し，黄の範囲の単色光に対して神経応答は中心で興奮，その周囲で抑制される一方，青の単色光に対しては中心で抑制，周囲で興奮を示す「黄－オン中心／青－オン周辺」型の受容野と，その逆の反応パターンを示す「黄－オン周辺／青－オン中心」型の受容野がある。

　以上のように，視細胞の3種類の錐体(S錐体，M錐体，L錐体)からの情報は，神経節細胞に伝送されるまでに，1対の**明暗系の情報**と色特異な拮抗的過程を示

す2対の**反対色系の情報**に変換される。次いで視覚領への中継核である外側膝状体に入った情報は，神経節細胞と同様，単純な同心円型受容野の明－暗系，赤－緑系，および黄－青系の3種類の神経細胞群による処理を受ける。

　外側膝状体を出た色情報は視覚皮質に伝送される。第1次視覚領(V1；17野)の細胞の大部分は，短冊形のオン領域とオフ領域が平行に接した形，あるいはオン領域(オフ領域)が両側のオフ領域(オン領域)に挟まれた形の受容野の単純型細胞であり，いずれもオン領域と一致する傾きの帯状の光刺激に最も強く反応する(最大の反応を示す最適傾きは細胞によって異なる)。最適傾きを示す細胞は，V2(18野)やV3(19野)の複雑型細胞や低次超複雑細胞にもあり，最適傾きが同じ受容野の細胞は，皮質表面に垂直な構造の小柱状の部分に分かれて，まとまった方位小柱(orientation column)を構成している。そして，方位小柱の間には方向特異性をもたない細胞が集まっており，これらの細胞はしばしば色特異性を示すという。V4にも特定の色の情報に選択的に応答する細胞が見出されている。このように，視覚領では，色(波長)や方位を含むさまざまな性質の視覚情報の処理が，空間的に散らばった状態で行われている(Schmidt, 1986)。

2-3　色覚説

2-3-1　ヘルムホルツの三色説とヘリングの反対色説

　どのような仕組みで色が見えるのか，これは大昔からの疑問であった。色覚説とは，この疑問を説得的に解き明かすことをめざす理論であるが，ここでは，まず，19世紀から20世紀初期に提唱された古典的な色覚説として，**ヘルムホルツの三色説とヘリングの反対色説**について概説する。古典的と記したのは，まだ網膜の構造もよく分かっておらず，色覚の感覚生理学的研究も始まっていない時代の色覚説という意味合いである。それをあえてここで紹介するのは，古いその時代に，すでに今日の色覚の神経機構に関する知見を先取りするかたちで提言され，これを拠りどころに現在まで多くの生理学者が精緻な研究を続け，現代の色覚説の原型となって今日なお色褪せていないからである。

■**ヘルムホルツの三色説**　　ヘルムホルツ(Helmholtz, H. L. F. von)に半世紀ほど先立つ1802年，ヤング(Young, T.)は，3種の主要色(初め，赤・黄・青とされ，後に，赤・緑・スミレに修正)に対応する感受繊維を視覚神経に仮定する考えを発表していた。その後の1868年，HelmholtzがYoungの業績を高く評価しながらも独自に構想したという色覚説がヘルムホルツの**三色説**(three-color theory；三原色説または三要素説，three components theory)である。このような経緯か

ら，この色覚説は**ヤング−ヘルムホルツ説**と呼ばれることもある。その説は，「網膜には光によって光化学的に分解される3種の物質があり，その分解はそれぞれ個別の神経繊維を興奮させ，個別の感覚を引き起こす。3種の物質は，光の各スペクトル部分に対してそれぞれ異なった感受を示し，したがって神経繊維の興奮も3様を示すことになり（図2-7），それぞれが引き起こす感覚は，赤・緑・青の感覚と対応する。網膜に当たった光にどのような色が感受されるかは，3種の神経繊維の興奮の比率関係によって決まる」と要約できる。

　この説では，3種の神経繊維のすべてが興奮すれば無彩となり，例えば第一の繊維だけが興奮すれば赤，第一と第二の繊維が興奮すれば黄を感ずる。混色実験に依拠したとされるヘルムホルツの三色説は，当然，混色の事実をよく説明する。さらに彼は，当時すでに，「赤色盲の諸現象は，赤の光線に感度の高い第一の神経が興奮不能の故である」と述べ，色覚異常を3種の神経繊維の不能の程度や欠落で説明しようとした。もちろん，彼の考えで説明できない色覚の現象も当時からたくさんあり，また，網膜の神経の興奮を直ちに色の知覚に結びつけたのも，今日でこそ誤りと指摘できようが，それでもなお Helmholtz の卓越さへの評価が変わるわけではない。

■**ヘリングの反対色説**　　1870年代に提唱されたヘリング説は，色知覚に関する現象学的な立場を重視した色覚説であった（Hering, 1920）。Newton 以来の光学的色覚論の立場からすれば，Helmholtz の言うとおり赤と緑の混色で黄が生じるが，Hering によれば，黄という色を素朴に眺めたとき，成分色の赤と緑をそこに視認することはない。黄は，赤・緑・青と同様，混じりけのない純粋な色であり，その他の色は，これら四つの色（心理原色）が混じり合って見える色である。

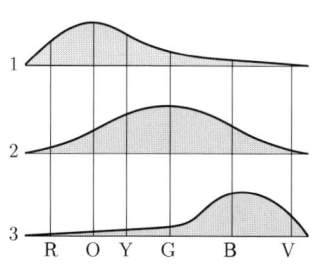

図 2-7　ヘルムホルツ説で仮定される3種の神経繊維の興奮の分布

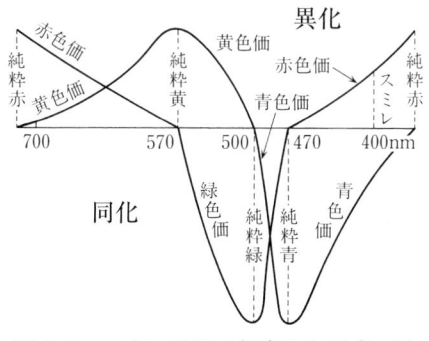

図 2-8　ヘリング説で仮定される赤−緑物質と黄−青物質のスペクトル光への色反応

例えば，橙には赤みと黄みの双方を認めうる。しかし，混じり合ったどのような色の中にも，赤みと緑みを同時に見ることはなく，黄みと青みを同時に見ることもない。つまり，赤と緑，黄と青は反対の性質をもった対立色である。また，無彩の白は，実験的には赤と緑，あるいは黄と青の加法混色(☞ p.45)で作り出せるが，白の中にこれらの色みを見ることはない，という。

Heringは，このような立場から，「網膜には，赤－緑物質，黄－青物質，白－黒物質という3種の物質が存在する。各物質は，光によってそれぞれ対立的な化学変化(同化と異化)を起こし，3種の物質の異化過程は赤，黄，白，同化過程は緑，青，黒の感覚をもたらす。赤，黄，緑，青の各単色スペクトル光は，特定の一つの物質に異化または同化を起こす(図 2-8)。どのような色を知覚するかは，3種の物質の同化－異化の過程の状態によって決まる」と論じた。これがヘリングの**反対色説**(opponent-color theory；四色説，four-color theory)の概要である。

この説では，純粋な黄色の知覚には1種類の物質の異化だけが関与する(図 2-8で説明すれば，570 nmのスペクトル光が黄－青物質だけに異化を起こし，黄を感受させる)。ある物質に対して同化と異化を同程度に進行させる色光は，その物質に関しては中性的な無色の感覚となる。白－黒物質で同化と異化が均衡するときは中間灰の感覚となるが，この物質は他の二つ(赤－緑物質，黄－青物質)と違って，無彩の灰色の中に白と黒を同時に認めることができる。3種の物質は網膜に均等に存在せず，周辺視で色覚を欠くのは網膜周辺部には白－黒物質しかないからである。色盲は，中心窩付近での赤－緑物質あるいは黄－青物質の欠如で説明される(ただし，赤色盲と緑色盲は区別して説明できない)。ヘリング説では，同化または異化によって各物質が起こす色の感覚は，その色光の持続によって中性化の方向に変化すると説き，この考えによって順応や残像，対比の諸現象が説明された。

■ **その他の古典的色覚説**　色覚に関するさまざまな現象が，一つの色覚説だけですべて説明できないことから，ヘルムホルツ説やヘリング説を修正あるいは補足する説が幾つか提言されてきた(例えば，Fick, 1878；Schenck, 1907)。

ヘルムホルツ説とヘリング説の折衷を試みる立場からの提唱もあった。その一つが**ラッド－フランクリンの発達説**で(Ladd-Franklin, 1929)，彼女はこの説で「初期の段階の網膜には，すべての可視スペクトル光に非選択的な光化学的反応を示す感光物質が存在するだけで，無彩の感覚が起こるだけであるが，次の発達段階になると，その感光物質は特定のスペクトル光に特異な反応を示す二つの神経興奮物質を副次的に生産し，それが黄と青の感覚に対応する物質である。最終段階になると，黄の神経興奮物質はさらに赤と緑の感覚を起こす二つの物質を特

殊化し，この段階で初めて，赤，緑，青の3種の色受容細胞が完成する」と仮定した。折衷的だと記したのは，ヘリング説に似て，神経興奮物質に赤，緑，青，黄，無彩の5種類を仮定したからである。

2-3-2 現代の色覚説

ヘルムホルツ説とヘリング説は，その後，"三色説か反対色説か"という1世紀近い論争の中で，生理学的あるいは心理学的な検証を受けてきた。20世紀の中葉には，色覚に関する生理学，心理物理学，その他の関連領域でも研究上の進展が著しく，さまざまな色覚説や色覚のモデルが提出されてきた。

■ **現代の色覚説の立場**　"ヘルムホルツ説かヘリング説か"ではなく，"ヘルムホルツ説もヘリング説も"というのが現代の色覚説の立場である。生理学的には，光による単一錐体の緩電位変動を測定する微小電極の実用化や，錐体に吸収される光の波長を精緻に調べる技術の開発によって，網膜の錐体には，波長の長，中，短の帯域別に最大神経応答を示す3種類が区別され（☞ p.22, 2-2-1），他方，神経節細胞や外側膝状体の受容野の研究から，赤－緑系，黄－青系，明－暗系の3種類の受容野が区別されてきた（☞ p.24, 2-2-2）。これは，網膜内で錐体視細胞から神経節細胞に色覚情報が伝送される間に，三色系の情報が反対色系（四色系）の情報に変換されることを意味している。つまり，ヘルムホルツの三色説とヘリングの反対色説にはともに生理学的根拠があり，それが色覚情報の伝送経路のどのレベルで確認されるかの違いにすぎないことになる。

そこで，最初の段階での三色系の情報が次の段階で反対色系の情報に変換されるという事実を統合的に説明する，新たな色覚説が求められた。この立場の色覚説は，**段階説**（stage theory）と総称され，中でもひときわ注目されたのが，ハーヴィッチとジェイムソンの説であった。

■ **ハーヴィッチとジェイムソンの段階説**　ハーヴィッチとジェイムソンの夫妻には，色覚の反対過程理論（opponent-process theory）というタイトルの論文があるように（Hurvich & Jameson, 1957），もともと，ヘリングの反対色説に強い関心を示していたと思われる。この段階説では，第一段階として錐体に3種の感光物質を仮定し，第二段階では，これらが青－黄，赤－緑，明－暗という反対的な反応系の細胞に結合して，興奮を引き起こすと仮定する。さらに，そこから中枢につながる神経反応系が第三段階である。

この説でいう3種の感光物質を，S錐体，M錐体，L錐体という現今の表現に置き換えて，第一段階から第二段階への結合関係を図2-9のように図解してみた。黄の興奮は，M錐体（緑）とL錐体（赤）からの出力が一つに加算されて起こるの

で，青-黄系の細胞はS錐体(青)のほかにM錐体とL錐体とも結ばれている。また，青-黄系と赤-緑系の細胞から出力される情報は，それぞれ，青と黄の興奮，あるいは赤と緑の興奮が拮抗的に作用して決まるから，いずれの神経情報が出力されるかはその結果による。そのうち，図2-9には一つの場合だけ，すなわち，L錐体からの興奮がM錐体によって拮抗的に抑制される赤(+)-緑(-)，S錐体からの興奮がM錐体とL錐体によって抑制される青(+)-黄(-)の場合だけが示されているが，当然，興奮と抑制の関係が逆になる赤(-)-緑(+)，青(-)-黄(+)という組合せを考えることもできる。

　明-暗系の細胞は，M錐体とL錐体からの興奮を受けるように描いた。この系は明るさの情報だけを運ぶ。後年，Werner, Cicerone, Kliegl, & DellaRosa (1984)は，明所視感度曲線(☞ p.32, 図2-10)がM錐体反応とL錐体反応の加算で予測できたと報告している。

　Hurvich & Jameson(1957)が段階説を議論するに当たっては，HelmholtzやHeringの時代と違って，当然，彼ら自身による心理物理的実験の成果がそれを支えており，混色や色覚異常はもとより，順応，残像，対比といった色覚の基本的な現象まで幅広く説明する。しかし，説明の精度を高めるためには他の補助的な仮説が必要とされ，例えば，3種の感光物質の含有比率が異なる多数の錐体を仮定する説が唱えられるなど，これ以降さらに多くの心理物理的あるいは生理心理学的な検証が繰り返され，今日，より精緻な理論に発展してきている。

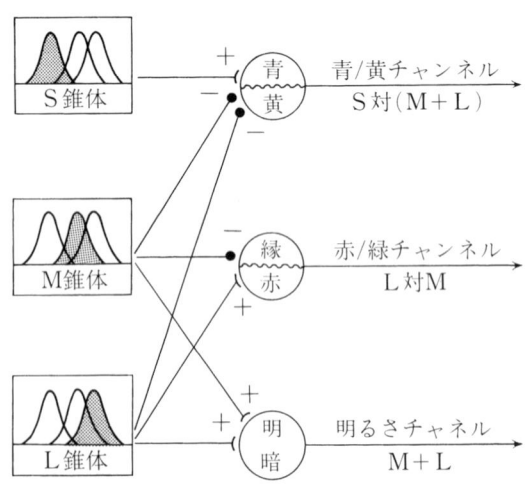

図2-9　ハーヴィッチとジェイムソンの段階説の図解

2-4　明暗や色の感受に関する基本的視覚特性

2-4-1　光覚閾と視感度曲線

　光の明暗や色を感受する生体の仕組み，特に網膜についての生理学的基礎知識と関連づけながら，最初にこの項では，眼が感知できる光刺激の最小強度と波長との関係について述べる。光や色の感受機能が昼間と夜間では異なっていることについても説明する。

■ **光 覚 閾**　感覚器官が検出することのできる最小の刺激強度は，一般に，**絶対閾**(absolute threshold)または**刺激閾**(stimulus threshold)と呼ばれるが，光刺激の場合は，**光覚閾**(light threshold)と呼ばれることが多い。微弱な光が検出できるのは，網膜に到達した光が視細胞内の視物質に吸収されて光化学反応が生じ，それが視細胞に神経情報を生むからである。

　視覚に関する量子理論によれば，光源から眼に到達した光量子の流れは，角膜で反射されたり媒質や網膜の神経組織に吸収されたりして，視細胞に吸収される光量子は全体の10％以下だといわれている。他方，それを吸収する視細胞の働きについて，1個の視細胞は1個の光量子を吸収すれば神経応答するほど鋭敏であると推定されてきた(Hecht, Schlaer, & Pirenne, 1942)。しかし，視細胞は光量子を吸収しなくても神経活動を自発している（だから，暗闇の中で眼を固く閉じていても，何かしら微弱な光状のノイズが眼の中に広がって感じられる）ので，結果的には，視細胞の神経応答が十分な程度に達して初めて光刺激が検出されることになる。それにしても光のエネルギー量からみて，ヒトの視覚が鋭敏であることに変わりはなく，Galanter(1962)によれば，空気の澄んだ闇夜では約50 km離れたロウソクの炎が検出できるという。

■ **視感度曲線**　光覚閾は刺激光の波長特性によって著しく異なる。図2-10に波長と光覚閾の関係を示した。このような曲線を**視感度曲線**(visual sensitivity curve；visibility curve)という。縦軸は，それぞれの波長に対応する光覚閾の最大感度(最小の光覚閾)を1とする対数目盛で示しており，目盛が一つ違えば強度は1桁違う。上側の曲線は網膜中心窩による**明所視**(photopic vision)，下側は中心窩を少しはずれた周辺部位での**暗所視**(scotopic vision)の結果である。中心窩には錐体だけで桿体がないのに対し，網膜の周辺では桿体が大部分を占めており（☞ p.18, 図2-3)，また，明所では錐体，暗所では桿体が機能的に優勢となるので，明所視のことを**錐体視**(cone vision)，暗所視のことを**桿体視**(rod vision)とも呼ぶ。薄明るいときには錐体も桿体もともに働き，**中間視**(薄明視，mesopic vision)の状態となる。

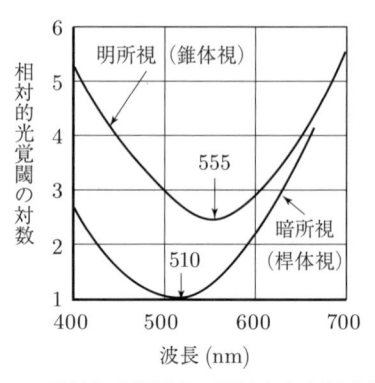

図 2-10　波長と光覚閾との関係を表す視感度曲線

　図 2-10 の視感度曲線では閾値が大きい（グラフの上方）ほど感度が鈍いことを意味しているが，逆に，グラフの上方ほど感度が鋭敏なかたちで示されるよう，光覚閾の逆数を縦軸にとり，最大の感度を 1.0 として，相対的な感度を 1.0 以下で表すこともできる。このように描いた曲線は，**比視感度曲線**(relative spectral sensitivity curve) または**分光視感効率曲線**(spectral luminous efficiency curve) と呼ばれ，明所視と暗所視の双方とも最大感度を 1.0 とする同じ高さの二つの山型の曲線となる。

　図 2-10 を見ると，暗所視（桿体視）は明所視（錐体視）にくらべて全体的にずっと鋭敏であり，感度の差は短波長側では 100 倍以上にもなること，また，明所視で 555 nm あたりにある感度の極大点が暗所視では短波長側の 510 nm あたりに移行していることが分かる。この事実は，外が明るいときは黄赤っぽい色が明るく見え，薄暗くなるにつれて青緑の色が相対的に明るく感じられるという**プルキンエ現象**(Purkinje phenomenon)を説明している。

　光覚閾に関して付記すれば，色の感受にあずかっている錐体視において，視感度曲線が示す光覚閾以上の光刺激が与えられても，常に色つきの光が検出されるというわけではない（☞ p.42, 図 3-2）。さらに付記すれば，光覚閾は，測定時の光刺激の持続時間や大きさによって規則的に変わることが分かっており，**ブロックの法則**(Bloch's law)や**ピエロンの法則**(Piéron's law)は古くから知られている。光の感受や神経応答には時間的加重(temporal summation)や空間的加重(spatial summation)が起こるということである。

2-4-2　網膜部位における感受機能の不均等性

　先に，網膜上での錐体と桿体の分布は均一ではなく（☞ p.18, 図 2-3），両者の

2-4 明暗や色の感受に関する基本的視覚特性   33

機能が異なることも述べた．そうであれば，網膜部位によって光や色の感受機能
やその程度が異なることは容易に想像できる．中心視と周辺視の違いについても
すでに記したが，少し詳しく述べると，**中心視**とは直径約 1 mm の中心窩の範囲
(視角にして 1° 以内)で結像するように見ることであり，**固視**，**凝視**あるいは**注
視**ともいう．他方，**周辺視**とは，中心窩から 5～6° 以上外れた網膜部位で見るこ
とをいう．また，中心窩から 2～4° はずれた中心窩近傍の範囲で見ることを**近中
心視**(parafoveal vision)という．以下，網膜上での視細胞の密度分布と関連する
視力，フリッカー弁別，色視野について述べる．

▍**空間的解像力と視力**　　網膜上での錐体の密度は中心窩で最大，桿体の密度は
周辺 20° 付近の部位で最大であるが，さらに，これらの視細胞と神経節細胞との
間の神経連絡をみると，中心窩では錐体と神経節細胞とは一対一のつながりにあ
るが，他方，1 本の神経節細胞とシナプス結合する桿体の数はずっと多く，その
ため，網膜の周辺部位に多い桿体では空間的加重が起こりやすい．空間的加重が
生じるということは，空間を細部まで見分ける空間的解像力(おおむね視力と同
義)を犠牲にすることであるから，網膜の周辺部位では中心窩に比べて視力が
ずっと劣ることになる．

　実際に網膜の中心窩から周辺の各部位で視力を測定してみると，**網膜部位にお
ける視力の不均等性**が明確に示される．すなわち，中心窩付近で健常な 1.2 以上
の視力も，周辺に 1～2° 外れると 0.7 程度に低下し，2～3° 外れると 0.4 程度，10°
も外れると 0.2 程度にまで落ちる(Alpern, 1967)．この結果をグラフに描いてみ
ると，網膜上における錐体の密度分布のグラフと類似の形になる．ちなみに，**視
力**(visual acuity)とは，"二次元的に広がった物の形や位置を見分ける能力"であ
り，その測定は，標準視標として国際的な約束に基づいて定められた**ランドルト
氏の環視標**(**ランドルト環**，Landolt ring)を用いて中心視で行われるのが通常で
ある．そして，ランドルト環で測定される視力 1.0 とは，環視標を 5 m の距離か
ら観察し，視角 1′ の切れ目(環の隙間)が判別できたときの視力であり，この値
を基準とし，判別できた最小の隙間の視角を分(′)の単位で表わしてその逆数を
とった値が，その人の視力となる．例えば，2′ の切れ目までしか判別できなかっ
た場合の視力は $1 \div 2 = 0.5$，40″(単位：秒，$1′ = 60″$)の切れ目まで判別できた場
合の視力は $1 \div (40/60) = 1.5$ となる．

　なお，上に述べた視力は網膜周辺部で大きく低下するが，周辺視では桿体での
空間的加重が顕著に起こるので，微弱な光刺激に対する感度は逆にずっと高くな
る．中心視では視認できない夜空の星の微弱なちらつき光が，網膜の周辺部位で
よく捉えられる現象は，多くの人が経験ずみであろう．

■ **時間的解像力とフリッカー弁別**　感受機能における時間的解像力の指標としては，光刺激に対する**フリッカー弁別**(flicker discrimination)がある。フリッカーとは，時間的に点滅あるいは強弱を繰り返す光刺激が，網膜上の同じ部位に呈示されるときに感じる光の時間的変化(ちらつき，flicker)の感覚のことであり，単純な事例では，小光点を暗黒中に点滅呈示し，明滅が感じられるかどうかを点滅の交替周期数との関係で調べればよい。点滅速度が遅ければちらつき光が，速ければ一様な融合光(fusion)が感じられ，この境目(閾)の秒あたり交替周期数を**CFF**(**臨界ちらつき頻度**，critical flicker frequency；**臨界融合頻度**，critical fusion frequency)，または単に**フリッカー値**という。

　CFF は網膜部位によって異なる。光刺激の強度によっても CFF は変わり(フェリー－ポーターの法則，Ferry-Porter's law)，面積によっても変わる(グラニット－ハーパーの法則，Granit-Harper's law)。融合光の明るさに関してはタルボー－プラトーの法則(Talbot-Plateau's law)がある。また，単色光を点滅させる場合の CFF は，強度が弱くなると波長(すなわち色の違い)によって異なった結果となる。二つの有彩光を反復呈示する場合は，交替周期数が増えるにつれて，二つの色がちらついて見える状態から一様な**混合色**が見える融合の状態に移行する。その境目の CFF を特に **CCFF**(critical color flicker (fusion) frequency)と呼ぶことがある。

　以上では CFF の測定を，光刺激の強弱が断続的に変化する点滅光で説明したが，近年のフリッカー弁別では，光刺激の強弱が正弦波状の輝度変動で連続的に変わるフリッカー光で測定することが多い。

■ **視野と色視野**　一般に，眼を動かさずに一点を固視した状態で見ることができる眼前の視空間の範囲を**視野**(visual field)という。形の細部や色までは識別できないものの，明暗など何かそれらしい異質なものが分かるという程度の限界的な視野の範囲はかなり広い(当然，眼を自由に動かして見ることができる**動的視野**はもっと広い)。しかし，色が識別できる**色視野**の範囲はかなり狭い。このことは，色の感受にかかわる錐体視細胞が中心窩近傍に集中的に分布していること(☞ p.18，図 2-3)から容易に推察できる。

　視野の測定は，顔面を取り囲む半球面に沿って無彩または有彩の視標を呈示する装置(**視野計**，perimeter)を用いて，曲面中央の一点を固視したまま視標が検出できる範囲を，曲面上のすべての方向で調べればよい。測定の結果は，それぞれの方向ごとに視標が検出できた限界位置，すなわち一定の視覚機能の限界を等しく示す部位を，**等値線**(isoptor)で結ぶかたちの視野図で表現される。図 2-11 は，一点固視の静止視野で測定された右片眼の限界的な視野範囲と色視野の例示

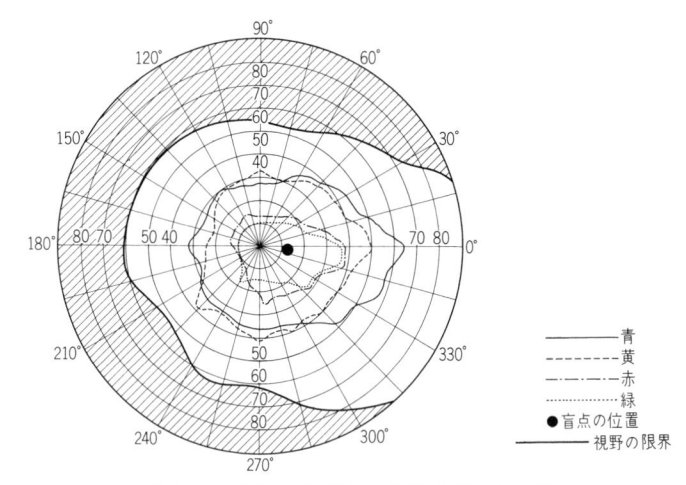

図 2-11 視野の限界と色視野の範囲(右眼)

である。図を見ると，限界的な視野は鼻側よりもこめかみ側のやや下方向に広く，色に関しては，相対的に範囲が大きい青と黄の色視野と，それよりかなり狭い赤と緑の色視野に区別されることが分かる。

2-4-3 感受機能の時間的経過特性

眼に光覚閾より強い光刺激が与えられても，その感覚が生起するまでにはミリ秒単位のわずかな時間的遅れがある(感覚時間)。眼が一定の刺激事態に持続的にさらされていると，時間経過にともなって視覚的体験の強度や質が変化する(順応)。また，眼に与えられた刺激がなくなったからといって，直ちに視覚的体験が消失してしまうことはない(残像)。

■ **感覚時間**　　眼に光刺激が与えられてからその感覚が生起するまでの時間的遅れ(感覚応答時間)のことを，**感覚時間**(sensation time)あるいは**感覚化時間**(sensitization period)という。感覚時間に差異をもたらす最大の要因は刺激強度(明るさ)であり，視覚刺激が明るいほど感覚時間は短い。色刺激が呈示されたときの感覚時間は，一般に，赤が最短，青が最長，緑はその中間といわれている。その測定法には，Frolich 法，Hazelhoff 法，Monje 法など，各種の手法があるが(三田，1950)，定義どおり感覚時間の絶対的な値を測定することは困難で，今日，心理学の領域では Pulfrich 法といって，二つの刺激に対する感覚時間の相対的な差異が取り扱われている。

刺激の強度が違うと感覚時間に相対的な差異が生じることは，**プルフリッヒの**

振子(Pulfrich's pendulum)で体験できる。いま，紐の先に小さな錘(おもり)をつけて，前額平行面で振子のように左右に往復運動させ，その動きを両眼で追随視してみる。当然，この場合はただ左右に直線的な往復運動が見えるだけである。次に，眼に入る刺激強度を弱めるための減光フィルター(中程度の濃度の灰色フィルムかセロハンでよい)を片眼だけに当て，再び両眼で振子の動きを観察してみると，今度は，奥行きのある楕円軌跡の運動が感じられる。減光フィルターを左眼に当てるか右眼に当てるかによって，楕円運動の方向が反転することも確認できる。このような現象が観察される理屈は，左右両眼に入る錘の刺激強度に'強い－弱い'の差があるため，両眼の感覚時間に'速い－遅い'の時間差が生じ，そのため，遅い感覚時間の眼が捉える錘の位置にズレが生じるからである。すなわち，減光フィルターを通して遅い感覚時間の眼で見る錘の位置は，常に，もう一方の眼が捉える錘よりも遅れた位置となるため，両眼の視線は，実際よりも遠方あるいは手前で輻輳することになり，結果的にその奥行き位置に錘を見ることになる(図解は，松田，1995, p.14 を参照)。この現象をプルフリッヒの振子と呼ぶのは，1922年に最初の理論的考察を行った Pulfrich, C. J. の名にちなんでのことであるが，彼はその16年前に左眼を失明したというから，論文公刊の時点で当人は観察していない。

　色による感覚時間の差を確認するには，左眼と右眼に透過率が同じ色違いのフィルターをあてて振子の左右往復運動を観察すればよい。ちなみに，片眼を暗順応または明順応させ，両眼の視感度を変えて振子を観察すると，理屈とは逆の回転が見えるという**逆理プルフリッヒ現象**の報告もある。

■ **明暗順応と色順応**　　周囲の明るさや色の状況に眼が次第に慣れてくるのは，**順応**(adaptation)と総称される現象の一つであり，眼の感受機能の優れた時間的応答特性の一つである。昼間，急に暗い部屋に入ると最初はほとんど何も見えないが，数分もしないで不自由がなくなるのは，眼が徐々に**暗順応**(dark adaptation)するからである。逆に，長くいた暗闇の中から直射日光の下に出た直後の目はまぶしいが，すぐ**明順応**(light adaptation)する。

　図 2-12 に実線で示した曲線は，暗順応の時間経過と光覚閾との関係を示した**暗順応曲線**であり，暗黒の実験室に入った直後から30分後までのさまざまな時間経過で，中心窩からやや外れた網膜部位に白色光を呈示して光覚閾を測定した結果である。縦軸には光覚閾が対数目盛で示されている。暗順応曲線は途中で屈曲した形となっているが，同じ図に実線と一部で重なる点線と破線で示したように，早い経過で暗順応が始まるが10分程度で進行が止まる錐体成分(点線)と，経過は遅いが20～30分にわたって数桁以上にまで鋭敏となる桿体成分(破線)が

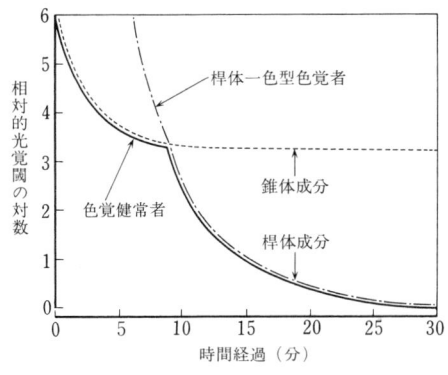

2-4 明暗や色の感受に関する基本的視覚特性   37

図 2-12　暗順応の時間経過を示す典型的な暗順応曲線

二重に作用しているからである。したがって，中心視で測定すれば錐体成分だけの結果が得られるし，網膜に錐体を欠く桿体一色型色覚（☞ p.57）の場合は桿体成分の順応しか観測されない。

さて，色を見ることができる十分な明るさの中で同じ色を見続けていると，その色みや明るさの感じ方が変わってくる。これも順応の結果であり，特に，色相や飽和度（彩度）といった色みに対する感じ方が変わることを**色順応**（color adaptation；chromatic adaptation）という。色順応の進行は，はじめ急速に，次第に徐々に経過する。色光や色票を見続けるような，視野の一部で起こる色順応では色みが薄れて鮮やかさがなくなっていく程度であり，完全に色みが失われるということはない。しかし，視野全体に色光が及んでいるような事態では限りなく色順応は進行し，均一な色光で視野が満たされた全体野（Ganzfeld）の状態では，色順応は，視野全体がすっかり無彩化（中性化）するまで完全に進行する。過去には，数分間で完全に色みが感じられなくなったという報告もある（Hochberg, Triebel, & Seaman, 1951）。

色順応について日常的な例を挙げれば，サングラスを着用した直後にはその色に着色されて見える周囲の情景も，色順応が進めば，やがて通常と変わりのない当たり前の色（薄曇りの日中の戸外で明順応した状態の眼で知覚している色）の世界に見えてきて，全く違和感は感じられなくなるだろう。

■ **視覚の動的応答範囲**　私たちの眼は，日常，ぼんやりと何かがそこにありそうに見える微弱な光から，まぶしくて眼を閉じたくなるような強烈な光まで，極めて広い強度範囲の光の中で有効に機能しているが，これは，基本的には，図2-12に示した順応という優れた機能が眼にあるからである。このように眼が有効

に機能する光の強度範囲のことを視覚の**動的応答範囲**(dynamic range)といい，その範囲は10^{10}のオーダーといわれるほど広い．

　少し分かりやすく照度の単位(lux；ルクス)で説明すると，眼は，わずかな星明りで白紙がぼんやりと視認できる程度の 1/10000 ルクスから，物の明暗だけがおぼろげに分かる程度の暗所視での 1/1000 ルクス，物の色と形がそれなりに分かる黄昏どきの 1〜10 ルクス，色や形をはっきり見るのに苦労のない明所視での 1000 ルクス，直射日光の下での 10 万ルクス，快晴の雪のゲレンデでのそれ以上の明るさまで，億のオーダーの範囲で有効に，しかも自動制御的に機能しているのである．

■ **残像と色残像**　　一般に**残留感覚**(after-sensation)といって，感覚を生起させる物理的刺激が客観的に除去された後も，しばらくは感覚的体験(刺激がないのだから感覚類似の体験ということもできる)が持続する．視覚の場合の残留感覚は特に**残像**(afterimage)と呼ばれ，見つめていた光は，眼を閉じても，あるいは光が消えても，しばらくの間は眼に残っているように感じられる．

　残像の性質を知るには，自分の目で確かめるのが手っ取り早い．そこで，赤と緑の色紙の小片を用意して，図 2-13 の左側パネルの所定の箇所に貼付してほしい．その上で，左側パネル中央の×印を 1〜2 分間注視し続けてみよう(両眼視と片眼視のどちらでもよい)．この状態では，中心視している×印の上半分には灰色を背景とした黒と白の方形が，下半分には白い背景に赤と緑の方形が見える．観察距離は任意でよいが，注視の最中に眼を近づけたり遠ざけたり，×印から眼を動かしたりしてはいけない．瞬きは無理に我慢する必要はない．1〜2 分経ったら左側×印の注視を止めて，直ちに右側パネルの×印に眼を転じてみよう(左側パネルを隠してしまうと観察しやすい)．あまり明瞭ではないかもしれないが，

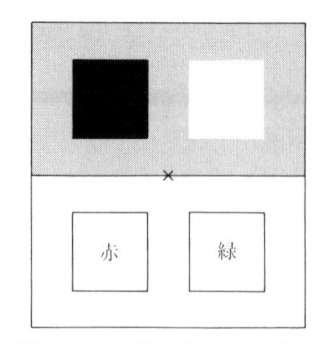

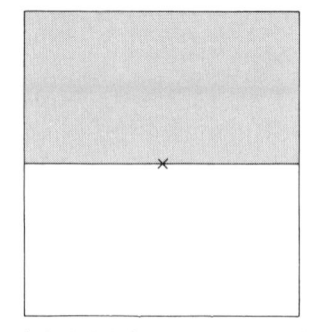

図 2-13　残像観察の実際(赤と緑の色紙小片を左側のパネルの所定の箇所に貼付して観察すること)

2-4 明暗や色の感受に関する基本的視覚特性

×印の周辺に四つの方形の残像が観察できるはずである。しかも，残像の現れ方は，上半分では左右の黒と白の位置関係が逆転し，下半分では赤かった方形は緑っぽく，緑だった方形は赤っぽく見えるはずである。さらに注意深く観察すれば，背景である上半分と下半分の灰色と白の組合せも，濃さの関係が逆になって感じられる。

このように，残像は，最初に観察する原刺激の性質(明るさや色など)に依存してさまざまな明るさや色みを帯びて現れ，通常は，原刺激とほぼ反対性質の**陰性残像**(**負残像**，negative afterimage)として観察されることが多い。しかし，強い光を見た後で暗黒状態にして注意深く観察すると，極めてわずかな時間ではあるが原刺激と同性質の**陽性残像**(**正残像**，positive afterimage)が現れ，比較的長く持続する陰性残像と2〜3回交替しながら消長を繰り返す。

陰性残像は，刺激の持続的呈示にともなう感受性の一時的な低下によって説明される。視細胞の感光物質は，受容された刺激の性質に応じて光化学的変化を生じ，もとの状態に復元するには一定の時間経過が必要だからである。図2-13で，灰色に囲まれた黒い方形を見る網膜領域は，白い方形のそれに比べて感受性の低下は少なく，背景の灰色領域での感受性の低下は両者の中間程度となっているので，その後に一様な灰色の面に残像を投影すると，相対的な感度の高低に応じて左の領域が明るく，右の領域が暗く見えることになる。この意味で，残像は基本的には網膜レベルの現象である。したがって残像の大きさは，いわゆる'かげおくり'の理屈で，眼から投影面までの距離に正比例して変わる(**エンメルトの法則**，Emmert's law)。

図2-13の下半分の残像について，赤かった方形は緑っぽく，緑だった方形は赤っぽく現れると述べた。色を見たときの残像は特に**色残像**と呼ばれ，色残像に現れる陰性残像は原刺激の補色(☞ p.92, 97, 109)に近いので，**補色残像**とも呼ばれる。色残像については，それが網膜レベルの現象と言い切れるかどうかを含め，後の7章で再び述べる(☞ p.115)。

3章

色の三属性と混色の知覚的性質
―色覚の基本的性質―

　この章では，色覚の基本的性質にかかわる事柄として，前半では色の三属性，後半では混色について述べる。色の三属性とは，色相・彩度(飽和度)・明度(明るさ)であり，それらの物理的対応は，光の波長・純度・強度であるが，このうち色相については，可視スペクトルの両極にある赤とスミレを混ぜて赤紫を作り，その色を赤とスミレ間に置くと，すべての色相が円環上に連続的に並ぶ性質にある。この知覚的性質を利用すれば，色相・彩度・明度の異なるすべての色を，色立体と呼ばれる三次元空間内の特定の場所に位置づけることができる。後半では，加法混色と減法混色の違い，それぞれの混色における三原色の違い，加法混色の三原色と減法混色の三原色との関係について順に概説し，最後に，実用されている混色技術の事例を紹介する。

3-1　色の三属性とその知覚的性質

3-1-1　色の三属性
　光の色や物の色が，眼に入射される光源の光や反射光の波長成分によって決まることは先の1章で述べた。そして，光や物の色には，赤，黄，緑，青などと，それぞれの見え方に応じて呼名(色名)が付けられている。しかし，同じ呼名の色であっても，鮮やかさ(色みの程度)や明暗の違いがある。

■ **色の三属性とその物理的対応**　　可視スペクトルの色は，単色光の場合，その波長に応じて長波長の赤から短波長のスミレ色(青紫)まで連続的に変化する。多くの波長成分を幅広く含む有彩光の場合は，際立って多く含まれている主波長によってその光の色の見え方が決まる。同様に，物の色も分光反射率，すなわち物体の表面から反射される光の波長成分によって決まる(☞ p.12, 1-2-4)。

　私たちは日常，色の見え方の違いを表す素朴かつ広義な表現として，赤，青，黄などの呼名を使っている。私たちが，眼に入射される光の波長成分と対応付けて赤，青，黄，…と呼ぶときの色の区別は，色の体系としての属性(色の次元)の一つの表現であり，その属性は**色相**(hue)と呼ばれる。つまり，赤，青，黄，…

と区別される色相の物理的対応は，**光の主波長**(dominant wavelength)ということである。

色相を決めるのは主波長であるが，それ以外のスペクトル光がどの程度含まれているかによって，色の鮮やかさ（色み）の程度が変わる。例えば，主波長が510 nmのあたりにある緑の光に，すべての波長をほぼ均等に含む無彩光を加えると，相対的に主波長の**純度**(purity)は落ちる。無彩光の割合が増えるほど知覚的には緑色の鮮やかさの程度が低くなるわけで，このような心理的次元で変化する色の属性を**飽和度**(saturation)といい，その物理的対応は純度ということになる。一方，物の色については，その色の鮮やかさを表す属性は**彩度**(chromatic value)と呼ばれ，この場合，同じ明度の無彩色にくらべてその色相の色みがどの程度含まれているか（無彩色とどれくらい異なって感じられるか）という度合で表される。このように，光の色の属性としての飽和度と物の色の属性としての彩度は明確に区別して定義されるのであるが，一般的には，飽和度と彩度はほとんど同義的に用いられており，色の鮮やかさに関係する性質は飽和度も含めて彩度と表現されることが多い。

次に，色光の**輝度**(luminance)が変化すると，色相はほぼ不変のまま，**明るさ**(brightness)が変わる。これは，'明'から'暗'にわたる色光の見えの強度に対応する属性の変化である。物の色の場合は物体表面の**反射率**が色の明るさを決め，その違いは，無彩色の'白'から'黒'の間の変化に対応づけることができるので，この属性は**明度**(lightness)の名で呼ばれる。ただし，物体表面の色であっても，カッツ(Katz, D.)の"色の現れ方"（☞ p.120）の分類でいう面色（開口色）の性質で知覚されるときの属性は明るさと呼ばれる（表面色の性質で知覚されたときの属性が明度になる）。

知覚される色の属性としては，今述べた"色の現れ方"で分類される属性など，ほかに幾つかあるが，以上に述べたように，有彩の属性である色相と彩度（飽和度），無彩の属性である明るさ（明度）の三つが**色の基本的三属性**であり，それぞれの属性の物理的対応は，順に，主波長，純度，強度（輝度，反射率）ということである。

■ **色相の弁別**　　色相の物理的対応は主波長であったが，単色光の場合は，まさに波長の違いが色の違いそのものとなる。つまり，スペクトル光の波長が変化すれば色相は違って見える。では，どれくらい波長が違えば色相の変化が感知されるのであろうか。これは**色相弁別**(hue discrimination)の問題である。

色相の違いが感じられる最小の波長差は，**色相弁別閾**（**波長弁別閾**）と呼ばれる。色相弁別閾は，これまで多くの研究者によって可視スペクトルのすべての範囲で

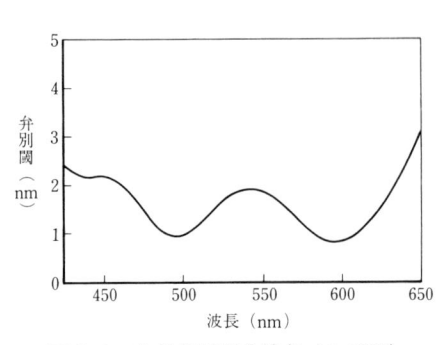

図 3-1 色相弁別閾曲線（Judd, 1935） 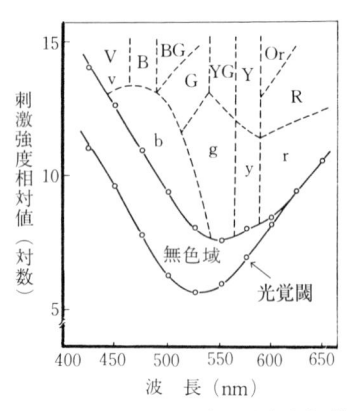　　**図 3-2** スペクトル光の強度と知覚される色相との関係

測定されてきたが，その結果はおおむね図 3-1 の曲線で代表される（Judd, 1935）。このように波長の関数として表された**色相弁別閾曲線**を見ると，弁別閾は一様ではなく，波長が 500 nm 弱と 600 nm の付近で最小（つまり感度が最大）となり，530 nm 付近と可視スペクトルの両端で閾値が大きくなる W 型を示している。とりわけ，青緑や橙に見えるあたりの単色光はわずか 1 nm ずれるだけで色相の違いが感知できるほど人間の色覚は鋭敏だということである。仮に弁別閾の平均を 1.5 nm として，人間の可視スペクトル範囲（380〜780 nm）から大雑把に計算すると，私たちは，250 以上の色相を弁別できることになる。

　特定のスペクトル光が物理的に呈示されても，極端に微弱であれば光の存在すら感受できないことは，視感度曲線（☞ p.32，図 2-10）で知ったとおりである。では，強度が光覚閾（光の存在を感知できる限界値）に達すれば直ちに色が見えるかといえば，それも違う。図 3-2 に示すとおり，光覚閾以上の強度になっても，色を感じることのない**無色域**（photo-chromatic interval）があり，強度が増すにつれて次第に知覚できる色の種類は豊富になる。先ほど図 3-1 に基づいて，私たちは単色光の色相だけでも 250 以上の弁別ができると述べたのは，かなり高い刺激強度の最適条件で観察した場合のことであると理解できる。

■ **飽和度の弁別**　　無彩光（白色光）に特定の単色光を加えていくと，単色光がある強度になったとき初めて色みが感じられる。より実験場面に即していえば，同じ二つの白色光の一方に特定の単色光を徐々に加えていくと，ある時点で初めて二つが異なって見える。これが，**飽和閾**の測定の一般的手続きである。色みを感じるための単色光の強度（ΔE）がどれだけ必要であるかは，基準となる白色光

の強度(L_W)に依存するので，飽和度閾は$\Delta E / (\Delta E + L_W)$で表される。過去の多くの測定結果をまとめると，飽和度閾曲線は，可視スペクトル中央の570 nm 付近で閾値が突出して高い（色みを感じる感度が低い）山型の形状を示している。実際，この付近のスペクトル光（黄緑〜黄に見える）は，ほかに比べて強度をかなり高くしないと最大の飽和に達しない。

特定の色みが感じられる色光に，さらにその色みの単色光を加えたり（純度を上げる），白色光を加えたり（純度を下げる）すると，ある時点で初めて色みの変化が感じられる。同じ色みの二つの色光の一方に，その色みの単色光あるいは白色光を徐々に加えていくと，ある時点で初めて二つの色みが異なって見える。これは**飽和度弁別**の一般的手続きであり，**飽和度弁別閾**は上記の飽和度閾に準じた手順で測定・算出できる。

■ **色相の知覚に及ぼす強度と純度の影響**　スペクトル光の強度が増大すると，知覚できる色や弁別できる色が豊富になると述べたが，このことは，同じ単色光でも強度によって色相の見え方が変わり，逆に，異なる単色光でも強度によっては同じ色相に見えることを意味する。つまり，色相の知覚には光の波長だけでなく，若干なりとも強度の要因がかかわっていることを示す現象であり，これを**ベツォルト-ブリュッケ現象**（Bezold-Brücke phenomenon）という。この現象について，かつて Purdy（1937）は，グラフの横軸に波長，縦軸に単色光の強度をとり，単色光の強度を変えても同じ色相に見え続ける波長を線で結んだ**等色相曲線**を描いた。そして，強度が低いときは緑と赤，高いときは青や黄を帯びて知覚される単色光が相対的に多いことを示す一方，476 nm（青），505 nm（青緑），575 nm（黄）付近の単色光は，強度が変化しても知覚される色相に変化がないことを明らかにした。これらの色相は，ベツォルト-ブリュッケ現象における**不変色相**（invariant hue）と呼ばれている。

知覚される色相に及ぼす純度の影響もあり，この現象は**アブニー効果**（Abney effect）として知られている。純度が変化すれば知覚される色の鮮やかさが変わるのは当然であるが，主波長は同じであるにもかかわらず，色相も少しずつ変化して見えるのである。例えば，560 nm（黄緑）の単色光は純度が高くなるにつれて緑の感じが強くなる。アブニー効果にも不変色相があり，ベツォルト-ブリュッケ現象の不変色相とほぼ一致するという。

3-1-2　色相環と色立体

光の色または物の色を物理的に記述するとき，波長（主波長）は'短-長'の次元，純度は'低-高'の次元，強度（反射率）は'弱-強'の次元と，いずれも一

つの次元上で両極的に並ぶ性質にある。しかし，これらの物理的性質に対応する心理的性質，すなわち色の知覚的三属性も，すべてが両極的な性質にあるかというと，色相はそれだけの性質にとどまらない。

■**色相環**　色の心理的属性である飽和度(彩度)と明るさ(明度)は，いずれもその物理的対応である純度と強度(反射率)と同様に，一次元上で両極的に並ぶ性質にある。スペクトル光の赤，黄，青といった色相も，図1-1(☞ p.6)の最下部に帯状で示した波長と色との関係から分かるように，長波長側の赤から短波長側のスミレ色(またはその逆)に並べると，その色相の変化には連続的な移行が認められる。しかし，それだけではなく，属性としての色相にはもう一つ別の性質が加わる。

いま，可視スペクトルの両端の赤とスミレ色(青紫)を混ぜると，スペクトル光にはない赤紫が得られ，このとき，赤とスミレ色を混ぜる量を調整すると，限りなく赤に近い色から，限りなくスミレ色に近い色までの連続的変化を作り出すことができる。つまり，色相に関しては，物理的に一次元的な性質の両極にあるはずの赤とスミレ色の中間に赤紫を置くことにより，図3-3に示すように，すべての色相が円環上に並ぶ。これが**色相環**(hue circle；**色円環**，color circle)であり，その循環的な連続性に全く違和感は生じない。

なお，図3-3の色相環で，波長と色との関係は少数の基本色名で区切るかたちで断続的に表示しているが，もちろん実際の色の見え方は連続的な変化を示す。

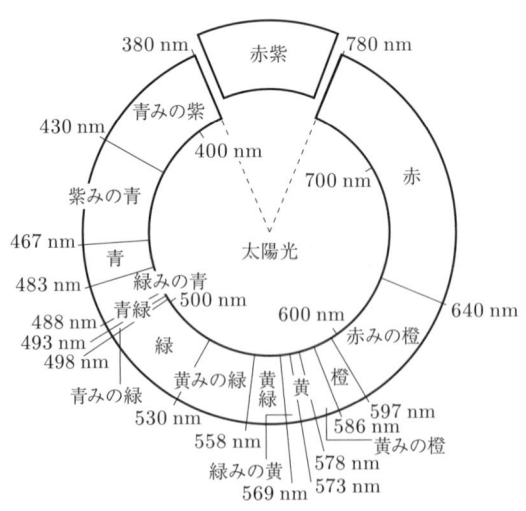

図 3-3　一次元的性質のスペクトルの帯から円環的性質の色相環の構成

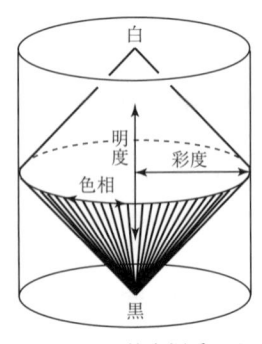

図 3-4　円筒座標系による色の三属性の表示

また，円環上での色の位置は，6章で述べるカラーオーダーシステム（表色系）の色相環とは，必ずしも対応していない。

■**色立体** 色に基本的な三属性があるということは，これらの属性に基づいて多種多様な色を体系的に表現できるということである。その上，色相が円環状に並ぶ性質にあるということは，色の体系的表現にとって大変好都合である。

いま，物の色について述べると，図3-4のように色相を円環状に並べ，円の中心を垂直に貫く軸で明度を表し，その中心軸から外側に向う水平方向の距離で彩度を定義すれば，この円筒座標系を構成する三次元空間内の特定の場所に，特定の色相・明度・彩度をもつすべての色を位置づけることができる。実際には，彩度は中程度の明度のときに最大になって，明度の上限（白）や下限（黒）では色みが感じられなくなるので，色が配置される三次元空間の範囲は円筒ではなく，図3-4に示すような複円錐状（二つの円錐を底面で合わせた形）またはそれに近い形になる。このように，色相・明度・彩度の三次元空間に配置された色のブロックを**色立体**(color solid)という。

色立体の代表例は，後述する**マンセルの色立体**(☞ p.91，図6-4)，**オストワルトの色立体**(☞ p.101，図6-10)などである。複円錐状の形といっても，その外観が前者は極端に不規則であり，後者は見事な複円錐形そのものであるが，この違いは構成原理の違いによるものであり，後に説明する。

3-2 混色とその知覚的性質

3-2-1 混色の方法

幾つかの色を混ぜると今までと違う新しい色ができる。色を混ぜるから**混色**(color mixture)といい，混ぜられる元の色を**成分色**，混色により得られる新しい色を**混合色**という。混色の方法は，具体的な混色の仕方（手段）だけでなくその結果に基づいて，**加法混色**と**減法混色**に大別することができる。さらに，加法混色の一種として，**中間混色**を区別することもある。

■**加法混色** 太陽光をプリズムで7色に分析したのはNewtonであったが，7色に分散したスペクトル光をレンズで集光して再びプリズムを通すと，元の太陽光に戻ることを実証したのもNewtonであった。元の太陽光に間違いないことは，その光が再びプリズムで7色に分析できることで確認された。分散したスペクトル光の幾つかの部分だけを集めてプリズムに通せば，それらの成分スペクトル光（成分色）に応じてさまざまな混合色が得られることも分かった。

加法混色(additive color mixture)とは，網膜上の同一部位に二つ以上の成分光

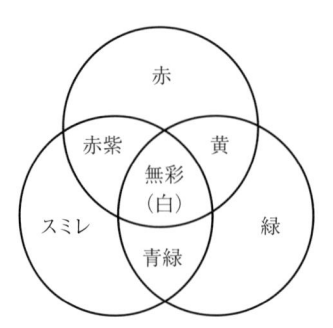

図 3-5 3色光の投光による加法混色の結果

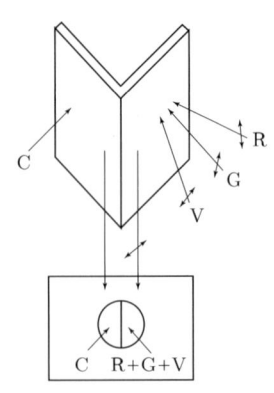

図 3-6 加法混色による等色

を同時に当てて混合色を得る方法であり，**加色混合**とも呼ばれる。Newtonの行った混色は加法混色の一つの方法であるが，プリズムを使わずとも，二つ以上の色光を同一面上に重ねて投射してその重なった部分を見れば，混合色が知覚されることになる。例えば，3個のスポット光源のそれぞれに，赤，緑，スミレ（青紫）の色フィルターをかぶせ，図3-5のように各色光が少しずつずれて重なり合うようにスクリーン上に円形投光して観察すれば，加法混色の様子がよく分かる。この場合の3色光は，後述する加法混色の三原色（☞ p.49, 3-2-2）であって，すべてが重なる中央部は白色光に見える。このような仕方で3色光を重ね合わせるように投光するのであるから，混ぜる色の数が多くなるほど明るくなる。つまり，加法混色による混合色の強度は成分色の強度の和となる。

　成分色と混合色の関係は，図3-6のような仕組みの装置で確かめることができる。V字型に直立して置いた白色面の片側に特定の色光（C）を，反対側に赤（R），緑（G），スミレ（V）の色光を重ねて照射し，後者の3色光の混ぜ方を調整して混合色の見え方を変えながら，左右両面の色刺激を比較観察する。V字面の中央手前に円形の小窓を開けた衝立を置き，左右両側の色が二分視野（bipartite field）のかたちで半円状に並んで見えるようにすると比較しやすい。右側の3色光の強度はそれぞれ独立に調整できるようになっており，うまく調整すると左右が同じ明るさの同じ色に見え，円中央の境界線は分からなくなる。このとき，2刺激は**等色**（color matching）されたという（ただし，ここでは詳述しないが，現実の等色実験では負量混合（☞ p.83）が必要となる場合が多い）。左側の特定の色光に代えて標準光源（昼光とほぼ同性質の白色光）を用いれば，この白色光もR，G，Vの

3色光の混合で等色できることが分かる。ちなみに，すでに図3-5で示したように，赤と緑で黄色(Y)，緑とスミレで青緑(シアン，cyan；C)，スミレと赤で赤紫(マゼンタ，magenta；M)が得られる。

さて，等しく見える二つの色光が互いに等しい成分を持っている場合もあるが，それはむしろ稀なことで，等色を得た二つの色光の成分は異なっている場合が多い。先ほど，昼光とほぼ同性質の標準光源(白色光)もR・G・Vの3色光で等色できると述べたが，等色されたときの二つの色光の分光分布を見ると，両者の組成は全く異質で，白色光は比較的平坦な曲線で示される一方，R+G+Vは，長波長・中波長・短波長の各帯域に大きな山をもつ不均等な曲線で表される。組成が異なった性質(異性，metamerism)であるにもかかわらず等しい色に見えるので，このような等色はメタメリズムあるいは**条件等色**(metameric color match)と呼ばれる。

等色を得るために使用する成分色は，赤・緑・スミレ色である必要はなく，同じ見かけの色を作る分光エネルギー分布は無数にある。同じ混合色を得る成分色の混ぜ方は幾通りもあるということであり，逆に言えば，混合色を見ただけでその成分色が何であったかを知ることはできない。また，等色はあくまでも見かけ上の問題であるから，色の観察条件(観察眼の順応条件など)が変わるとたちまち等色関係は崩れてしまう。

以上に述べたことを，**グラスマンの法則**(Grassmann, 1853)に依拠しながら経験則のかたちで列記すると，① 独立な三つの色刺激の加法混色で任意の色刺激との等色が可能である(色刺激の規定には互いに独立な三つの量が必要であり，かつ十分である)，② 二つの色刺激の見かけの色が同じでも，その成分色が同じであるとは限らない(加法混色の結果は，その分光組成のいかんにかかわらず色刺激の見かけだけが変化する)，③ 加法混色の結果はすべて連続的に変化する，の3項目に要約できよう。

■ **減法混色**　1個のスポット光源の前に2種類の色フィルターすなわち分光透過率の異なる2枚のフィルターを重ね置いて投光すると2色は混合され，混合色の明るさは，いずれか1枚の色フィルターで投光したときよりも暗くなる。色の異なる2枚の色ガラスを眼の前で重ねて周囲を見ると，1枚だけで見たときよりも暗くて違った色に見えるのと同じである。3枚重ねれば，当然，混合色の明るさはさらに減じる。このような混色の仕方を**減法混色**(subtractive color mixture；**減色混合**)といい，その名のとおり，混合する成分色が増すほど混合色の明るさは減じていく。

減法混色による明るさの減少を2色混合の場合で説明すると，2色のフィル

ター(分光透過率がaとb)を重ね合わせたときの混合色は，aとbの透過率を波長ごとに積算したかたち(a×b)で決まる。したがって，一方のフィルターの透過率が高くても他方が低いと混合色はかなり暗くなり，ともに透過率が低ければさらに暗くなる。また，極端な例として，ある波長を境として，それより短波長側だけを透過するフィルターと長波長側だけを透過するフィルターを重ねれば，透過する光は失われて光は見えなくなる。

今やデジタルカメラの時代になったが，かつてのフィルムカメラのカラーフィルムは，積み重ねられた3色(青，緑，赤)の透明感光色層が原理であり，減法混色の応用である(☞ p.53)。1970年前後に普及し始めた頃のカラーフィルムは，透明色層の透過率の低さからフィルムの感度はかなり悪かった。フィルム以外の身近な例を挙げれば，混ぜても化学変化を起こさない絵具の混合も，個々の微小な色粒子がフィルターとなる減法混色である。したがって，混ぜる絵具の種類を増やすほど，できる色は暗くなる。

▍**中間混色**　円板の表面を扇状に色塗りして急速に回転させると，誰もが手製のコマで経験ずみのとおり，混合色が得られる。先に述べた加法混色は，二つ以上の成分色を網膜上の同一部位に同時に当てて混合色を得る方法であったが，色で塗り分けた円板の回転は，加法混色のように同時的ではないがそれと似た状況を作る。すなわち，網膜上の同一部位を時間的解像力(☞ p.34)を超える速さで継時的に刺激して混色を得る方法であり，これは中間混色の一つで**回転混色**と呼ばれる。扇型に組み合わせる色の種類とそれらの角度(すなわち相対面積)を変えて円板を回せば，各様の色が見える。かつてはどこの知覚心理学の実験室にも備えられていた**混色円板**(color mixing disc；**マクスウェルの円板**，Maxwellian disc)は，これと同じ原理の混色器である。ちなみに，円板表面が7色に彩色されたニュートンの7色ゴマを回せば，7色が回転混色されて無彩の灰色が得られる。なお，中間混色という名の由来は，混合色の明るさが，各成分色よりは明るいが純粋な加法混色の場合よりは暗く，両者の間に見えるためである。

特定の種類の色の点を，人間の視力では解像できないほど空間的に密に接近させて配置すると，色の点を相互に分離することができず混合して見える。例えば，異なる色の経糸(縦糸)と緯糸(横糸)で織った織物は，それぞれの糸の色の混合色を呈する。同じ原理で，19世紀後半の絵画分野における新印象主義派のスーラ(Seurat, G. P.)やシニャック(Signac, P.)らの点描画を遠くから見ると，点描の密度が視力の解像力を超えて融合し，なめらかな色の移行が知覚される。これも中間混色の一つであり，**併置混色**(並置混色)と呼ばれる。また，テレビ受像機の画像を凸レンズで拡大して見ると，3色信号を電波に乗せる方式の場合，密集した

赤，緑，青の3色光が輝いて分布していることが確認できる。見えの色相や明るさによって，輝く色光の種類やその強度が異なっていることも分かる。これも併置混色には違いないが，上記の二つの例とは異なり色光の混合なので，特に**併置加法混色**とも呼ばれ，加法混色の原理に従い3種の発光体がすべて光っておれば最も明るい白が知覚される。

3-2-2 混色の三原色

　図3-5と図3-6で，成分色を赤・緑・スミレ(青紫)の3色とする加法混色について述べた。色名だけでは厳密さを欠くことになるが，実は，この3色は加法混色の三原色に相当する。三原色と言うと，それらの混合によって実在するすべての色を作ることができると誤解されそうであるが，実際はそうではない。**三原色**(three primaries)とは，できるだけ少ない数の成分色で，できるだけ多くの混合色を得る(等色を得る)ことが望ましいという観点から選ばれた3色のことである。以下では，加法混色の三原色と減法混色の三原色，および両者の関係について述べる。

■ **加法混色の三原色**　等色を得るには独立な3色が必要であり，その選択にあたっては，3色で等色できる色の範囲が広いほど好都合である。等色できる色の範囲のことを**色域**(color gamut)というから，この語を用いて表現すれば，三原色は色域が広いほど良いということになる。この条件を満たす色は，**赤**(R)，**緑**(G)，**青紫**(純なスミレV；一般には青blue；以下ではBと記す)の3色であり，これが加法混色の三原色である。なお，後述するが，CIE(国際照明委員会)が制定しているRGB表色系の基本色刺激(原刺激)は，700 nmの赤(R)，546.1 nmの緑(G)，435.8 nmの青(B)である(☞ p.83, 6-1-1)。

　三原色(R，G，B)の混色を考えてみよう。このうちの二色混合では，R+Gで黄色(Y)，G+Bで青緑(シアン，C)，R+Bで赤紫(マゼンタ，M)が得られ，R+G+Bの**三色混合**で白色(W)が得られることは，三つ輪状に重なり合うように描いた図3-5(☞ p.46)が示すとおりである。もちろんこの図は，三原色を混合したときの典型的な結果を描いたもので，各色の混合比によって多様な色が得られる。今，成分色となる三原色をそれぞれスペクトル成分(分光分布)のかたちでグラフに表し，各スペクトル成分の加算として2色混合(R+G，G+B，R+B)あるいは3色混合(R+G+B)の結果を描いてみると，各混合色(順にY，C，M，W)の分光分布曲線が描ける。

■ **減法混色の三原色**　減法混色の三原色は，**マゼンタ**(magenta；M，純な赤紫)，**黄**(Y)，**シアン**(cyan；C，純な青緑)である。この三原色による減法混色の

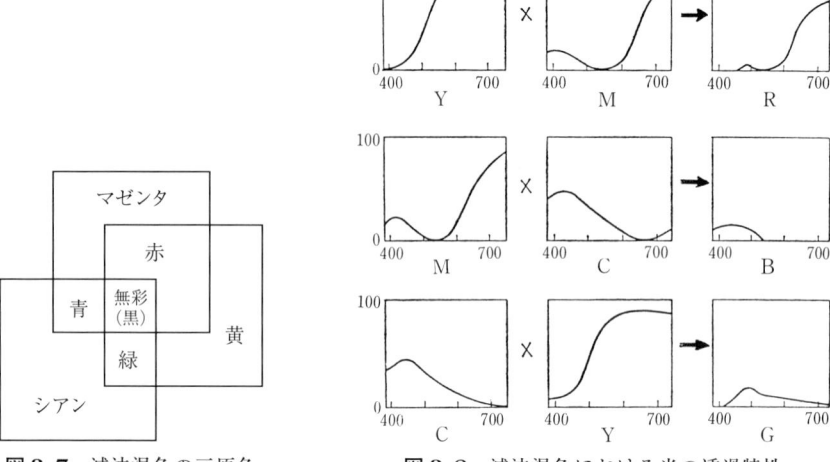

図3-7 減法混色の三原色による混色の結果

図3-8 減法混色における光の透過特性

結果を，3枚の色フィルターを少しずつずらして投光したときの状況で，図3-7に示した。また，図3-8には，二色混合の場合の透過特性を各スペクトル成分の積算のかたちで示した。

　両図が示すように，減法混色の二色混合では，Y×Mで赤(R)，M×Cで青(B)，C×Yで緑(G)が得られる。この状況を，色フィルターによる三原色の透過・吸収の性質で，大雑把ではあるが分かりやすく説明すると，下記のようになる。すなわち，白色光(R+G+B)がフィルターを通るとき，YフィルターはR+G成分(Y)を透過しB成分を吸収，MフィルターはR+B成分(M)を透過しG成分を吸収，CフィルターはG+B成分(C)を透過しR成分を吸収する。したがって，二色混合(重なり合った2枚のフィルターを白色光が透過)のとき透過できる光の成分は，フィルターがY×MであればR成分，M×CであればB成分，C×YであればG成分ということになる。三色混合(Y×M×C)では色情報を担う光成分(R, G, B)がすべて吸収され，真っ暗となる。

■ **加法混色の三原色と減法混色の三原色の関係**　加法混色の三原色は**赤**(R)，**緑**(G)，**青**(B)であり，減法混色の三原色は**マゼンタ**(M)，**黄**(Y)，**シアン**(C)であった。そして，三原色の中の2色を混合すると，R+GでY，G+BでC，R+BでMが得られ，Y×MではR，M×CではB，C×YではGが得られることを述べた。つまり，加法混色の三原色のうちの2色を混合すると減法混色の三原色

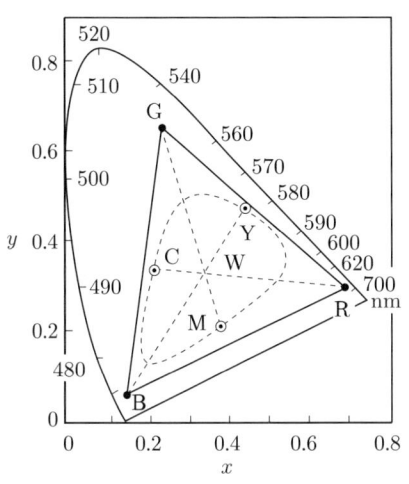

図 3-9 色度図上での加法混色の三原色と減法混色の三原色の位置（新編色彩科学ハンドブック第2版，p.558.）

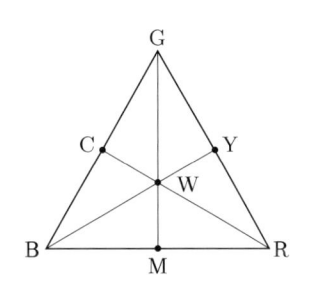

図 3-10 加法混色の三原色と減法混色の三原色の関係を表す概念図

のうちの一つの色が得られ，減法混色の三原色のうちの2色を混合すると加法混色の三原色のうちの一つの色が得られるという関係にある。

　加法混色の三原色と減法混色の三原色を，CIE の色度図の上に示すと，図 3-9 のようになる。**色度図**についての詳述は後の章（☞ p.84, 6-1-2）に譲り，今はここでの理解に必要な事柄を三つだけ簡単に述べることにすると，図 3-9 の色度図で，① 三原色を含めてすべての実在色は，馬蹄型の線（スペクトル軌跡）で囲まれた領域内の1点に位置づけられ，② 中央の W（白色）を通る直線上で，W を挟んで両側に位置する2色光は互いに補色の関係にあり，③ 加法混色の三原色を成分とする混合色は，三原色の位置を直線で結ぶ三角形の内側に位置する色となり，減法混色の三原色を成分とする混合色は，三原色の位置を通って大きくふくらんだ曲線の内側に位置する色となる。さらに，図 3-9 から，加法混色の色域は減法混色の色域よりもかなり広いこと，R と C，G と M，B と Y は，互いに補色の関係にあることが分かる。

　図 3-9 に示された三原色の位置に基づいて，加法混色の三原色と減法混色の三原色の関係を一層単純な概念図で表すと，図 3-10 のようになる。この図に示されるように，三角形の頂点に位置する R と G を結ぶ線は R と G の加法混色の移行軸であって，その中間に Y が位置し，Y の補色は B である。G と B，R と B の間の移行軸の中間には順に C と M が位置し，C の補色は R，M の補色は G と

なる。また，MとYの間にふくらんだ曲線を仮想すると，その中間にRが位置するMとYの減法混色の移行が理解されよう。

3-2-3 混色の実際

生活環境の中では，色彩技術としてさまざまな混色が実用されている。先に，併置混色による色の再現例としてテレビ受像機の画面を挙げ，減法混色の例としてはカラーフィルムの透明感光色層のことを述べた。ここでは，日常生活の中で使われている混色の色彩技術の事例として，カラーテレビ，カラー印刷，カラーフィルム写真について，その仕組みを説明する。

■ **カラーテレビ**　テレビモニターでの色の再現は，既述のとおり原理的には，赤(R)・緑(G)・青(B)の3色光による併置加法混色である。テレビの受信契約台数でカラーテレビが白黒テレビを上回ったのは1972年のことであるが，以来今日に至るまで，メーカー各社によって，自然の色がどこまで広くかつ忠実に再現できるかが競われ続けてきた。近年は，黄(Y)を加えた4色光方式のテレビも現れてきた。

わが国で2011年7月まで(東北3県は2012年3月まで)地上波アナログ放送で採用していたNTSC(National Television System Committee；全米テレビジョン放送方式標準化委員会)のカラーテレビ放送方式では，R・G・Bの3色をテレビ電波として発信する際，明るさを表す輝度信号と，反対色対の'赤-シアン'および'緑-マゼンタ'を表す2つの色信号に変換しており，テレビで受信する際にRGB信号に戻して色を再現している。今は見かけなくなったがブラウン管使用のモニターで映すときは，R・G・Bの蛍光体に電子ビームを照射することによって蛍光体を発光させ，そのときの発光の強さ(明るさ)を変えることで，さまざまな段階のR・G・Bを発色させていた。液晶を使ったテレビモニターもパソコンや携帯電話のディスプレイも，色再現の基本的な原理は同じである。

なお，NTSC方式のテレビの三原色(R・G・B)の色域をCIE色度図の上で見ると，図3-9に示した加法混色の色域とほぼ同じである。近年の地上デジタルテレビ放送で使用されているISDB-T(Integrated Services Digital Broadcasting-Terrestrial；統合デジタル放送サービス-地上)の方式で再現される色域も，これとほとんど変わらない。また，テレビやパソコンで再現される色の数は用途や機種によって異なるが，いわゆるフルカラーディスプレイでは，R・G・Bの発光強度を0(発光なし)から最大の255まで256段階に変えることができ，理屈の上では$256×256×256=16,777,216$色の再現が可能だという。

■ **カラー印刷**　印刷の種類は，印刷方式と製版法によって数種類に大別される

3-2 混色とその知覚的性質

が，カラー印刷の方式は，インクが付着する小さな点の面積を変える網点印刷が主流である。**網点**(あみてん)とは，インクが印刷面に付着した小さな点のことで，**網点印刷**とは，C・M・Yの3色が付着する網点の面積やその配列を変えて，さまざまな色を表現するカラー印刷方式のことである。印刷面に占める網点の総面積は0%から100%まで変わる。

異なった色と面積の複数個の網点は，印刷面で重なり合うこともあれば併置されることもある。重なり合う場合は，インクの透光性が高いので，C・M・Yのインクは色フィルターと同じ減法混色の働きをする。当然ながら，印刷面に網点がない部分はインクが乗っていないわけだから，その部分の色は紙の色(白)となる。

三原色の原理とは一見矛盾するが，実際の網点印刷(プロセス印刷)ではC・M・Y以外の第4のインクとして，黒インク(K)を用いる。C×M×Y=Kであることから，一定のルールに従いC・M・YをKで置き換えることによって，インクの節約に役立てているのである。黒インクの使用は画質の向上にも寄与しているという。なお，網点カラー印刷での色域は，カラーテレビの色域に比べるとかなり狭い。

▍**カラーフィルム写真**　デジタルカメラの時代になった今も，フィルムカメラを愛用する写真家は多い。カラーフィルム写真には，撮影，現像，焼付けの手順があるが，これをネガフィルムの場合で説明すると下記のとおりである。

撮影は露光によってフィルムを感光させることであるが，カラーフィルムはフィルムベースの上に青・緑・赤3色の透明感光乳剤層(それぞれ黄，マゼンタ，シアンの発色成分を含む)が積み重ねられており，感光すると各乳剤層の感光素子が化学変化を起こす。このフィルムを現像すると，各乳剤層に青・緑・赤の補色となる黄・マゼンタ・シアンが発色し，これを定着すると，これら3色の色素層が積み重なったネガフィルムとなる。この色素層に白色光を透過させると，撮影時の感光に応じてさまざまな色が現れるが，その色はネガフィルムの名のとおり，被写体の色が青のときは黄，緑のときマゼンタ，赤のときシアン，黒のとき白，白のとき黒となる。

焼付けに用いるカラー印画紙(その構成原理はネガフィルムと同じ)は，ベースとなる紙の上に3色の感光性乳剤層が積み重ねられており，この印画紙にネガフィルムからの透過光が当たると，黄・マゼンタ・シアンが発色し，これを定着すると被写体と同じ色のカラー写真となる。

4章

色覚の異常

　この章では，先の2章で述べた網膜における3種類の錐体視細胞，3章で述べた加法混色に関連する事項として，色覚異常の問題を取り扱う。最初に，色覚の異常とはどういうことかについて述べ，さまざまな様態の色覚異常を類型的に説明した上で，各類型の色覚異常が発現する人口比を概観する。次いで，色覚検査の方法と検査結果への対処について考えることにする。色覚の異常については，古くから呼び慣わされてきた色盲・色弱の名によって多くの人々に周知の事柄であるが，だからこそ色覚異常に対する誤解や偏見が絶えないことも確かである。本章の記述を通して色覚異常について理解を深めるとともに，色覚検査のあり方についても考えてみる機会としたい。

4-1　色覚の正常と異常

4-1-1　ヒトの眼は三色型色覚

　大部分の人間は，天賦の才としての色覚，すなわち色を知覚する視覚機能の恩恵に浴している。しかし，少数の人々は遺伝的要因や稀には疾病等の後天的原因で，大部分の人々とは異なった色覚の世界で生活しており，その原因や機能のありようについて，当人はもとより世の人々の関心は大変高い。

■**三色型色覚**　　すでに述べたとおり，私たちの眼の網膜にある視細胞には，色覚を支える神経生理学的基盤として，可視スペクトルの長波長・中波長・短波長の各帯域に敏感に応答するL錐体・M錐体・S錐体がある（☞ p.22, 2-2-1）。また，私たちの眼は赤(R)・緑(G)・青(B)の三原色の加法混色（負量混合を含む）ですべての実在色と等色できる（☞ p.45, 3-2-1）。このような論拠から，人間の色覚は基本的には**三色型色覚**(trichromatism)だといえる。

　日本人の場合，男性の94％以上，女性の99.7％以上の人々は，ある実在色と等色したときのR・G・Bの3色の混合比がほぼ等しい。色の感受にあずかるL錐体・M錐体・S錐体が，それぞれ健常に機能しているからである。

■**色覚異常**　　上に述べた大多数の人々は，ヒトの色覚を代表しているという意

味で**正常三色型色覚**(normal trichromatism)，一般には簡潔に**正常色覚**(normal color vision)と言われている．なぜ三色型色覚の頭に'正常'と付けるかと言えば，後述するとおり，等色に3色は必要とするがそれらの混合比が大多数の人々とは異なる'異常三色型'色覚の人々がいるからである．

3種類の錐体の機能が正常色覚の人々と異なっている場合の色覚を，**色覚異常**(color vision defects；**異常色覚**，defective color vision)と総称する．色覚異常の原因の大部分は，3種類の錐体細胞(L，M，S錐体)の一部または全部の機能不全であるから，通常，色覚異常に分類されるのは，現象的・行動観測的な観点から，等色したときの成分色の混合比が大部分の人々と異なっている場合である．このような少数者を色覚異常と呼んでよいかどうかには議論があり，NPO法人のカラーユニバーサルデザイン機構(Color Universal Design Organization；CUDO)は，大多数の人々を'**一般色覚者**'，少数者のことを'**色・弱者**'と呼ぶことを提唱している．確かに，'異常'という語の使用には十分な配慮が必要であるが，本書では，後述するように，色覚機能が健常とはいえないという意味合いで'色覚異常'という用語を使うことにする．

さらにもう一つ，本書共著者の一人が他書(松田，2007)にも記していることであるが，かつては'色覚異常'ではなく'色覚障害'という用語を使うことが多かった(松田，1995，2000)．'色覚異常'は医学用語として一般的ではあるが，語感としては'障害'のほうが穏当な表現であると考え，また，大勢の大学生へ質問した結果からも，多数が'障害'という語の使用を妥当と評価していたからである．ところが，あるときNHKラジオ放送で，「日本色覚差別撤廃の会」事務局の人が'色覚異常'と表現し，"色覚障害という用語は差別的であり，本来は色覚特性と名付けられるべきである"と語っているのを聞いた．同会の編著書に『色覚異常は障害ではない』(1996)があることも知った．本書で色覚異常の用語に統一した背景には，このような経緯もある．

ちなみに，色覚異常のことは**ドルトニズム**とも呼ばれる．この呼名は，1798年にドルトン(Dalton, J.；原子説で知られる英国の化学者・物理学者)が自分自身の色覚異常について最初に記述したことによる．ただしDaltonは，自分の色覚がおかしいのは眼球内の硝子体の色が悪いからだと考えていたという．

4-1-2　色覚異常の分類とその発現人口比

先に，色覚異常とされるのは，等色したときの成分色の混合比が大部分の人々と異なっている場合であると述べた．つまり，色覚異常の分類は等色実験の結果により，等色に3色は必要とするものの3色の混合比が他の大部分の人(正常色

覚の人)と異なっている人や，2色で等色できるという人，さらには色と無関係に1色の強度変化だけで等色を報告する人もいる。そこで，3色の混合比が正常色覚の人と違うのはどの色か，等色に無関係だった色はどの色かなど，加法混色に使用された色光の種類とその量を調べることによって，色覚異常を幾つかの類型に分けることができる。

■**異常三色型色覚**　色覚異常の中で一番多いのは，等色するのに3色は必要とするが3色の混ぜ方が正常三色型の混合比と異なる場合であり，これを**異常三色型色覚**(anomalous trichromatism)という。色覚の異常は，3種類の錐体のうちのどの機能に異常(感度ピークの正常色覚の人とのずれ)があるかに対応するわけで，後述の二色型色覚を含め，表4-1の最上部に記してあるように，L錐体に原因がある場合を**第一色覚異常**(protan)，M錐体に原因がある場合を**第二色覚異常**(deutan)，S錐体に原因がある場合を**第三色覚異常**(tritan)という。したがって，異常三色型色覚は，第一，第二，第三という語を頭につけて，L錐体に機能不全がある三色型第一色覚異常(protanomaly)，M錐体に機能不全がある三色型第二色覚異常(deuteranomaly)，S錐体に機能不全がある三色型第三色覚異常(tritanomaly)に分類される。

なお，異常色覚の人々を'色・弱者'と呼ぶことを提唱している既述のNPO法人(CUDO)では，一般色覚を**C型**(common type)と呼ぶほか，上述の第一・第二色覚異常の英語表記の頭文字を採用して，三色型第一色覚異常を**P型弱度**，三色型第二色覚異常を**D型弱度**と呼んでいる。弱度と付けるのは，それぞれ視細胞としてL錐体，M錐体を持ってはいるが，機能不全(感度ピークのずれ)の程度に応じた異常が見られるという意味合いであり，次に述べる二色型色覚(強度；各錐体の欠損)と区別される。なお，第三色覚異常である**T型**については，弱度と強度の区別はされていない。

■**二色型色覚**　2色で等色を報告する人々は**二色型色覚**(dichromatism)である。

表4-1　加法混色の等色の原理に基づいた色覚異常の類型と発現の人口比

	第一色覚異常	第二色覚異常	第三色覚異常
異常三色型色覚	三色型第一色覚異常 男 1.0％，女 0.02％	三色型第二色覚異常 男 4.9％，女 0.38％	三色型第三色覚異常 男 0.0001％，女 0.000％
二色型色覚	二色型第一色覚異常 男 1.0％，女 0.02％	二色型第二色覚異常 男 1.1％，女 0.01％	二色型第三色覚異常 男 0.002％，女 0.001％
一色型色覚	錐体一色型色覚 男 0.000％，女 0.000％		桿体一色型色覚 男 0.003％，女 0.002％

他の1色は混ぜても混ぜなくても等色には無関係なことから，かつては**色盲**(color blindness)と呼び慣わされていたが，次に述べるように，本来'色盲'と言うべきは一色型色覚のみである。また，二色型色覚の呼名の頭に'異常'という語を付けないのは，2色で等色すること自体がすでに異常だからである。二色型色覚も，異常三色型色覚の場合と同様に，L錐体を欠く二色型第一色覚異常(protanopia)，M錐体を欠く二色型第二色覚異常(deuteranopia)，S錐体を欠く二色型第三色覚異常(tritanopia)に3分類される(☞表4-1)。

なお，上述のCUDOでは，二色型第一色覚異常を**P型強度**，二色型第二色覚異常を**D型強度**と呼んでいる。

▌**一色型色覚**　　一つの成分色の強度を変えるだけですべての等色を報告する人は**一色型色覚**(monochromatism)であり，波長の違いを感知できないという意味で，真に'色盲'と言える。分かりやすく言えば，カラーテレビを見ても大昔の白黒テレビを見ているのと同じことで，明暗の区別はできるが色の区別はできない。一色型色覚は，桿体だけを持ちすべての錐体を欠く**桿体一色型色覚**(total rod monochromatism)と，すべての錐体が1種類的な機能しか示さない**錐体一色型色覚**(cone monochromatism)に大別される。機能する錐体を持っていてもその数が少なく，全体として健常眼の5％にも満たないと，色の識別能力は痕跡程度しか認められず，この場合も一色型色覚に分類される。

なお，CUDOでは，一色型色覚者は有彩色の世界を無彩(achromat)に感じるということで**A型**と呼んでいる。

▌**色覚異常の発現人口比**　　先に，日本人の男性の94％以上，女性の99.7％以上の人々は正常三色型色覚だと述べた。逆に言えば，男性で5〜6％(約20人に一人)，女性で0.2〜0.3％(約500人に一人)の人が色覚異常ということになる。調査結果によっては，日本人の男性の4.5％あるいは4.8％，女性の0.4％あるいは0.6％が色覚異常だと報告されたこともある。もとより調査に誤差はつきものであるが，色覚検査の方法(☞p.61, 4-2-1)によっては結果に大きな開きが出てくる。幾つかの検査方法を併用してよく調べてみると，色覚に特に問題のない人までが色覚異常として数えられている事例も多く，仮にこれを誤診と呼ぶならば，特に女性では誤診率が50％に近かったという報告もある。このような事情を勘案して大雑把に表現した人口比率が先に記した数値であり，この数値に基づけば，日本では約320万人の人々が色覚異常に数えられ，そのうち，約20人中の19人(約300万人)は男性ということになる。

色覚異常が発現する人口比は，表4-1にその概数を男女の別に併記したとおりである。色覚異常の中で一番多いのは三色型第二色覚異常であり，男性では色覚

異常者のうちの約 60%（人口比では約 5%），女性では色覚異常者のうちの約 90%（同約 0.4%）を占める．次いで，三色型第一色覚異常，二色型第一色覚異常，二色型第二色覚異常が，男性ではそれぞれ色覚異常者全体の 13% 前後（同約 1% ずつ）を占め，女性ではそれぞれ 3% 程度（同 0.01～0.02%）である．これ以外の類型の色覚異常はほとんどない．ちなみに，第三色覚異常の発現は数万人に一人くらいの頻度と推定されている．また，表中の 0.000% は，その事例が皆無に近いことを意味している．

なお，これまで本書では第一色覚異常と第二色覚異常とを区別して記述してきたが，この 2 類型の色覚異常に分類される人たちが見間違えやすい色は鮮やかさに欠ける赤と緑であることから，両者をまとめて**赤緑色盲**（red-green blindness）と呼び慣わすことが多かった．この用語で言うなら，色覚異常の中で大半を占めるのは'赤緑異常'ということになる．L 錐体に機能不全があっても M 錐体に機能不全があっても，結果的に，同様に赤と緑の識別に困難が生じることは，先に 2 章で説明した，3 錐体信号が 2 対の反対色信号に変換される神経過程を思い出せば理解されるであろう．

色覚異常者の人口比は人種・民族によっても異なっており，一般に欧米人に多いとされる．数値の確かさには多少の疑問もあるが，おおよその傾向を知るために過去の調査結果を人口比で列記すると，男性では，ロシア 9.3%，イギリス 8.8%，フランス 8.6%，アメリカ（白人）8.2%，ノルウェー 8.0% などに対して，韓国 5.4%，フィリピン 4.3%，アメリカ（黒人）3.9%，ウガンダ 1.9% などの報告がある．女性は，いずれの国も男性の 1/10 から 1/20 程度である．

4-1-3　色覚異常の原因とその様態

色覚異常は先天性と後天性に大別されるが，その大部分は先天色覚異常であり，色覚異常が男性に多いのは，その大半が伴性遺伝によるものだからである．これに対し，生後の眼疾患や神経・大脳疾患など，伴性遺伝によらない色覚異常はすべて後天色覚異常に分類される．心因性の色覚異常もあれば，加齢に伴う避けがたい色覚の変化もある．色覚そのものは正常であるのに色名が言えない色の認知の障害もある．

■ **伴性劣性遺伝による先天色覚異常**　　先天色覚異常は，医学的には **X 染色体伴性劣性遺伝**と呼ばれる．伴性遺伝だというのは，生まれてくる子どもの性を決定する性染色体（男性：XY，女性：XX）のうちの X 染色体が，色覚異常の遺伝子情報（欠陥遺伝子）を運んでいるからであり，**劣性遺伝**だというのは，X 染色体に欠陥があると男性は直ちに強い影響を受けるが，女性の場合は欠陥遺伝子が X

4-1 色覚の正常と異常

染色体の一つに乗っていても直ちに症状として発現しない、つまり、欠陥遺伝子の潜在的保有者であっても発症することがないからである。今、欠陥遺伝子をもつX染色体をxと小文字で表記すると、xYの男性は必ず色覚異常が発症するのに対して、Xxの女性は顕在的には正常色覚の持ち主ということになる。女性の場合は、xxであっても必ず発症するとは限らないという。このように、先天色覚異常の大部分はX染色体伴性劣性遺伝によるものであるが、非常に稀な症例として、性染色体以外の常染色体(22対)の一つが欠陥遺伝子を運ぶ**常染色体優性遺伝**の形式をとる色覚異常も報告されている。

なお、X染色体が運ぶ視細胞関連の遺伝子はL錐体とM錐体の機能(感光色素の分光感度特性)を決める遺伝子であり、同じX染色体上に隣り合わせで存在するため減数分裂の過程で乗り換え(交差)を生じやすく、これがL錐体の機能不全(第一色覚異常)およびM錐体の機能不全(第二色覚異常)の発現頻度が圧倒的に高い理由である。ちなみに、S錐体感光色素の遺伝子は第7染色体、桿体感光色素(ロドプシン)の遺伝子は第3染色体の上にある。

■ **疾病による後天色覚異常**　色覚異常の大部分は遺伝による先天性の異常であるが、網膜から脳にいたる経路のどこか(網膜・視神経・大脳)に生じた疾患が原因となって起こる獲得性の**後天色覚異常**もある。

色覚に異常をもたらす**網膜の病気**には、網膜剥離、網膜色素変性症、糖尿病網膜症、加齢黄斑変性症、緑内障など、いろいろな種類があるが(松田, 2007)、このような眼疾患にかかると網膜に構造的変化が起こってS錐体に不全がもたらされ、青黄の色覚異常(第三色覚異常)が典型的な類型として現れてくる。疾患が眼球から外の**視神経の病変**に及ぶと、青黄色覚異常のほかに、眼球内の網膜や脈絡膜の疾患では認められなかった赤緑色覚異常(第一および第二色覚異常)の症例が一つの類型として認められるようになる(Ohta, 1970)。ただし、網膜や視神経の疾患による後天色覚異常の症例には、異常は認められるものの類型化がむずかしいケースが多いという。

大脳の病変による色覚異常は、当人が色覚異常を自覚していることが特徴である。**中枢性色覚異常**あるいは大脳性色覚異常と総称され、色覚が完全に不全な**大脳性色盲**(cerebral achromatopsia)であっても、物の名前を聞いたり無彩の写真や絵を見たりして、その物の色を答えることはできる。このような大脳性色覚異常は、明暗の知覚、形・大きさの知覚、奥行や運動の知覚といった視知覚の基本的機能には異常がなく、ただ色覚だけに異常が認められることから、大脳性色覚異常に関する研究知見の蓄積は、単に脳内における色覚異常の発現機序だけでなく、広く色覚全般にかかわる大脳の働きを解明するうえで大きく貢献している。

Secular & Blake（1994）が紹介している50代半ばの税関査察官の症例記録では，就職時に全く異常がなかった色覚が，頭部に打撲を受けたある時期から変調をきたし，日常生活での服の色選びなどは妻まかせになり，果物の熟し具合も分からなくなったという。健康状態や認知能力に異常はなく，記憶は確かなので物の色は分かっているのに，塗り絵では使いたいカラーペンが選択できなかった。色光による検査ではすべてのスペクトルにわたって色の弁別が劣っており，遺伝性の色覚異常とは明らかに様態が異なっていた。色覚以外の知覚機能に異常はなく，脳を精密検査した結果，第一次視覚野の前方（色刺激で活性化される部位）に損傷があったという。

■ **心因性の機能的色覚異常**　疾病といっても眼や神経系の器質的な病変ではなく，精神的ストレスが誘因となって生起する**心因性の色覚障害**もある。**色視症**（chromatopsia）と呼ばれ，健常者には見えない色が見えたり，見えるように思い込んでしまう色覚の異常であり，典型的には，あたかも色フィルターを通して外界を見たように視野全体が色に染まって見えるという。

　類型としては染まって見える色の違いから，青視症（cyanopsia），緑視症（chloropsia），黄視症（xantopsia），赤視症（erythropsia）が区別されている。色視症は心理的要因だけで起こるのではなく，例えば，水晶体の摘出手術後には白紙に色がついて見えることもあるし，薬物の副作用や網膜や中枢神経系の器質的疾患でも起こりうる。そして，色視症の原因と上記の類型との間にはある程度の関連があるという。

■ **色覚正常者に現れる色の障害**　色覚は健常であるにもかかわらず，色名呼称障害や色失語症など，何らかの大脳疾患によって色の認知障害が惹起されることがある。**色名呼称障害**とは，例えば，色の異なる多数の色紙の中から，口頭で指定された特定の色を選ぶという課題（色名−色照合課題）はできるが，色紙を見てその色の名前を答えるという課題（色−色名呼称課題）はできない症例である。**色失語症**は，色名の失語によって，色−色名呼称課題にも色名−色照合課題にも障害が出現する。

　このほか，物の名前を聞いたり無彩の絵を見たりして，その物や絵の色名は呼称できるのに，色照合課題には失敗するなどの症例もある。

■ **薬物や加齢による色覚の変化**　薬物に副作用はつき物であり，病気治療薬や経口避妊薬などの継続的使用が色覚の変化をもたらす事例は，過去に幾つか報告されている。職業上の労災問題になるが，ある種の毒素，例えば防虫剤やゴムの製造で使われる二硫化炭素が原因になることもある。また，これは病気というべきであろうが，典型的なアルコール依存症患者では長波長光の感受に不全をきた

すという。その原因は，アルコール依存によってビタミンB_{12}の摂取不足が生じ，視神経に障害が引き起こされるからだという。

　加齢と色覚の関係については，年齢を重ねれば色相や飽和度の弁別能力の劣化は誰にでも起こる。加齢による最も一般的な色覚の変化は，水晶体の黄濁（白内障）によって起こる色相の混同である。黄に着色された水晶体は短波長側の光を多く吸収してしまうので色の見え方が違ってきて，青が薄暗く見えて緑と混同しがちになるという。これが原因で，かつて，カプセル薬の飲み間違いが学会で報告されたこともあった（Hurd & Blevins, 1984）。

4-2　色覚検査の方法と検査結果への対応

4-2-1　色覚検査の方法

　色覚が健常であるかどうか，健常でないとすればどのような異常がどの程度あるのか，道具を使って調べるのが色覚検査である。色覚検査にはいくつかの方法があるが，私たちにもっとも馴染みがあるのは，『石原総合色盲検査表』の名で汎用されている仮性同色表であろう。他の簡便な検査法には色相配列検査もあるが，一層正確な検査にはアノマロスコープが用いられる。

■**仮性同色表による検査**　同じ色相で彩度や明度の異なる大小多数の色票（一般には円形の色票）を組み合わせて，数字や文字など特定のパターンとなるよう配置した図版を用いて，その見え方を被検査者に問うというのが，**仮性同色表**（pseudoisochromatic plates）による検査の基本である。仮性同色というのは，色覚異常の人には色が識別できないためにパターンが同定できなかったり，健常者とは違ったパターンが見えたりするという意味合いである。

　このような仮性同色表には幾つかの種類があるが，わが国では「色神検査表」と名付けられた最初の報告（小口，1910）から数年後に，石原忍によって考案された仮性同色表が最も有名で（石原，1916），この項の冒頭で述べた『**石原総合色盲検査表**』がこれである。直径が9 cmほどの円の中に，1〜5 mmの小さな淡い色の小円がちりばめられており，色の違いでアラビア数字や曲線が視認できるように構成されている。この検査表は，1929年の国際眼科学会において色覚検査に併用すべき検査表の一つとして決議されて以来，各国で"Ishihara Color Blindness Test Chart（あるいは簡単にIshihara plates）"として共通に用いられるようになった。

　図4-1に，石原式の色覚検査表の2例を，色みのない白黒の図版で示した。白黒だから分かりようがないが，この図の(a)の原版では，明度や彩度の異なるオ

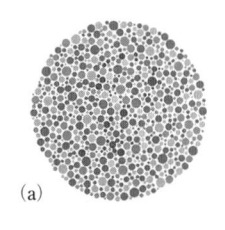

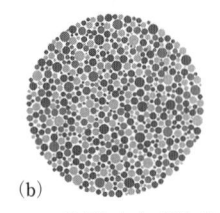

図 4-1 石原総合色盲検査表の図版の例

図 4-2 東京医科大学式の 40 色相配列検査器

レンジ色の小円からなる背景の中央に，緑色を主調とする小円で形づくられたアラビア数字の'5'が描かれており，(b)では，数字と背景との色の関係が(a)とはほぼ逆になった'6'が描かれている．しかし，いずれの図版も色が形態視の手掛かりとして使えないときは，明度の異なるランダム・ドットにしか見えない．この他，明度を手掛かりにして見る人を検出するために，色を手掛かりにした場合とは違った数字に見えるように作成された図版もある．

　石原式を含め仮性同色表は，色覚異常の人々を大まかに選び出す目的で作成された簡便な検査で，その目的は十分に果たしてきているが，一方，これだけで色覚異常の程度や正確な分類を知ることはとうてい無理である．すべての図版に正回答（逆にすべてに誤答）であっても，必ずしも 100% 健常（100% 異常）とは判定し得ない．色覚異常の懸念があればさらに精密な検査に回すためのスクリーニング検査として，実用上は大変役立つと理解しておくのが無難であろう．健康診断にたとえれば，集団的なエックス線撮影検査によるスクリーニング所見に基づいて，結核や肺がん・胃がんの精密検査の受診を決めるようなものである．精密検査の結果，'異常なし'と判定される事例は多々ある．

■ **色相配列検査**　簡便さの点で，上述の仮性同色表と次に述べるアノマロスコープの中間にあるのが色相配列検査である．色相配列検査とは，相互に似かよった色が連続的に変化して並ぶように多数の小さな色票を配列するよう被検者に求め，その並びの混同の様子から色覚異常を判定しようとする道具である．色票の数はいろいろであり，少ないもので 15 色相 (Fransworth, 1947)，28 色相

(Roth, 1966)，多いもので80色相，91色相，100色相(Fransworth, 1943)の道具がある。日本でも，上述したFransworthの色票を範として検査器の作成が試みられたが，現在よく使われるのは，東京医科大学式の**40色相配列検査器**(40 hue test)であろう(太田，1966)。

この40色相配列検査器は，図4-2の写真に示すように，直径30 cmほどの円盤周囲の溝の1箇所に，明度も彩度も中間どころの淡い赤紫色の円形の色票(直径1.5 cm)が一つだけ基準として固定されている。同じ大きさの残り39個の色票(検査前は，すべて円盤の中央にランダムに置かれている)を，基準の色票の隣から順に色みを少しずつ変えながら並べ，再び基準の色票に戻るように，すべての色票を円環状に並べるというものである(色票を一度置いたあとでも自由に並べ替えてよい)。この検査器はうまく工夫してあって，円形の色票は，ペットボトルの蓋のような円筒形の頭に貼付してあり，円筒の裏面には1から40までの数字が印刷されている。色票を配置する溝の底板は透明なアクリル板で作られているので，配列が終われば円盤に蓋をかぶせ裏返しにして底から見ると，配列された色票の順が数字によってひと目で確認できる。1から40までの数字が順に並んでいないときは色票の混同があるわけで，所定の記録紙に記入された色票の混同の状況から，色覚が正常か異常か，異常であればどの類型に属するかが判定できる。

■**アノマロスコープによる検査**　色覚の精密な確定検査には，加法混色(☞p.45, 3-2-1)の等色を原理とする**アノマロスコープ**(anomaloscope)が用いられる。上述の石原式色覚検査表や色相配列検査が表面色(物の色)による検査法であったのに対して，アノマロスコープは色光による検査法である。ある型式の装置では，670 nmの赤の単色光と544 nmの緑の単色光を任意の割合で混色できる混合視野と，589 nmの黄の単色光の強度のみを調整できる単色視野が，円形視野の左右にそれぞれ半円形に組み合わされて並置呈示され，両視野の等色が求められる。判定は，装置から直読できる混色目盛と単色目盛の均等値が，両座標のどの領域をどの程度の範囲で占められるかで行われる。型式によっては，単色視野に任意の波長の単色光が，混合視野にはその両側の波長の単色光が出せるようになっている装置もある。

アノマロスコープによる検査では，仮性同色表の検査では不可能とされる異常三色型色覚と二色型色覚の判別も可能であるという。しかし，専門家が行うアノマロスコープによる検査であっても，必ずしも強度の異常三色型色覚と二色型色覚の判別が的確にできるとはかぎらない。

このように色覚検査にはいろいろな道具があるが，いずれの検査も一つだけで

十分というものではない。どの検査が良いともいえない。検査によって結果は異なるものであり，集団検診の石原式検査で色覚異常と指摘され，アノマロスコープで異常なしと判定されることはしばしばである。他方，すでに述べたように，アノマロスコープによる検査結果が絶対的なものでもない。同一人を各種検査で試しても同一の結果が得られるとはかぎらない。各種検査の特徴を熟知した専門家の総合判定であっても，なお不確かさが残るという。

4-2-2　検査結果への対応

　色覚異常の人は色の世界をどのように見ているのか，大部分の人には知りようがない。仮に，当人が自分の見ている色の世界を語ったとしても，それがどのように語られ，他者がどのように理解できるかは全くおぼつかない。これが，色覚異常に対する誤った理解や偏見を生む潜在的な土壌となる。

▌**色覚異常への偏見**　全色盲と呼ばれる一色型色覚の人はカラーテレビも白黒に見えると聞かされると，その見えの世界をある程度は想像することができるかもしれない。しかし，一色型色覚の人も，色覚を除いて視覚機能にかかわる合併症はほとんどなく，視力も健常者と変わりないことが多いという。異常三色型色覚や二色型色覚の人も，色の検出や識別能力に多かれ少なかれ困難があり，色の微妙な違いやニュアンスを感じ取るのに差があるとはいえ，その見え方を言葉で表現することはむずかしい。たとえ二色型色覚の人が，"見え方は多少違うかもしれないが，緑は緑として，赤は赤として見えている"と語ったとしても，それは当人の主観の世界にある緑や赤であって自分以外の人々の色の見え方と比べようもなく，聞く側の人にとっても事情は同じでことある。

　半世紀も以前の話になるが，全国の大学入学試験で学部や学科によっては強度の色覚異常は門前払いであり，多くの職場で職種によっては就職制限が当たり前の慣例となっていた。このような制限は，日本眼科医会による1986年の進言や多くの関係者の尽力もあって，一部を除いて今でこそなくなった。しかしその一方で，色覚異常と診断された人々には安閑としておられない心情もある。1980年のことであるが，『色盲色弱はなおる』という本を著して来診者を受け入れていた眼科クリニックの医院長が，ある週刊誌の記事でまやかしと誹謗されたとして発行元の新聞社を相手に訴訟を起こし，やっと1994年に最高裁判所で原告敗訴の決着がつくなど，社会問題も起こった。今でも自動車運転免許試験場の付近には，色覚異常者への対策を指南するとの看板が立ち並んでいる現況がある。

　繰り返しになるが，色覚異常とされる人の多くは，色の検出や識別能力に多少なりとも不自由があり，色の微妙な違いを感じ取るのが困難かもしれないが，日

常生活に特段の支障があるわけではない．中枢性色覚異常のように，生後かなりの年月を経てから発症し症状を自覚している事例はともかく，多くは，生まれながらそのような特性の色覚の世界で生活してきている．色覚異常とは，"等色を得るときの色の混ぜ方が大部分の人と異なっている"という，個人の色覚特性と理解されるべきであり，それを超えた憶測は厳に慎むべきである．

■ **色覚検査のあり方**　色覚異常か色覚障害かという用語をめぐって，冒頭で「日本色覚差別撤廃の会」のことを書いたが，2003年6月3日の朝日新聞「ひと」欄で，色彩研究の権威で筑波大学名誉教授の金子隆芳氏が同会の二代目会長に就いたことが紹介され，その年の9月19日の同紙「私の視点」欄に，色覚検査に関する金子会長の署名記事が掲載された．その内容を要約すれば，かつて小学校の健康診断で必ず行われていた色覚検査を，文部科学省が2003年度から必須事項から除外したこと，しかし日本眼科医会は検査の存続にこだわり続け，小学校の設置主体である自治体や学校医会も廃止に前向きでないところが多いこと，色覚異常は現時点では治療法のない遺伝だから，検査には十分な説明と同意（インフォームド・コンセント）が必要であること，色覚検査は自己責任で眼科医に行って受ければよいこと，などが主張されていた．自身の主張を一方的に述べるのではなく，検査存続を是とする立場の意見も紹介されており，多くの読者に色覚検査の是非について考えさせる記事となっていた．

そもそもこのようなことが議論されるのは，欧米と違って日本では，色覚異常に対する昔からの偏見や差別が未だに消えていないからであろう．石原式の色覚検査表の普及も，元をただせば徴兵検査のためであったし，検査の解説書には職業差別が明記されていたという事情がある．色覚異常は，その欠陥遺伝子のキャリアーが女性であるのに，発症するのはほとんどが男性だという典型的なX染色体劣性遺伝であることから，結婚問題にもからみ，隠された女性差別という側面が今も払拭されていないからかもしれない．金子氏の記事は，検査結果だけが一人歩きして理不尽な差別を生む可能性が今後もなお予見される現状にあって，学校教育の場で公然と強制的に色覚検査を実施することだけは止めようという主張であり，そのための啓発運動だったのであろう．

もちろん，色覚検査が全く無用だというわけではない．かなりの年齢になってから初めて自分が色覚異常であることを知り，もっと早く子どもの頃に知らされておればよかったという，当人による戸惑いの告白もある．子どもの頃だけでなく成人になってから，色覚検査が重要な役割を果たす場合もある．糖尿病網膜症や緑内障などの網膜の病気が後天色覚異常を誘発すると先に述べたが，この場合，S錐体の機能を不全に至らしめる網膜の構造的変化に先行して，青－黄の色覚に

異常な兆候が現れてくるという(Zisman, & Adams, 1982；Sample, Boynton, & Weinerb, 1988)。色覚検査は，糖尿病や緑内障の治療に直接関係する検査ではないが，これらの病気の診断や治療の一助として，あるいはこれらの病気が誘発するかもしれない色覚異常の予防のために有用であり，その時点で適切な治療を施せばS錐体の不全を未然に防ぐことも可能ということである。要するに色覚検査は，色覚異常やその検査に関する十分な知識があり，何のために検査を行うのかを受診者に説明でき，検査結果のフォローに責任が持てる眼科医で，自己責任で受ければよいということであろう。

■ **カラーユニバーサルデザインと色覚バリアフリー**　色覚異常の人々は，色の検出や識別に多かれ少なかれ困難があっても，特に不自由な生活を送っているわけではないと述べたが，それは各種各様の色の機能を全体的にとらえたときの話であって，仮に，必要な情報が色だけで提供されたり，対象を見分ける手掛かりが色だけであったりする場合は事情が異なってくる。色が，日常生活に必要な情報の質と量を高める役割を果たしている現代社会にあって，各種の情報を色情報として提供する場合，色覚異常を含むすべての人にその情報が的確に伝わるよう相応の配慮が必要であることは言うまでもない。

　このような視点から構成された標識や案内板，あるいは印刷物などの視覚情報は，近年，**カラーユニバーサルデザイン**(color universal design)と総称されるようになった。2004年には，色彩環境がすべての人にとって配慮されたものに改善されていくよう啓発努力することを趣旨に，色にかかわる実務者・研究者や団体・企業などが会員となって，先に紹介したNPO法人カラーユニバーサルデザイン機構(CUDO)が設立されている。すべての人に見分けやすく配慮されたデザインといっても，色覚異常の類型やその程度は多様であるから，その設計には多面な努力が必要である。ある人に見分けやすくても，他の人には全く識別できない色の組合せもある。近年，色覚異常の人の色の見え方を疑似体験する道具も市販されているが，それでもなお，カラーユニバーサルデザインの達成には，現に色覚異常である多数の人々の協力が必要である。

　ユニバーサルデザインの基本理念は，できるだけ多くの人が不自由なく利用できるデザインを追究することであるから，当然のことながら，カラーユニバーサルデザインは色覚異常の大部分を占める先天色覚異常者のためだけにあるのではない。先に，網膜の病気には，網膜剥離，網膜色素変性症などいろいろな種類があると述べたが，多くは現代社会における眼の成人病であり，今後も高齢化社会の中で網膜の病気は増え続けるであろう。ちなみに，2008年4月に厚生労働省が発表した調査結果によれば，わが国の糖尿病患者は820万人，その予備軍と推

定される人数は 1050 万人に上り，その合併症の一つ(患者の約 40%)である糖尿病網膜症(diabetic retinopathy)は，色覚異常どころか中途失明の原因の第 1 位(全体の約 20%)に数えられている。緑内障(glaucoma)も 40 歳以上になると 17 人に一人が罹患し，患者は 200 万人以上，中途失明の原因の第 2 位(全体の約 13%)である。加齢黄斑変性症(age-related macular degeneration)は 30〜40 年前までは稀であったが，今では患者が約 50 万人，前兆者はその 10 倍以上もいると推定されている(米国では中途失明の原因の第 1 位)。このような眼の病気は，色の見え方だけでなく必然的に視力を低下させるので，デザインには色の組合せだけでなく，図-地の明度差や文字の大きさなどにも留意しなければならない。

　さらに特記すべきことは，カラーユニバーサルデザインは，その目的を達成するため秩序ある色彩設計が要求されることになり，無秩序に色数を増やしたり配色をどぎつくしたりするといった弊害を，万人の色彩環境から除去することにも役立っている。あるいは，少なくともそうなることが期待されている。つまり，色覚バリアフリーを目指すカラーユニバーサルデザインは，万人に貢献する時代の趨勢であるといえる。

5章

色名による物体色の表示

　この章では，言葉(色名)による物体色の表示について，古くから現代に至るまでの時代の流れを辿るかたちで概説する．私たちが区別できる色の数は数百万もあり，日常的に使っている色の種類も3千以上はあるといわれ，その呼名も正にいろいろである．実際，その色がどのような色であるかを言葉で表現したり，他者に的確に伝えたりするのは至難ですらある．本章の前半では，自然界の草や花，染料やその原材料などに由来する日本の古代からの色名や比較的近年になって使用され始めた色名，現用のJIS慣用色名について述べ，後半ではJISの系統色名とPCCS(日本色研配色体系)の系統色名について述べる．なお，色を一層厳密に指定するには，記号化・数値化による色の表示(表色系)が必要であり，これについては次章で詳述する．

5-1　古今の色名とJISの慣用色名

5-1-1　いろいろな古今の色名

　古代と近現代の色名について述べるのであるが，古代色名といっても，今日でも頻繁に使われている色名もある．逆に，その名を聞いても色のカテゴリーすら思い浮かばない色名もある．日本の古代色名は，蒲(かば：蒲の穂に似た色)とか鬱金(うこん：鬱金の根の煎汁で染めた色)など，具体的な対象物や染料に由来する呼名が多く，海外の場合も，Lilac(ライラックの和名はムラサキハシドイで赤系の色)，Sky blue(青系の空色)，Sepia(いか墨色の黄赤系暗褐色)などがある．近現代の色名になると，外来語色名や流行色名が多い．

■ **日本の古代色名**　　山崎(1998)は，上村・山崎(1949)と山崎(1969)を参照して選択した82個の代表的な日本古代色名を一覧表にまとめ，それぞれに解説を加えて紹介している．その一覧の冒頭にある20個の色名を表5-1に列記したが，漢字表記の色名をいくつ読めるだろうか？　読むことができたとして，その色が思い浮かぶだろうか？　読み方が分からないと困るので，表5-1には読み仮名をカッコ内に付け加えておいた．

5-1 古今の色名と JIS の慣用色名

表 5-1 代表的な日本古代色名（山崎，1998，から抜粋）

番号	古代色名	マンセル記号	番号	古代色名	マンセル記号
(1)	蘇芳(すおう)	2.5 R 3.0/3.0	(11)	黄丹(おうたん)	10 R 5.5/14.0
(2)	紅梅(こうばい)	2.5 R 7.0/8.0	(12)	真緋(まひ)	10 R 6.0/11.0
(3)	韓紅花(からくれない)	4.0 R 4.0/14.0	(13)	纁(そひ)	2.5 YR 7.0/11.0
(4)	桃花(もも)	2.5 R 6.0/10.0	(14)	柿(かき)	10 R 6.5/10.0
(5)	桜(さくら)	2.5 R 7.0/7.0	(15)	深支子(こきくちなし)	10 YR 7.5/8.0
(6)	肉(にく)	2.5 YR 8.0/4.0	(16)	柑子(こうじ)	7.5 YR 7.0/11.0
(7)	赤蘇芳(あかすおう)	7.5 R 4.0/12.0	(17)	朽葉(くちば)	10 YR 7.5/10.0
(8)	銀朱(ぎんしゅ)	7.5 R 4.5/13.0	(18)	赤白橡(あかしろつるばみ)	5.0 YR 8.0/6.0
(9)	猩々緋(しょうじょうひ)	7.5 R 4.5/14.0	(19)	小豆(あずき)	2.5 R 3.5/5.0
(10)	紅緋(べにひ)	7.5 R 5.0/13.0	(20)	葡萄茶(えびちゃ)	5.0 R 4.0/11.0

　その解説の文章を 2 例だけ引用すれば，(1)の蘇芳は，"衣服令，延喜式などに記されている蘇芳は，南方産の蘇芳を灰汁で発色させた紫赤色である。媒染剤を用いずに染めたものは褐黄色を表し，明ばんを使用したものは赤色，鉄媒染のものは紫色を表す。かように蘇芳の種類は多いが，表に挙げたものは灰汁媒染による蘇芳であって，蘇芳を代表するものである。ただし染めてから長年月を経るに従って褐変する傾向がある"，(16)の柑子は，"紅染と黄染との併用によって出された色，黄染用の染料は支子，黄蘗，鬱金などである。柑子という色名は，みかんの実の色からきたもので，延喜式の「深支子」よりやや赤みを帯びている。『歴世服飾考』によれば建久 3 年のところにこの色名が出ている"といった具合である(山崎，1998)。

　このような解説を読んでも，それがどのような色であるか見当が付かないことも多いが，一覧表には色名と対応づけてマンセル色記号が併記されている。マンセル色記号(Munsell color notation)とは，物の色を「色相 バリュー／クロマ」（色相 明度／彩度）の三属性で体系的に表示するもので，その詳細は次の 6 章(☞ p.89, 6-2-1)で詳述する。

■ 源氏物語から読み解く平安時代の色　21 世紀に入ってから，源氏物語千年の行事が紫式部ゆかりの各地で催され，それと歩調を合わせて『「源氏物語」の色辞典』が刊行された(吉岡，2008)。日本古来の植物染を生業とする著者が五十四帖の物語を読み解き，その中に描かれた色彩の世界を伝統的な植物染の技法で再現した書であり，その眼目は，色自体の再現に加えて，美しく着飾るために当時の女性たちが心を配った配色の妙の忠実な再現を試みることであった。吉岡によれば，源氏物語の色彩を語るとき，それが最も顕著にあらわれてくるのは，十二単に代表される「襲(かさね)の衣裳」であり，何枚もの薄絹を重ね着して，襟元，袖口，裾などに表れる色の調和，光の透過で表れる微妙な色調，表と裏にわ

ずかにのぞく色の対比など，「襲の色目」といわれる配色の妙であるという。

「襲の色目」は特定の色を指すわけではないから，ここではさておくとして，源氏物語の色彩を当時の技法で再現するには，その時代に使用された色名や染料を知ることが肝要である。平安初期の文献を調べると，官位の紫，青，赤，黄，白，黒といった直接的な色の表現や，紅(べに)，刈安(かりやす)，胡桃(くるみ)，橡(つるばみ)，蘇芳(すおう)といった染色の材料で表した色名が多く，桃花褐(つきそめ)などがようやく植物(花)の色を表している程度だという。『古今和歌集』の時代になると，野山の花の彩りや草樹の移り変わりになぞらえる色名が多く登場してくるという。染料については，10世紀初めに編纂された『延喜式』の巻十四の中にある「雑染用度」の条に，色名とそれを染めるための植物染料や用布，灰や酢などの助剤が列記されているという。これらを参考に吉岡は，源氏物語に登場する368種の色布を，例えば，「藤壺宮の鈍色」は青鈍(蓼藍×矢車)・淡鈍(檳榔樹)・赤支子(支子×茜)，「須磨の源氏の衣裳」はゆるし色(紅花×黄檗)・青鈍(蓼藍×檳榔樹)，「夕顔の襲」は花の白(生絹)・花粉の黄(刈安)・葉の緑(蓼藍×楊梅)といった解説とともに再現している。

この書の末尾には，春夏秋冬24種類の「襲の色目」の色刷りと，植物染料について色種別に多項目の解説があり，さらに76種類の色の名前，34種類の襲の名前，28人の登場人物の色布と衣裳の索引もあって，源氏物語に代表される平安時代の色と色名，それに配色の妙を知るには格好の書である。

■ **西洋の古代色名**　西洋の古代色名についても，山崎(1998)は，Ridgway, R. の"*Color Standards and Color Nomenclature*"(1912)を手掛かりに詳しく紹介している。それによれば，Ridgwayは顔料で塗られた色紙を25 mm×13 mmの小片に切り取って1,113種類の色票を作成し，それらを色相の順に台紙に貼って，古代色名を整理・収録したという。色相名は，赤・黄赤・黄・黄緑・緑・青緑・青・青紫・紫・赤紫・灰の基本色名(Original color name)に加え，これらにpale, deep, light, dark, dusky, greenish, bluish, purplish, yellowishなどの形容詞を付けた色名が相当数ある。

山崎(1998)は，1,113種の色名のうち基本色を中心に約半数の色を英語名で紹介している。それらを見ると，Begonia rose, Maroon, Chestnut, Bordeauxなど花や木の実や飲み物などの呼名も多数あるが，Scarlet red, Apricot yellow, Leaf green, Marine blueなど，日本の古代色名と違っておおよそ色のカテゴリーの見当が付きそうな色名が大変多い。日本の古代色名には，赤とか黄といった色そのものを直接指し示す語を含んだ呼名は極めて少なく，蘇芳，丁子，桔梗など，染材料や花の名前で色を表現することが多かったのと対照的である。

5-1 古今の色名とJISの慣用色名

■近現代の色名

古代色名であっても現在まで使用されていれば近現代の色名ともいえるが，ここでは，近現代になってはじめて日本で使われ始めた色名について述べる。その多くは，ローズ，ピンク，オリーブ，ブラウン，チョコレート，ベージュ，パープル，シルバー，ゴールドなど，片仮名書きの欧米語の色名である。次の項で述べるJIS慣用色名も，その半数近くが欧米色名である。

流行色としてもてはやされ，今も常用的に残っている色名も，ほとんどが外来語色名である。戦後は，外国の映画やファッションのおびただしい流入と日本の服飾・化粧品業界等の呼応によって，特定の色の流行というよりも，その組み合わせ方やカテゴリーというかたちで色の流行が語られることも多くなった。例示すれば，1950年代のモーニングスター・ブルー(明るい緑みの青)やビタミンカラー(レモンやライムを連想させる色)，1960年代初め頃のシャーベットトーンや，終り頃のメキシカンカラー(ビビッドな色調)やサイケデリックカラー(蛍光色調)，1970年代のカーキ・オリーブ色，自然志向・生活志向的なナチュラルカラーやアースカラー，1980年代のエコロジーカラー(ブラウン)やモノトーン志向，1990年代にはネービーブルー，パープル，ダークグレーなどが指摘できる。

流行とはファッション(fashion)でありモード(mode)であって，色にかぎらず大衆社会現象としてその中身・様式は多々あるが，特に現代においては，いずれの様式の流行であってもその発端は自然発生的なものではなく，はじめから演出された大衆の行動様式であることが特徴である。20世紀の中頃，かのディオール(Christian Dior)は"流行は私がつくる"と言ったこともあった。10章(☞p.185)で後述するように，流行色の世界もとっくに'流行る時代'から'流行らせる時代'に変わっており，今後とも広く流行する色は，色そのものの価値や評価よりも，大衆の好奇を誘う色の組合せや響きのよいネーミングに操られながら，いち早く流行色の世界への同一化を図ろうとする大衆の心理に支えられて変遷を続けるのであろう。

5-1-2 JISの慣用色名

日本語で色のカテゴリーを代表する色名として常用されている基本的な言葉は，無彩色の「白・灰・黒」と有彩色の「赤・ピンク・橙(オレンジ)・黄・茶色・緑・青・紫」だといわれるが，これらの色名を組み合わせたり，頭に'明るい'とか'暗い'，'鮮やかな'とか'くすんだ'といった修飾語をつけて表すにしても，古くから色を扱っている伝統的な業界などでは不便なことがある。だからこそ，上述したような古代色名が現在も広く用いられているのであろう。JIS(日本工業規格)の慣用色名もそのような役割を担う色名であり，JIS Z 8102(2001)の

「**物体色の色名**」では，和色名 147，外来色名(欧米色名) 122 の計 269 色名が規定されている．

■ **慣用色名の意義**　「慣用」の語義は"習慣として世間で広く使われること"であるが，色名の使われ方は時代によって変遷があり，同じ時代にあっても，工業分野と商業分野，研究場面と生活場面など，色の扱われ方の違いに応じて色名自体や色名と色との対応があまねく同じであるとはかぎらない．統一されるに越したことはないが，標準を定めることはきわめて難しく，長い伝統の中で定まってきたこのような現状を改変することは，かえって混乱を招くことになる．その対応策として，慣用的・伝統的な色の呼名について最大公約数的な約束ごとを作っておくことは，色を扱うすべての分野・領域にとって有意義なことであろう．

そこで，古くから使われ現在も生き残っている和色名や，比較的近現代になって使われ始めた外来色名について，産業界や商業界を含むいろいろな分野の専門家が多面から検討し，先に述べたとおり，現在は和色名と外来色名とを合わせて 269 語の慣用色名が選定され，JIS で規定されるに至っている．いずれの色名も，今日なお，その色や呼名が比較的よく使用されていて，実用的にも意義があると認められる数に絞り込んだ結果である．なお，JIS Z 8102「物体色の色名」は時代の変遷にあわせて改定されるので，選定される慣用色名の種類や数は改定ごとに多少変化している．

慣用色名の大部分は，いわゆる固有色名である．**固有色名**とは，具体的な対象物などの名前を付けた色名や，染料や顔料の名前，それらの原料となった植物・動物・鉱物の名前を付けた色名，あるいは着色技術などから生まれた色名であり，使用されているうちにその色固有の名称として定着した色名のことである．そのほか一部には，古来ずっと使われてきた**伝統色名**や，近現代になって広く一時的に使われた**流行色名**も含まれている．

■ **和色名の慣用色名**　古代色名の場合もそうであったが，慣用とはいえ，その色のおおよその見当はついても明確に色を特定できそうもない色名もある．いま，比較的見当が付きやすいと思われる慣用和色名を 15 個だけ列記すれば，茜色（あかねいろ），浅葱色（あさぎいろ），鶯色（うぐいすいろ），桔梗色（ききょういろ），群青色（ぐんじょういろ），紅梅色（こうばいいろ），珊瑚色（さんごいろ），青磁色（せいじいろ），空色（そらいろ），萌黄（もえぎ），瑠璃色（るりいろ），牡丹色（ぼたんいろ），山吹色（やまぶきいろ），煉瓦色（れんがいろ），若竹色（わかたけいろ），といった具合である．

しかし，例えば次の 10 個の色名——瓶覗（かめのぞき），刈安色（かりやすいろ），新橋色（しんばしいろ），代赭色（たいしゃいろ），常磐色（ときわいろ），納戸色

5-1 古今の色名とJISの慣用色名

(なんどいろ)，縹色(はなだいろ)，鶸色(ひわいろ)，海松色(みるいろ)，利休鼠(りきゅうねずみ)—は，多分，多くの人は見当すら付きかねよう。仮にある程度の見当は付いたとしても，現実には，その色が目の前にあって初めて納得できるのではないだろうか。

　色名からその色を知るには，日本色彩研究所の監修によるJIS対応の『改訂版 **慣用色名チャート**』が日本色研事業株式会社から刊行されているので，機会があれば手にとって眺めてほしい。このチャートには「色名1」と「色名2」があり，前者が和色名の色票を貼付した慣用色名の一覧である。このチャートは三つ折にすればB5判の大きさ，広げると縦25.5 cm×横52 cmの大きさになり，そこに147個の色票(12 mm×17 mm)が，最初の列の左上の鴇色(ときいろ)から，最後の列の右下の墨，黒，鉄黒を経て金色，銀色まで，色のカテゴリーの順に貼付されている。それぞれの色票の横には，慣用色名(漢字)・読み方・JISによる三属性表示(色相 明度／彩度)が記載されている。

　色彩関連の各種の資格検定を受験した人，あるいはこれから受験しようとする人は，そのためのテキストをすでに所持しているかもしれない。そのテキストにも代表的な慣用和色名とその色図版が掲載されているはずであるから，色名を見ただけで幾つくらい色の見当が付くか，確かめてみるとよい。

■ **外来色名の慣用色名**　　先に紹介した『改訂版 慣用色名チャート』の「色名2」が外来色名の慣用色名チャートである。チャートの大きさや内容構成は，色数が122個であることを除いて「色名1」と同様である。

　慣用外来色名のうち比較的見当が付きやすいと思われる15色名を例示すると，ウルトラマリンブルー，オリーブ，カナリヤ，クリームイエロー，サーモンピンク，スカイブルー，チャコールグレイ，チョコレート，ネービーブルー，バイオレット，ブロンド，ベージュ，ラベンダー，レモンイエロー，ワインレッド，が挙げられる。

　他方，アップルグリーン，ウィスタリア，エクルベイジュ，オールドローズ，コチニールレッド，シャトルーズグリーン，セルリアンブルー，バーントシェンナ，モーブ，ローシェンナの10色名のうち，思い浮かべることができる色は少ないのではないか。「慣用」とは習慣的に広く使われているということであったが，いまあらためて当初の事情を考えてみると，どうやら，慣用の範囲は世間一般というよりは，産業界や商業界で古くから色の扱いを生業としている特定の業者集団であると考えたほうがよいのかもしれない。

■ **慣用色名はどこまで慣用か？**　　慣用色名は世間一般でどの程度受け入れられているのであろうか。かつて盛田・香川は，慣用色名が女子大学生にどのような

色として認識されているか(1989)，認識の違いに世代差があるかどうか(1990)，若年層で性差が認められるかどうか(1993)について調査したことがある。この調査は，105語の慣用色名(うち外来色名が約1/3)について，それぞれの色名に該当する色票を153色のカラーチャート(有彩色144色，無彩色9色)から選ばせるという方法で，首都圏に在住する18～19歳の女子大学生，40～50歳代の女性，16～18歳の男子を対象に実施された。その結果，105語のうち色が的確あるいは的確に準ずる色範囲に認識されていた色名の数は，女子大生で70語(66.7%)，40～50歳代女性で79語(75.2%)，男子で56語(53.3%)であり，逆に認識が曖昧であった色名数は，それぞれ順に17語(16.2%)，13語(12.4%)，19語(18.1%)であった。また，色範囲が認識されていない色は，順に18語(17.1%)，13語(12.4%)，30語(28.6%)であった。付記すれば，この調査で用いられた慣用色名は，1985年の「JIS Z 8102」に基づいて選択されており，また105語がどのような基準で選ばれたのか不明なので，この調査結果から直ちに"慣用色名はかなり慣用であった"と結論づけてよいかどうかは分からない。それにしても，色範囲の認識が慣用色名の2/3に対してほぼ的確であったということは，世間一般でもかなりの程度受け入れられていることを示す結果ではある。

　上述の調査結果からは，慣用色名の認識にある程度の世代差(若年層女性と中年層女性との差)や性差(若年層での男女の差)も見て取れる。盛田・香川(1993)によれば，認識度が若年層の男女で差がなく中年層女性で高かった慣用色名は，チャコールグレイ，桔梗色，カナリヤ，オリーブグリーン等であり，若年層で性差(女性＞男性)が認められた色名は，生成り色(きなりいろ)，えんじ(臙脂)，ベビーブルー，江戸紫などであったという。逆に，世代差や性差がなく全体的に認識度の高かった慣用色名は，橙色(オレンジ)，肌色，クリーム色，山吹色，柿色，藍色，朱色(バーミリオン)，桜色，ひまわり色の9色と，それに続いて，墨，チョコレート，栗色，空色(スカイブルー)，サーモンピンク，茜色，菫色などであった。

　上述の調査研究と前後して，大学生の慣用色名についての知識を調べた研究に伊藤・長谷川(1992)や石原(1994)がある。盛田・香川(1989, 1990, 1993)を含めこれらの研究は，その時点での有用な知見を提供してくれてはいるが，それが現今にもそのまま通用するかどうかは分からない。例えば，盛田・香川の調査で，シアンとマゼンタは，世代差や性差と無関係にほとんどの人々がその色を認識できない典型的な慣用色名であった。しかし昨今では，パソコンを使っている人であればプリンターのインクの色として惑うことなく承知しているはずである。

　先に，盛田・香川の調査で，慣用色名の2/3に対して色範囲の認識がほぼ的

確であったことから，慣用色名は世間一般でもかなりの程度受け入れられているらしいと述べた。しかし，共著者の一人が京都の大学生を対象に2009年に実施した調査では，それと全く逆の結果を得ている。和色名を例にとれば，ランダムに抽出した50色名のそれぞれの色をどの程度イメージできるかについて，"よくできる(3)・まあできる(2)・あまりできない(1)・全くできない(0)"の4件法で大学生71名に回答を求めた結果，50色の平均はわずか1.25であった。調査に協力した大学生の4/5以上が"よくイメージできる"と回答した和色名は，藍色，朱色，桜色の3色名にとどまり，これを2/3以上にまで基準を下げても，山吹色，空色，群青色の3色名が加わるに過ぎなかった。逆に，4/5以上が"全くイメージできない"と回答した和色名は，代赭色，弁柄色，瓶覗，鶯色，刈安色，納戸色の6色名，2/3以上とすると，海松色，新橋色，蘇芳，煤竹色，鴇色，縹色，生成り色，利休鼠の8色名が加わって14色名にも上った。もちろん，調査票に記載の和色名にはすべてに読み仮名が付けてあった。

5-2 JISの系統色名

5-2-1 JISの系統色名の原則

　色を言葉で的確に表示し，指定された色の曖昧さをなくすためには，多様な色を系統的に呼称するためのルールが必要である。そのため日本では，1955年，工業製品の色の表示を統一するためのJIS委員会が発足し，1957年にJISの色名規格（「光源色の色名」と「物体色の色名」の色名法）が制定された。このうち「物体色の色名」は2回の改定(1985, 2001)を経て現行の規格「JISの系統色名」(JIS Z 8102 : 2001「物体色の色名」)に至っている。(その付表1が先に紹介したJIS慣用色名である。)ここで，**系統色名**とは，"物体色を系統的に分類して表現できるようにした色名"と定義されている。ちなみに，JISの系統色名は，1955年に全米色彩協議会(Inter-society Color Council)と国家標準局(National Bureau of Standards)が共同で提案した「ISCC-NBS色名法」を参考にして制定されたものである。

■ **基本色名の規定**　　JISの「物体色の色名」では，系統色名の原則として，すべての色を基本色名とそれに修飾語を付加して表記するよう規定している。ここで基本色名は無彩色と有彩色に分けて規定されており，**無彩色の基本色名**は，「白・灰色・黒」の3種類(対応記号：Wt・Gy・Bk)，**有彩色の基本色名**は，「赤・黄赤(橙)・黄・黄緑・緑・青緑・青・青紫・紫・赤紫」の10種類(対応記号：R・YR(O)・Y・YG・G・BG・B・PB(V)・P・RP)である。

有彩色の10個の基本色名は，さらにそれらの基本となる「赤・黄・緑・青・紫」の5種類の色が順に並ぶそれぞれの中間に，「黄赤(橙)・黄緑・青緑・青紫・赤紫」の5色を加えたものである。これら10種の色名は，後述するマンセル表色系(☞ p.92, 6-2-2)の基本10色相と同じであるが，両者は完全には対応していない。なお，系統色名にある「黄緑(YG)」は，表記の秩序からは「緑黄(GY)」となるはずであるが，「緑黄」ではわが国での慣用的な色名表記に馴染まなかったのであろう。ただし，JISの標準色票(☞ p.96)では，マンセル色記号に準じてGYが使われている。

■ **修飾語の規定**　基本色名だけでは大まかな色の表示しかできないため，それを補う目的で，色相に関する修飾語，無彩色の明度に関する修飾語，有彩色の明度および彩度に関する修飾語がそれぞれ規定されている。

詳細は次項で述べるが，色相に関する修飾語としては，有彩色の10基本色名のうちの5色名(赤・黄・緑・青・紫)を冠した5種類だけ(赤みの，黄みの，緑みの，青みの，紫みの)が用いられ，'青緑みの'とか'赤紫みの'といった修飾語は用いられない。無彩色の明度に関する修飾語では，**無彩色**の3基本色名(白・灰色・黒)のうちの「灰色」が細分されるかたちになる。有彩色の明度および彩度に関する修飾語では，明度と彩度とを分けて表現するのではなく，両者を一体化した修飾語が用いられる。

5-2-2　JISの系統色名の表示のルール

色名表示のルール(表示の形式)を述べれば，有彩色では「① **明度および彩度に関する修飾語** ＋ ② **色相に関する修飾語** ＋ ③ **有彩色の色相名**」，無彩色では，「① **色相に関する修飾語** ＋ ② **明度に関する修飾語** ＋ ③ **無彩色の色名**」という表記の仕方になる。ただし，これはたくさんの修飾語を付けて色名を表す必要がある場合(表示が最長となるケース)のルールであって，有彩色および無彩色の表示に「色相に関する修飾語」が必要でない場合や，無彩色の表示で「明度に関する修飾語」が必要でない場合は，これらの修飾語は省略される。

■ **有彩色20色相の色名**　有彩色は「① 明度および彩度に関する修飾語 ＋ ② 色相に関する修飾語 ＋ ③ 有彩色の色相名」で表示されると述べた。ここでは，そのうちの ③ と ② について順に説明する。

先に基本色名として述べた「赤・黄赤(橙)・黄・黄緑・緑・青緑・青・青紫・紫・赤紫」の10種類の色相のうち，「赤・黄・緑・青・紫」の5色相をそれぞれ3つに細分して15色相とし，これに細分されなかった「黄赤・黄緑・青緑・青紫・赤紫」の5色相を加えて，最終的にJIS系統色名で用いられる有彩色20色

5-2 JISの系統色名

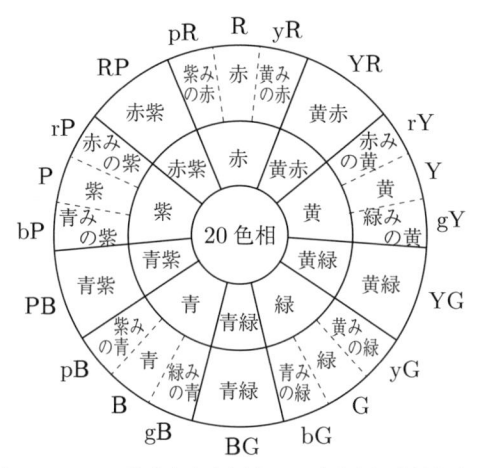

図 5-1 JISの基本色名（内側の10色相）と系統色名で用いられる20色相（外側）

相とする。細分された5つの基本色相（赤・黄・緑・青・紫）の両側に加わった色相は，図5-1に示されているように，一つ間を置いた隣の基本色名を使い，'赤みの（reddish；r）'，'黄みの（yellowish；y）'，'緑みの（greenish；g）'，'青みの（bluish；b）'，'紫みの（purplish；p）'という5通りの修飾語を付けて，例えば，「緑みの黄（gY）」「黄みの緑（yG）」のように，その色相の呼名とする。図5-1には，このようにして得られた20色相の色相名とその対応記号が，元の基本色名（10種類の色相）を取り囲むかたちで示されている。

■ **無彩色の色名とその修飾語**　無彩色は「① 色相に関する修飾語＋② 明度に関する修飾語＋③ 無彩色の色名」で表示されると先に述べた。ここでは，初めに② と③ について，次いで① について説明する。

　無彩色の基本色名は，図5-2の中央に示した「白・灰色・黒」であるが，「灰色」については，明度に関する4通りの修飾語，すなわち '薄い（pale；pl）'，'明るい（light；lt）'，'中位の（medium；md）'，'暗い（dark；dk）' を付けて4種類に細分され，結果的に，"色みのない無彩色"は，「白（Wt），薄い灰色（plGy），明るい灰色（ltGy），中位の灰色（mdGy），暗い灰色（dkGy），黒（Bk）」の6種類となる。ここで，「中位の灰色」は修飾語を省いて単に「灰色」と略記してよい。

　次に，無彩色に付ける「① 色相に関する修飾語」について述べる。先程，"色みのない無彩色"という不条理な言い方をしたが，それは，本来は色みのない無彩色が，感覚的には色みを帯びて見えることもあるからである。そこで，**色みを**

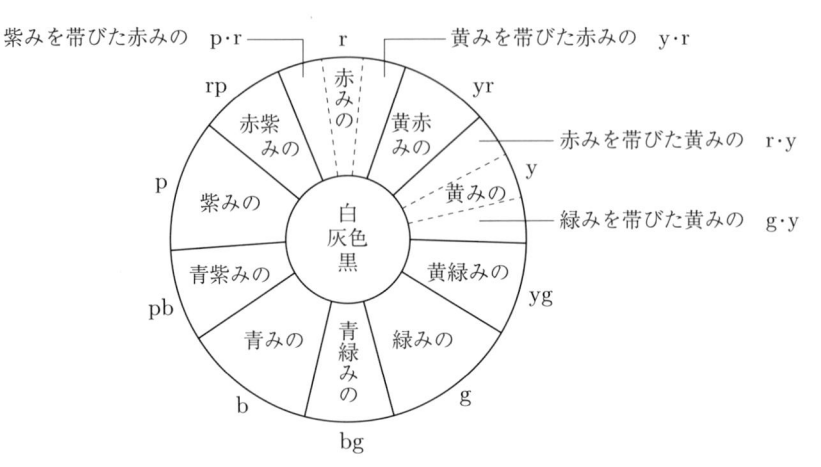

図 5-2 色みを帯びた無彩色に用いられる色相に関する修飾語

帯びた無彩色には，有彩色の基本色名(先に述べた 10 色相)を使った 10 通りの修飾語(☞ 図 5-2)を無彩色名の頭に付けて，例えば，「青みの白(b-Wt)」，「黄緑みの暗い灰色(yg-dkGy)」，「青紫みの明るい灰色(pb-ltGy)」などと表現される。ただし，無彩色の色みを修飾する'赤みの'と'黄みの'に関してだけは，図 5-2 に示すように，さらに両側に'紫みを帯びた赤みの(p・r)'←'赤みの'→'黄みを帯びた赤みの(y・r)'，および'赤みを帯びた黄みの(r・y)'←'黄みの'→'緑みを帯びた黄みの(g・y)'のように細分して，例えば，「赤みを帯びた黄みの中位の灰色(r・y-mdGy)」といった少々長ったらしい表現になる。この結果，色みを帯びた無彩色に冠せられる修飾語は全部で 14 語となる。

図 5-2 には 14 語の修飾語とその記号を，無彩色の基本色名(白・灰色・黒)を取り囲むかたちで円環状に示した。なお，JIS の系統色名の「色みを帯びた無彩色」は，後述の PCCS(☞ p.109, 6-5-2)では「準無彩色」と呼ばれている。

■ **有彩色の明度および彩度に関する修飾語**　　先に，有彩色は「① 明度および彩度に関する修飾語 + ② 色相に関する修飾語 + ③ 有彩色の色相名」で表示されると述べ，そのうちの ② と ③ についてはすでに説明した(☞ 図 5-1)。ここでは ① について説明することになるが，それに際し，JIS の系統色名の原則の項で，"有彩色の明度および彩度に関する修飾語では，明度と彩度を分けて表現するのではなく，両者を一体とした修飾語が用いられる"(☞ p.76)と述べたことを想起してほしい。

明度と彩度を一体とした修飾語が一瞥して分かるように，図 5-3 の縦方向に明

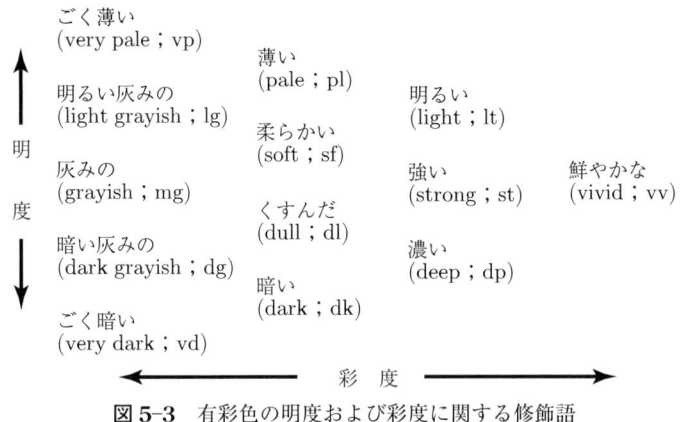

5-3 PCCS の系統色名　　　　　　　　　　　　　　　　　　　　　　　　　　79

```
      ごく薄い
      (very pale ; vp)
                       薄い
      明るい灰みの      (pale ; pl)            明るい
↑    (light grayish ; lg)                    (light ; lt)
明                     柔らかい
度    灰みの            (soft ; sf)
      (grayish ; mg)                強い        鮮やかな
                       くすんだ     (strong ; st) (vivid ; vv)
      暗い灰みの        (dull ; dl)
↓    (dark grayish ; dg)            濃い
                       暗い         (deep ; dp)
      ごく暗い          (dark ; dk)
      (very dark ; vd)
      ←――――――――――彩　度――――――――――→
```

図 5-3　有彩色の明度および彩度に関する修飾語

度，横方向に彩度が並ぶかたちで，すべての修飾語を並置して示した．具体的にはこれらの修飾語を色名の頭に付けて，「くすんだ赤(dl-R)」，「鮮やかな黄緑(vv-YG)」，「明るい灰みの青(lg-B)」のように表示される．あとで気付くことになろうが，13 通りに及ぶこれらの修飾語は，後述する PCCS で用いられる 12 通りのトーンの修飾語(☞ p.113，図 6-17)と酷似している．

　以上，JIS Z 8102：2001「物体色の色名」で規定されている有彩色と無彩色の系統色名について，表示のルールならびに具体的に用いられる用語を説明してきた．まとめてみれば，有彩色の色名は，基本色名(10 色相)を元に修飾語による細分(5 色相×3 分割)を含めた 20 色相となり，これらの各色相に明度および彩度に関する 13 種類の修飾語が冠せられるので，合計で 260 種類が区別されることになる．一方，無彩色は 3 個の基本色名とそのうち 1 つ(灰色)の 4 細分で 6 色名となるが，色みを帯びた無彩色の場合を考えると，この 6 色それぞれに色相に関する修飾語(10＋4＝14 種類)が冠せられて 84 色名が加わるので，合わせて 90 種類の色名で区別される．このように JIS の系統色名では，260 の有彩色と 90 の無彩色，計 350 の色名が区別されることになる．

5-3　PCCS の系統色名

5-3-1　PCCS の特徴

　PCCS とは，わが国で開発された「**日本色研配色体系**」の英語表記(Practical Color Co-ordinate System)の頭文字による略称である．この体系の詳細は表色系

を主題とする次の6章(☞ p.108, 6-5)で述べるが，PCCSには，記号・数値による表色系としての機能だけでなく，言葉によって色を指定する系統色名としての機能も備わっているので，ここではPCCSの系統色名について略述しておく。適時，6-5節を参照しながら理解してほしい。

PCCSの特徴は，色彩を表示する属性として，色の三属性（色相・明度・彩度）に加えて，明度と彩度を複合したトーン(tone)の概念を導入したことである。したがって，色の表示の仕方にも三属性を用いた「色相−明度−彩度」による表示と，「トーン−色相」による表示の2通りがあるが(☞ p.112)，PCCSの主眼はトーンの導入にあるので，その系統色名も「トーン−色相」に対応する色の呼名で特定の色を指定することになる。

5-3-2　PCCSの系統色名の表示のルール

基本的には，すべての色を「① トーンに関する修飾語＋② 色相に関する修飾語＋③ 基本色名」で規定し，この順序は有彩色でも無彩色でも同じで，例えば「鮮やかな紫みの赤」，「暗い青みの灰色」のように表示する。「ビビッドパープリッシュレッド(vivid purplish red)」，「ダークブルーイッシュグレイ(dark bluish gray)」のように，カタカナで表記することも多い。有彩色と無彩色の基本色名，および色相とトーンに関する修飾語については下記のとおりである。

■ **基本色名**　有彩色の基本色名と無彩色の基本色名がある。**有彩色の基本色名**には15種類があり，PCCSの色相環(☞ p.110, 図6-14)を構成する24色相のうちの10個の基本色名(赤，red；だいだい，orange；黄色，yellow；黄緑，yellow green；緑，green；青緑，blue green；青，blue；青紫，violet；紫，purple；赤紫，red purple)に加えて，ピンク(pink)，ベージュ(beige)，茶色(brown)，ゴールド(gold)，オリーブ(olive)の5色名も使用される。図6-14の色相環と図6-17のトーンの分類(☞ p.112)を参照しながら見当を付けてほしいが，ピンクは，色相とトーンで表現すると赤みの紫から赤みの橙の高明度色，ベージュは橙から黄みの橙でトーンがp(薄い)あるいはltg(明るい灰みの)の色，茶色は黄みの赤から黄みの橙で明度も彩度も中から低の色，ゴールドは黄みの橙から赤みの黄でトーンがdp(濃い)の色，オリーブは赤みの黄から緑みの黄でトーンがdk(暗い)，g(灰みの)あるいはdkg(暗い灰みの)色である。また，**無彩色の基本色名**は，JISと同様，白，灰色，黒の3種類である。

■ **修飾語**　修飾語には，色相に関する修飾語とトーン(明度×彩度)に関する修飾語がある。**色相に関する修飾語**は，色相を一層細かく表現するために使用されるが，これらはどの基本色名に付けて使ってもよいというのではなく，例えば

5-3 PCCSの系統色名

表5-2 色相に関する修飾語と修飾される基本色名

修飾語		修飾される基本色名
和名	英語名	
ピンクみの	pinkish	白, 灰色
赤みの	reddish	だいだい, 茶色, 黄, 紫, 灰色, 黒
ベージュ	beige	白, 灰色
茶みの	brownish	ゴールド, オリーブ, 灰色, 黒
黄みの	yellowish	ピンク, 赤, 橙, 茶色, 緑, 白, 灰色
オリーブ	olive	灰色, 黒
緑みの	greenish	黄, 青, 白, 灰色, 黒
青みの	bluish	緑, 紫, 白, 灰色, 黒
紫みの	purplish	ピンク, 赤, 青, 白, 灰色, 黒

「赤みの緑」という色はありえないように，その修飾語が使用される基本色名には表5-2に示すように制約がある．

トーンに関する修飾語のうち**有彩色のトーンに関する修飾語**は，PCCSにおけるトーンの分類（☞図6-17）に示されているように，'さえた(vivid)'，'明るい(bright)'，'強い(strong)'・・・など全部で12種類があり，例えば，「薄い赤(pale red)」，「濃いピンク(deep pink)」のように用いられる．また，**無彩色のトーンに関する修飾語**には，白と黒に適用される'灰みの(grayish)'と，灰色に適用される'明るい(light)'，'中位の(medium)'，'暗い(dark)'の3段階があり，結果として7段階の明るさが定義される．ただし，「中位の灰色」は修飾語を付けずに単に「灰色」と表現される．

6章

表色系による色の表示

　先の5章で，言葉(色名)による物体色の表示について述べた。しかし色名では，表示した色が相手に的確に伝わるかどうかはおぼつかないし，ある色を皆が同じ色名で呼ぶかどうかも疑わしい。そこで，色を厳密に区別して表示するには，ある約束に基づいた記号や数値を用いて色を体系的に表示することが望ましい。これが表色系(color specification system)による色の表示であり，そうすれば，いわば多数の色の一つひとつに'戸籍'が与えられ，色を表示する上での混乱は避けられる。この章では，代表的な表色系として，最初，光の色を定量的に表示するための「CIE表色系」について述べ，次いで，物の色の表色系(カラーオーダーシステム)としての「マンセル表色系」，「オストワルト表色系」，「NCS」，「PCCS」について順次概説する。

6-1　CIE表色系

6-1-1　*RGB*表色系と*XYZ*表色系

　CIEとは国際照明委員会(Commision Internationale de l'Éclairage)の略称であり，**CIE表色系**とは，測色(colorimetry)による色感覚の表示体系として，心理物理的な光の混色実験に基づいて定められたものである。つまり，色刺激としての色光を三つの単色放射(原刺激)の加法混色によって等色し，そのときの三つの原刺激の量によって色刺激の色感覚を定量的に表示する体系である。このような表色系は**混色系**(color mixing system)と呼ばれ，色の見えの表示を目的とする物体標準に基づく**顕色系**の表色系(☞ p.89以下の6-2，6-4，6-5で詳述するマンセル表色系，NCS，PCCS)と区別される。

■ **基本色刺激RGBと*RGB*表色系**　　三つの原刺激の量によって色刺激の色感覚を表示すると記したが，その選定は加法混色に関する三色性の原理(☞ p.47，グラスマンの法則の①)に基づいて任意ではあっても，できるだけ多くの実在色と等色できるよう色域が広く，かつ等量ずつ混ぜれば白色Wと等色できるような原刺激が望ましい。ちなみに，等量ずつの三つの原刺激で等色できるように定めた白色Wのことを**基礎刺激**(basic stimulus)という。

6-1 CIE 表色系

　このような原刺激として，1931年にCIEは，700 nmの赤(R)，546.1 nmの緑(G)，435.8 nmの青(B)の3色光を定めた。この3色光を**基本色刺激**(reference stimuli)と呼び，他の色刺激との等色に要する基本色刺激の量を**三刺激値**(tristimulus values)という。つまり，すべての色刺激Cとの等色に要する**三刺激値**($R \cdot G \cdot B$)が決まり，逆に，どのような色刺激Cであっても三刺激値で規定できることになる。これを式で表せば $[C] = R[R] + G[G] + B[B]$ となる。このような色刺激の表示の仕方を，CIE表色系のうちの RGB 表色系という。

　このように RGB 表色系では，原則的には，任意の色刺激を三刺激値($R \cdot G \cdot B$)によって三次元座標の1点に指定することができる。しかし実際には，三つの基本色刺激をどのような割合で混合しても，他の色刺激と等色できないことがある。例えば，二分視野の一方に特定の色刺激，他方に三つの原刺激を混合した混色刺激を呈示して，両視野が等色するよう各原刺激の輝度を調整するとき，スペクトル光のように純度の高い色刺激の場合は，それ自身が基本色刺激である場合を除いて，どのように調整しても等色しないことがある。このような場合は，**負量混合**といって，色刺激の側に基本色刺激の一つ(色刺激の反対色に最も近い原刺激)を混合して両視野の等色を達成するよりほかはない。例えば，色刺激Cが鮮やかなシアンである場合，その色を得るために原刺激Bと原刺激Gを混ぜても鮮やかさが足りないので，色刺激Cの側に原刺激Rを混ぜてCの鮮やかさを減少させて等色するよりほかなく，この場合の等色関係を式で表せば，$[C] + R[R] = B[B] + G[G]$，すなわち，$[C] = B[B] + G[G] - R[R]$ となる。

　等色に負量混合を必要とすると，上記の例のように三刺激値の一つが負の値をとることとなって実用上厄介である。そこでCIEは，実在する色刺激のすべてが正量混合で表せるように，RGBに代えてXYZ(色を連想させない抽象的な記号としてこれら3文字が選ばれた)を基本色刺激とし，この三刺激値で任意の色刺激を表示するように定めた。

■ **基本色刺激XYZと XYZ 表色系**　　基本色刺激をXYZとする色刺激の表示を，CIE表色系のうちの XYZ 表色系という。この表色系における基本色刺激XYZは，表色を便利にする幾つかの条件を満たすように，RGB 表色系から数学的に変換され，確実に1対1の対応がつくよう規定されているから，原理的には RGB 表色系と何ら異なるところはない。XYZ 表色系は，CIE表色系を実際に使う場合に便利なように RGB 表色系を基礎として定められたものであり，基本色刺激($X \cdot Y \cdot Z$)の量を表す三刺激値($X \cdot Y \cdot Z$)は，あらゆる色刺激をすべて正の値で表せるよう，計算上新たに導入された形式的(理論的)な単位だといえる。

　今日，**CIE標準表色系**(CIE standard colorimetric system)といえば XYZ 表色系

のことであり，任意の色刺激は基本色刺激XYZの三刺激値XYZで規定される。つまり，すべての色は(正値のみの)三次元座標の1点で指定できる。しかし，私たちがよく目にするXYZ表色系の図示(色度図)は三次元座標ではなく，先に図3-9(☞ p.51)に示したような馬蹄型の二次元的なxy色度図である。そこで次の項では，色度図と色度座標の説明を手掛かりに，XYZ表色系についてさらに詳しく説明する。

6-1-2　CIE標準表色系としてのXYZ表色系

　先に，XYZ表色系では全く色を連想させないXYZを基本色刺激とし，この三刺激値XYZで任意の色刺激を表示するように定めたこと，また，三次元的な色刺激の情報(基本色刺激XYZの三刺激値XYZ)は二次元的座標のxy色度図で表現されることを述べた。どのような理屈で，三次元の情報(X, Y, Z)が二次元の情報(x, y)に変換されるのであろうか。また，全く色を連想させない基本色刺激とは，何を意味するのであろうか。

■ 色度図と色度座標　三次元の情報が二次元の**色度図**(chromaticity diagram)で表現される理屈を，図6-1を用いて説明する。まず，任意の色刺激Cは，等色に要した基本色刺激の三刺激値XYZによって三次元空間内の1点に定まる。原点からCに向う矢印線は色刺激Cのベクトル表示である。今，この色刺激Cの明るさを半分にした色刺激を用いて再び等色すれば，三つの基本色刺激の強度も半分ずつでよいから，そのときの三刺激値の位置は，初めの色刺激Cの矢印線上の半分(色ベクトルの方向はそのままで長さが半分)となる。このことから，色ベクトルの方向は色刺激の色みを表し，長さは明るさを表していることが分かる。

　次に，互いに直交するX, Y, Zの各軸上で1の値をとる3点を結ぶ正三角形(網掛けで示した三角形)の単位平面を考え，この平面と色ベクトルとの交点の座標を(x, y, z)とすると，その座標は$x=X/(X+Y+Z)$，$y=Y/(X+Y+Z)$，$z=Z/(X+Y+Z)$で表され，色ベクトルの方向すなわち色刺激の色みのみを示すことになる。言い換えるならば，x, y, zは基本色刺激XYZの混色比を表すこととなり，先の例でいえば，色刺激Cも，その明るさを半分にした色刺激もそれらの値は変わらない。このように，すべての色刺激は色ベクトルと単位平面との交点の座標(x, y, z)で示され，その上，これらの値は単位平面上にあって$x+y+z=1$で拘束されるから，2変数が決まれば他の1変数は自動的に決まる。そこで，xとyを2変数に選んだ二次元の直角座標で表示すると，すべての色刺激は，図6-2や図3-9(☞ p.51)のような馬蹄型の閉曲線とその両端を結ぶ直線で囲まれた

領域内の1点に指定されることになる。このように描かれた"ヨットの帆"型のグラフが **XYZ表色系の色度図**であり，その図は，いわば図6-1の三次元座標中に示される単位平面を，Z軸方向からX軸－Y軸面上に投影した図（Z軸と平行な視線で見た図）になる。そして，xとyの2値で表示される座標(x, y)を **XYZ表色系の色度座標**(chromaticity coordinates)という。

ちなみに，色度図を形づくる馬蹄型の閉曲線は，単色光の**スペクトル色度座標**(spectral chromaticity coordinates)を波長（図中の数値）の順に結んだものであり，**スペクトル色度軌跡**(spectral chromaticity locus)または単に**スペクトル軌跡**と呼ばれる（図6-2）。また，スペクトル軌跡の両端に位置する二つの単色光は飽和度の最も高いスミレと赤の色感覚をもたらすスペクトル光であり，この2色光を加法混色すると紫系の色感覚が起こるので，両点を結んだ直線は**純紫軌跡**(purple boundary)と呼ばれる。なお，先に述べたように，三つの基本色刺激を等量ずつ混ぜて等色できるように定めた白色Wのことを基礎刺激といい，その色度座標(x, y)は$(0.33, 0.33)$であるから，図3-9や図6-2では馬蹄型のほぼ中央の位置に描かれている。

色度図と色度座標によって色刺激が大変便利に指定されることになったが，そ

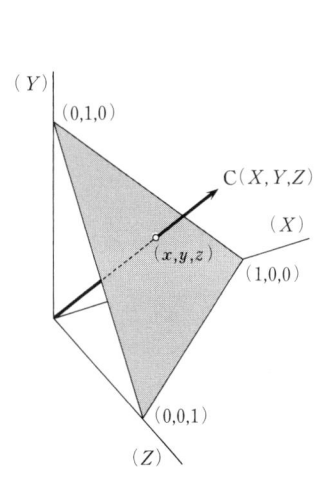

図6-1 色刺激のベクトル表示と単位面積との交点で表わされる色度座標

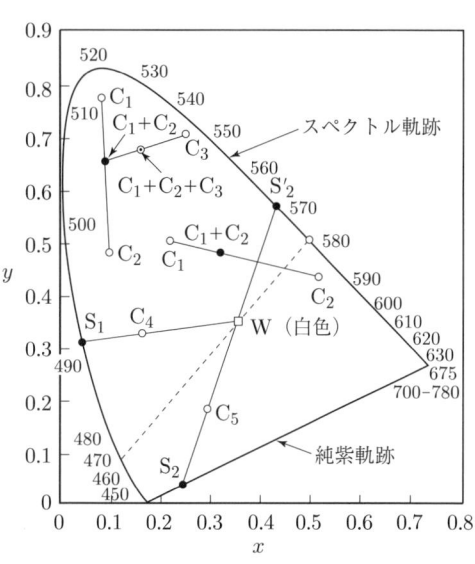

図6-2 XYZ表色系のxy色度図による色覚現象の説明

のかわり，色ベクトルの長さで表されていた明るさの情報は失われてしまった。しかし，色刺激の明るさの情報である測光的明るさ（測光量，luminous quantity；photometric quantity）は三刺激値の Y だけで決まるように CIE は元々定めている。したがって，色刺激の明るさまで含めて記述するときは，$x=X/(X+Y+Z)$, $y=Y/(X+Y+Z)$ で算出される色度 (x, y) と測光量 Y を用いて，(x, y, Y) と表示することになる。

■ **色度図による色覚現象の説明**　既述のとおり，すべての実在色刺激はスペクトル軌跡と純紫軌跡が形づくる馬蹄型の色度図内のどこかに色度座標をもつ。それだけでなく，xy 色度図は実際の色感覚の諸現象を理解するのに大変都合がよい。もともと都合よく決めたのだから当然ではあるが，なぜそうなるのかという計算や理屈は抜きにして，色度図が"すぐれもの"であることの一端を紹介しておこう。

図 6-2 を見てほしい。まず，白色点 W を挟んで直線的に相対するスペクトル軌跡上の二つの単色光は，適当な比率で加色混合すると白色 W と等色する。つまり，この 2 色光は**混色補色**（color mixture complementaries）の関係にある（図中の点線）。W を通って両側のスペクトル軌跡を結ぶ直線は任意に引けるから，スペクトル光として存在しない純紫軌跡上に相方を持つものを除いたとしても，混色補色関係の単色光（**補色波長対**，pair of complementary wavelength）は無数に存在することが分かる。さらに言えば，補色関係の二つの色刺激を加法混色すると，白色 W を通り両色度点を結ぶ直線上のどこかに位置する色刺激が得られる。この直線上での混合色の位置は，二つの成分色の比率によって決まる。

二つの成分色の加法混色の結果がその色度点を結ぶ直線上のどこかの位置で示されるのは，補色対に限らず，色度図内のすべての 2 色光について当てはまる。混合色が線上のどの位置をとるかは，2 色の混合比によって決まる（図 6-2 の C_1+C_2）。先に純紫軌跡のことを説明したが，この直線上の各色度点は，スペクトル軌跡の両端に位置するスペクトル光（スミレと赤）の混合比をさまざまに変えて加法混色するときに得られる赤紫系の色の軌跡である。3 色光の混合の場合は，はじめに混ぜた 2 色の混合（C_1+C_2）で決まる線分内の位置と，残余の 1 色（C_3）の位置とを結ぶ線分上の位置に定まる（図 6-2 の $C_1+C_2+C_3$）。次項で述べるが，基本色刺激 XYZ の等量混合の結果が色度図の W の位置に定まるのも，これと同様の 3 色混合の場合だと"仮想"できる。

白色 W から任意の色刺激（色度点 C_4）に向う線分がその先でスペクトル軌跡と交わる点を S_1 とすれば，S_1 の単色光と白色光 W との加法混色によって C_4 の色刺激と等色することができる。このように，白色光 W との加法混色で等色でき

る単色光の波長のことを，各色刺激の**主波長**(dominant wavelength)という。図 6-2 の色度点 C_5 の色刺激は，C_4 と違って白色点 W と純紫軌跡が作る三角形の内側にあるから，白色 W から C_5 に向って線分が延びる先は，スペクトル軌跡ではなく純紫軌跡上の点 S_2 と交わる。ここで，この線分を白色 W を超えて C_5 と反対側のスペクトル軌跡にまで延ばすと，色度点 S'_2 と交わる。これは，色度点 C_5 の色刺激とスペクトル軌跡上の色度点 S'_2 の単色光との加法混色によって，白色光 W と等色できることを意味する。この例のように，ある色刺激(この例では C_5)との加法混色で白色 W と等色できる単色光波長(この例では S'_2)のことを，その色刺激の**補色主波長**(complementary wavelength)という。

　白色点 W と，スペクトル軌跡あるいは純紫軌跡上の色度点(たとえば S_1 あるいは S_2)とを結ぶ線分上に位置する色刺激(たとえば色度点 C_4 あるいは C_5)が，スペクトル軌跡あるいは純紫軌跡にどの程度近いかは，その色刺激の純度(**刺激純度**，excitation purity)に対応する。刺激純度は，W からその色刺激までの距離を，W からスペクトル軌跡あるいは純紫軌跡までの距離で割った値であるから，スペクトル軌跡上の単色光(単色放射)あるいは純紫軌跡上の色光(複合放射)はすべて刺激純度 1.0 であり，W に近づくにつれて 0.9，0.8，…と値が減じ，白色点 W の純度は 0 である。そこで，色度図内で刺激純度の等しい色度点を線で結ぶと，あたかも地図上に描かれた等高線のように，W を中央に囲む幾本かの馬蹄型の多重閉曲線が描ける。この曲線を**等刺激純度曲線**という。

■ **色度図上での距離と感覚的色差との関係**　上述のとおり色度図は"すぐれもの"ではあるが，色度図上での色度の差と感覚的に感じる色の差(感覚的色差)とは対応していない。つまり，二つの色刺激の色度図上の距離が同じであっても，それらの色刺激が色度図内のどの位置にあるかによって感覚的な色の差は著しく異なる。逆に言えば，同じ色だと感じる色度図上の範囲は色度図内の場所(色度点)によって著しく異なっている。同じ色に感じる範囲(同じ色刺激に対して多数回繰り返し行われた等色実験の結果のばらつきの範囲)を色度図上に描くと小さな楕円で表され，これを**マックアダムの偏差楕円**(等色標準偏差楕円，standard deviation ellipses)といい，その大きさは，色度図の左下(スミレ色領域)から上方(緑色領域)に向って次第に大きくなっていく。

　CIE は，この xy 色度図(また，その元になっている XYZ 表色系)の不均等性を改善する目的で，言い換えれば上に述べたマックアダム楕円が色度図上でできるだけ同大・同型となるよう，xy 色度座標の変換(数学的投射)により，1960 年に uv 色度図，1976 年に $u'v'$ 色度図を勧告している。これらは**均等色度図**(uniform-chromaticity-scale diagram；UCS 色度図)と呼ばれるが，あくまで xy 色度図の

歪みを小さくしたというもので，厳密な意味で全図均等というわけではない。ちなみに，はじめに均等色度図を提案したのは偏差楕円を求めたマックアダム(MacAdam, D. L.)その人である。

■ **虚色としての基本色刺激 XYZ**　先に図6-2の説明で，基本色刺激(X, Y, Z)の等量混合の結果が白色点Wの位置に定まるのも，3色光の加法混色の場合と同様だと"仮想"できると述べた。なぜ"仮想"と言ったかといえば，すでにXYZ表色系の冒頭で述べたように，CIEは実在する色刺激のすべてが正量混合で表せるように，全く色を連想させない記号を用い基本色刺激XYZを便宜的に導入したのであって，実際に基本色刺激とその混合経過を自分の目で確かめようにも，それは不可能だからである。

このことを図6-2の色度図で説明すれば，三つの色刺激の混合の結果(混合色)はそれらの色度点を直線で結ぶ三角形の内側に位置するから，色度図内に色度座標をもつすべての実在色を三つの色刺激の混合で得ようとすれば，三つの色刺激はスペクトル軌跡をはみ出した位置の色度座標に定めるよりほかない。このような色度座標は実在しない架空の色ではあるが，色度座標があるのだからこれも色とみなし，ただし実在色ではないから**虚色**(imaginary color stimulus)と呼ぶことにした。実際，基本色刺激XYZの色度座標は，それぞれ実在の赤・緑・青のスペクトル色度座標に近いけれども，現に見ることはできない虚色である。虚色を原刺激とすることにより，馬蹄型の内側を占める実在色のすべてをXYZの正量混合で表すことができるようになったのである。

■ **色度座標による色刺激の指定**　繰り返しになるが，実在する色光の色は，スペクトル軌跡と純紫軌跡が形づくる馬蹄型の内側に色度座標をもつ。すべての色刺激の色相と純度は色度座標で指定されるのであるから，その色刺激をもはや色名によって表現する必要はないのであるが，参考までに，色度図内のそれぞれの色度点がどのような色みになるかおおよその見当を付けるため，代表的な色名の色度図上での位置を図6-3に示した。なお，図に書き込まれている色名はJISの系統色名(☞ p.77，図5-1)と類似しているが，実際は，図6-3の原著者(Kelly, 1943)が使用した光源色表示の英語色名を邦訳したものである。

さて，以上に述べてきたとおり，光の色については色度座標(x, y)を用いてあらゆる色を正確に規定できることになったので，国際的にも国内的にも，光の色の指定には色度座標を使えば間違いがない。実際，CIEは信号灯や標識灯，その他の色光の色について多くの勧告を出しており，それに基づき，例えば海上交通については IALA(国際航路標識協会, International Association of Lighthouse Authorities)，航空信号では ICAO(国際民間航空機関, International Civil Aviation

6-2 マンセル表色系

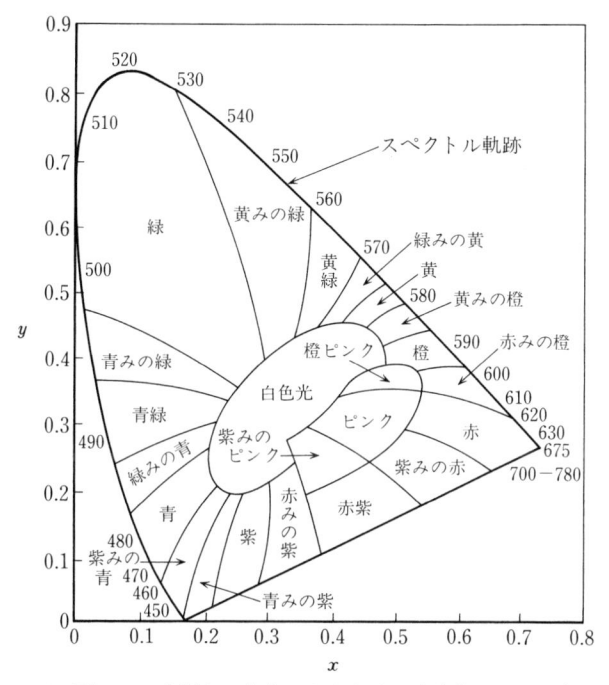

図 6-3 光源色の色名のおおよその分布 (Kelly, 1943)

Organization), 道路交通信号では ISO (国際標準化機構, International Organization for Standardization) が光の色の取決めを提案している．国内では JIS (日本工業規格) により『色の XYZ 系による表示方法』が定められており，所管の省庁は，国際規格に倣って各種の法律を制定して実効的に規制している．

ただし現実の問題として，色度座標による色の指定は厳密性に優れていても，それに依拠した色の使用を法律で規制するには不便な面もあり，むしろ色名を用いたほうが柔軟な色指定ができ都合がよい場合もある．身近な事例で言えば，道路信号に使用する3色の灯火を，日本の『道路交通法施行令』では「青色の灯火，黄色の灯火，赤色の灯火」と規定しているが，CIE では「緑，黄，赤」と定めているので，日本の"進め"信号には「緑に近い青色の灯火」が用いられている．

6-2 マンセル表色系

6-2-1 マンセル表色系の構成と基本理念

物体の色 (色彩) は，多数の色見本が比較的容易に手に入るし，それと比較して

同じ色であるとか少し暗いなどと色の同異を判断することもできる。色見本が適切に定められ、それぞれの色に一連の記号や番号が付いていれば、さまざまな物体色との比較が一層能率よく行われるだけでなく、色の指定や伝達に際しても大変都合がよい。このような目的から、一連の記号や番号で系統的に整理された色見本(**標準見本**, standard material)の体系が**物体色の表色系**である。マンセル表色系はその一つで、その基礎は色知覚(色の見え方・顕れ方)であるから**顕色系**(color appearance system)と呼ばれ、加法混色に基づく光の色の表色系(混色系として先に述べた CIE 表色系)と区別される。標準見本と比較して色を指定するマンセル表色系は、後に述べる NCS(☞ p.103)および PCCS(☞ p.108)とともに顕色系を代表する色彩の表示体系であり、いずれも物体の色を順序よく合理的に配列し指定する標準化された表色系として、今日では**カラーオーダーシステム**(color order system)と呼ばれている。

■**色の属性としてのヒュー・バリュー・クロマ**　1905 年に、アメリカの美術教育者であり画家でもあったマンセル(Munsell, A. H.)が考案した色彩の表示体系が**マンセル表色系**(Munsell color system)であり、その意図は、物体表面に知覚される色を三属性(色相、明度、彩度)に基づいて、三次元の円筒座標系空間(☞ p.44, 図 3-4)の 1 点に位置づけようというものであった。すなわち、円筒座標の円周に色相を並べ、その中心を貫く上下軸を無彩軸として明度にあて、無彩軸から水平方向に周囲へ向う距離で彩度を表すこととした。しかも、三つの属性次元で**知覚的等歩度**になるよう目盛を定めて、それぞれの色を記号や番号で表示しようという発想である。

なお、色の三属性(色相、明度、彩度)の性質については 3 章(☞ p.40)で述べたが、これら三属性を表す用語として Munsell は、ヒュー(Munsell hue；H)、バリュー(Munsell value；V)、クロマ(Munsell chroma；C)を用いた。これらの用語のうちバリュー(明度に相当)とクロマ(彩度に相当)はいずれも彼独自の用語であって、前者は色彩から受ける白みの程度、後者は色彩に感じる色みの程度であり、これに一般的な意味での色相を意味するヒュー(以下、本書では「色相」と記す)を加え、後述するように、マンセル表色系では H, V, C の表示記号で各色を指定した。

■**色票配置の知覚的等歩度性**　物体色の表色系を構成する基本的な手続きは色票の配列にある。色相、バリュー、クロマの具体的な配列の仕方については後述するが(☞ 6-2-2)、ここで、マンセル表色系の色票配列の基本について述べておくと、まず無彩軸を中心とする円筒座標の円周には色相が環状に並ぶ(☞ 図 6-5)。無彩軸の最下部には理想的な黒を、最上部には理想的な白を置き、下から上

6-2 マンセル表色系

に向って段階的にバリューが大きくなる無彩色が並び（☞ 図6-6），無彩軸から外に広がる垂直半平面には，同じ色相でバリューとクロマの異なるすべての有彩色が整然と並ぶ（☞ 図6-6の左側または右側の半平面）。円筒座標の水平断面を見れば，無彩色を中心に同一バリューのすべての色相が，クロマを増しながら放射状に外へ向う（☞ 図6-5）。

このような色票配列に際して Munsell が優先的に重視したことは，色相，バリュー，クロマのいずれの属性に関しても，その配列に知覚的等歩度性が保たれることであった。**知覚的等歩度**とは，幾つかの段階に色票を分けるときの感覚的な差異を均等にするということで，例えばバリューの異なる3段階の色票を並べるとき，第一と第二の色票間に感じるバリューの差と，第二と第三の色票間に感じる差が等しくなるように3段階の色票を定めるという意味である。

▍マンセル色立体　このようにしてすべての色が円筒座標系の中に収められるが，この円筒座標系空間のうち，すべての無彩色と有彩色が位置する範囲によって定まる三次元空間領域を**マンセル色立体**（Munsell surface-color solid）という。図6-4は20色相のマンセル色立体の外観である。この色立体を見ると，無彩軸から水平方向に延びるクロマの軸は，バリューが同じであっても色相によって長さが異なっている。色光の表示においてクロマに相当する飽和度（刺激純度；☞ p.87）の最大値は1.0で一定であったが，飽和度と違ってクロマの段階が知覚的等歩度にどこまで延びるかは，現実に入手できる絵具の最大彩度に依存して決まるのであり，その長さは色相とバリューによって異なっている。Munsell は，当時において入手可能なクロマ最大の色票の段階を10としたというが，現今の色

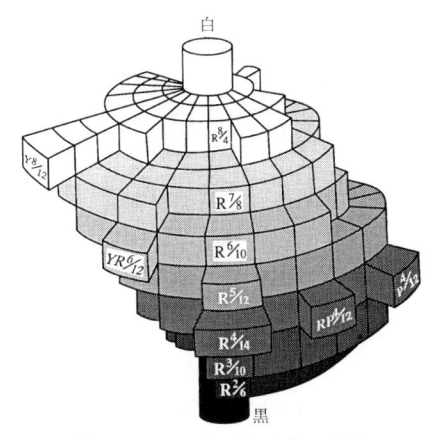

図6-4 マンセル色立体の外観

票の段階はもっと多い．図 6-4 のマンセル色立体の外観が不規則な形に描かれているのは，このような理由による．マンセル色立体は，無彩軸を木の幹としてクロマの枝が周囲に向って広がっているような形状をしているので，Munsell はこれを「色の木」(マンセル・カラー・ツリー，Munsell color tree)と呼んだ．

6-2-2　マンセル表色系の色票配置とカラーチャート

　マンセル表色系の色票配置をマンセル色立体(☞ 図 6-4)で説明すると，色立体を上下に貫く中心軸にバリューの異なる無彩色が並び，その軸を取り囲む環状の外周に色相が並び，中心の無彩軸から外に向う放射状の線上にクロマの異なる有彩色が並ぶ．ここでは，色票配置の知覚的等歩度性を念頭に置きながらマンセル表色系における色票配置についてさらに詳しく述べ，次いでカラーオーダーシステムとして実用される上で必須となるマンセル色記号，それに基づいて作成されたカラーチャートと標準色票について述べる．

■ **色票の配置の仕方**　　最初にバリューの配置について述べると，色立体の無彩軸には最下部の黒から最上部の白までが並ぶが，この黒と白の間に Munsell は，知覚的等歩度に並ぶ 9 段階の無彩色票(V=1, 2, 3, …, 9)を作成した．なお，V=0 は理想の黒，V=10 は理想の白であり，現実の色票としては存在しない．

　色立体の外側円周上への**色相の配置**としては，まず知覚的等歩度となるように 5 色相(赤 R, 黄 Y, 緑 G, 青 B, 紫 P)を選び，円周を 5 等分する位置に配置して 5 色の色相環を作った．これらの色相ごとに，その色相の色紙と無彩色の色紙を回転円板によって種々の混合比で混色し，色相が同じでバリューとクロマの異なる多数の色票を作成し，これらを図 6-6 の左側または右側の半平面のように知覚的等歩度に配置した．**クロマの配置**については，無彩色票を C=0 とし，C=1, 2, 3, …と知覚的等歩度に増加するようにクロマ最大の色票に向かって並べられた(ただし通常の実用には C=0, 2, 4, 6, …という偶数ステップで十分である．また，現今の色票は色相によって C=14 まである)．これで **5 色相の色立体**ができたことになる．

　次にこの 5 色相について，回転円板の混色によって無彩色と等色する**補色**(青緑 BG, 青紫 PB, 赤紫 RP, 黄赤 YR, 黄緑 GY)を定め，これらの 5 色相を無彩軸を挟んで相対する反対側の円周上に配置すると，R, YR, Y, GY, G, BG, B, PB, P, RP の順に並ぶ 10 色相の色相環ができる．新たに加わった 5 色相について，先ほどと同様，各色相と無彩色とを種々の混合比で混色して得られる多数の色票を知覚的等歩度に配置すれば **10 色相の色立体**が完成する．さらに，10 色相が互いに隣接する中間に知覚的等歩度となる色相を置くと 20 色相の色相環がで

6-2 マンセル表色系

き，先と同様の手続きを繰り返すと図 6-4 のような **20 色相の色立体**ができる．

色立体の中に位置するそれぞれの**色票の指定**には，三属性（色相 H，バリューV，クロマ C）に記号と番号を与え，H V/C の順に，例えば 5 R 4/14，10 YR 7/10 のように表示すればよい．色相記号の前に付く数値についてはすぐ後で述べるが，この形式の色表示を**マンセル色記号**(Munsell color notation)という．

なお，Munsell 創案の表色系は，後に氏の子息による改良もあったが，色票を知覚的等歩度に分割配置する点でなお不正確であったため，1937 年から 43 年にかけて**アメリカ光学会**(Optical Society of America；OSA)の測色委員会によって修正が加えられた．これを**修正マンセル表色系**(Munsell renotation system)という．1957 年以降，マンセル表色系の色票はすべて修正マンセル表色系に基づいて作成されているので，今日マンセル表色系といえば修正マンセル表色系のことである．図 6-4 の色立体も修正マンセル表色系に基づいて描かれたもので，当初の Munsell 氏自身のものではない．

▌**マンセル色立体の水平断面と垂直断面**　図 6-4 の色立体の水平断面を描いたものが図 6-5 であり，同じバリューの色票が無彩色を中心に放射状に配置された**等明度面**を構成している．また，図 6-6 は無彩軸を通る垂直断面で，同じ色相およびその補色色相の色票が無彩軸を挟んで左右に並んで配置された**等色相面**である．図では示していないが，無彩軸を中心とする等距離の円筒面は**等クロマ面**を構成し，同一円筒面上に現れる色票はクロマが同じで色相とバリューが異なるものとなる．

等明度面(図 6-5)や等色相面(図 6-6)の色票配列は，色立体の外観からも推測されるように不規則な形をしている．これは色票を知覚的等歩度に並べた結果で

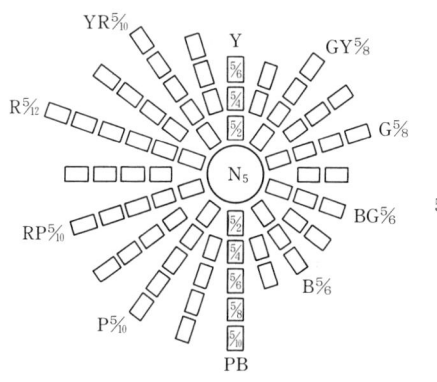

図 6-5　マンセル色立体の水平断面
　　　　（等明度面）の例

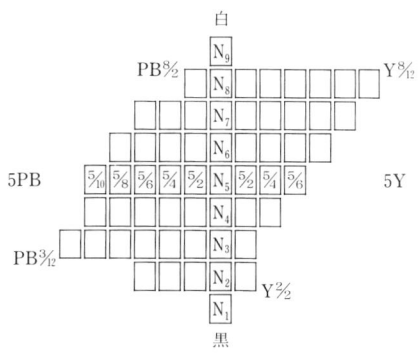

図 6-6　マンセル色立体の垂直断面
　　　　（補色関係の等色相面）の例

あって，そのため，全体的な形状は不規則であるが各色票の配置が心理的等間隔という点では非常に規則的とも言え，実用上は大変便利になっている。

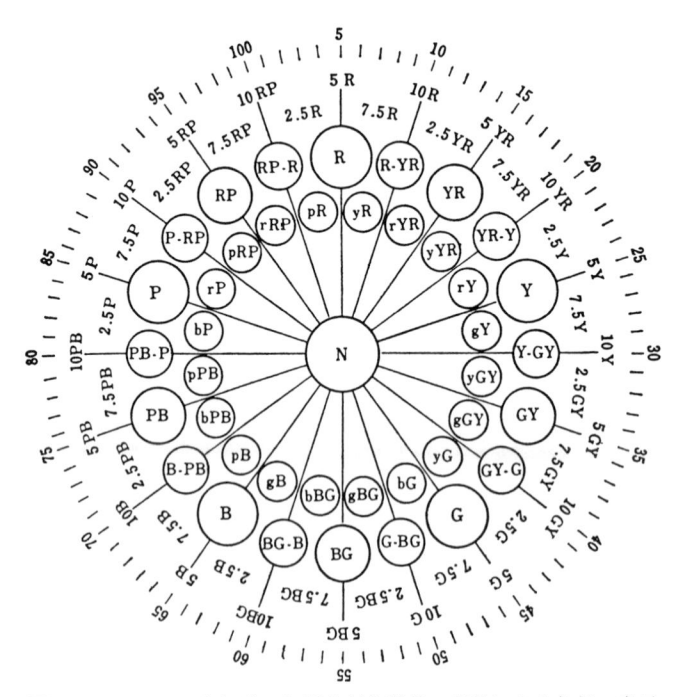

■ **マンセル色記号**　先に，色票の指定には三属性(色相 H, バリュー V, クロマ C)に記号と数値を与えたマンセル色記号(H V/C)を用いると述べ，5 R 4/14 と 10 YR 7/10 を例示した。このように表記されるマンセル色記号のうち，冒頭のアルファベット(R や YR)が色相記号であり，スラッシュの直前の数値は 9 段階スケールで表されるバリューの尺度値，スラッシュの直後の数値は最大 14 段階スケールで表されるクロマの尺度値である。色票の配置の説明では，バリューの尺度値を V = 1, 2, 3, …, 9 と整数値で記し，クロマの尺度値について実用上は C = 0, 2, 4, …で十分だと述べた。しかし，5 章の表 5-1 (☞ p.69)に併記したマンセル色記号を見ると，V には 0.5 刻みの小数値がある。また，先に述べた『慣用色名チャート』(☞ p.73)には，例えば，琥珀色のマンセル色記号表記は 8.0 YR 5.5/6.5，スカイブルーは 9.0 B 7.5/5.5 のように，C にも奇数どころか小数値が付くことがある。これは，当該の色を一層正確に指定するために，補間

図 6-7　マンセル表色系の色相分割と数値・記号による色相の表示
(新編色彩科学ハンドブック第 2 版, p.135.)

6-2 マンセル表色系

法によってスケールの刻みを細かく取って表記するためである。では、色相記号の頭に 5 R とか 10 YR のように付く数値は何を表しているのだろうか。

色相記号に付く数値は、図 6-7 が示すように、10 色相 (R, YR, Y, GY, G, BG, B, PB, P, RP) の色相環で隣り合う色相の間を 10 ずつに等色差分割 (すなわち色相環全体を 100 分割) したときの番号である。ただし、番号は 1 から 100 まで付けるのではなく、初めに選定した 10 色相にすべて 5 を付け、それを中央に挟んで時計回りに 1 から 10 までの番号が繰り返される。最初の 10 色相にそれぞれ中間の色相が加わった 20 色の色相環は、5 R – 10 R – 5 YR – 10 YR – 5 Y – 10 Y – … – 5 P – 10 P – 5 RP – 10 RP と並ぶ (表記上、5 は省略されることがある)。40 色相に増えると、20 色相の色相環の各色相の間に 2.5 と 7.5 の番号の色相が入る。実用上はこの 40 色相で十分であるが、これで間に合わないときは、色相環が 100 分割されたときに 10 色相に付けられる 1 から 10 までの細分された番号が使用される。

色立体を構成するすべての色にマンセル色記号が付けられたとしても、そのままでは実用に供せないから、色相ごとにバリューとクロマで整理された**色票** (color chip) と**カラーチャート** (color chart) が作成されている。

■ **カラーチャートと標準色票**　三属性に基づいて色票を配列した "*Munsell Atlas of Color*" が最初に発行されたのは 1915 年のことであり、これを改良した "*Munsell Book of Color*" の初版 (20 色相) が 1929 年、第 2 版 (40 色相) が 1942 年に発行されたが、いずれも修正マンセル表色系が確立する以前のことであった。その後、修正マンセル表色系に基づいて、実用に供するための 40 色相のカラーチャートが幾つか出版されてきた。今日、米国では、明度スケールが 0.5〜9.5 の 0.25 間隔で 37 段階、総色票数が千数百のカラーチャートが出版されており、さらに色相を 80 に増やしてクロマ 12 以上の高彩度の色票を追加した色票集も発行されている。

カラーチャートを構成する色票は、当然ながら元の表色系の基準に合致していないと困る。基準を満たしていると認定された色票の規格品は**標準色票**と呼ばれ、これが産業分野や研究場面で使用される。わが国における標準色票の歴史を辿ると、1927 年に日本標準色協会が設立され、1938 年には工業品規格統一調査会に色規格委員会が置かれ、色の標準化に向けた成果が適時公表され蓄積されてきた。戦後の 1946 年に、工業品規格統一調査会は工業標準調査会と改称し、戦前からの成果は翌 47 年に「色相標準色票」として制定・規格化された。他方、1945 年に日本標準色協会は法人化されて日本色彩研究所と改称し、48 年には上記「色相標準色票」の規格に準拠した明度別・色相別の標準色票を発行した。これの増

補改訂版が，色相別の『色の標準』(1951)である。

　JIS(日本工業規格，Japanese Industrial Standards)の発足は1949年であるが，1958年には修正マンセル表色系に準拠して「三属性による色の表示方法」(JIS Z 8721)が制定され，翌年，JIS色票委員会監修のもとで日本色彩研究所が製作した『**JIS標準色票**』が日本規格協会から発行された。この標準色票では，バリューおよびクロマに代えて明度および彩度の用語が使われ，40色相の各チャートについて明度は2から9，彩度は偶数番号で最大14まで(色相によっては1と3が加えられる)で構成され，別途，無彩色については0.5ステップで1.5から9.5までの17明度スケールが用意されている。

　このような標準色票が手元にあれば色の情報を交換する際の混乱が少なくなる。確かに便利であることを疑う余地はないが，標準色票はすべての色をカバーしているわけではなく，色票の数は人が最適の条件下で見分けられる色数の数千分の一にも満たないため，ある色との一致を標準色票に求めても完全な一致が見付かることは稀である。また，色票の色の見え方には，言うまでもなく照明環境や観察条件が大きく影響する。その上，物の色は三属性だけでなく，例えば光沢感やテクスチャ(きめ)などさまざまな現れ方をするし，さらに材質の特徴(いわゆる質感)を無視することはできない。

6-3　オストワルト表色系

6-3-1　オストワルト表色系の構成と基本理念

　物体の色を表示するもう一つの伝統的体系として，**オストワルト表色系**(Ostwald color system)が有名である。この表色系は，1909年ノーベル化学賞の受賞者でありアマチュア画家でもあったオストワルト(Ostwald, W.)が，自身の色彩調和論(☞ p.165)に基づいて1917年に創案した色票集(*Der Farbatlas*)に改良を重ね，その数年後，測色学の発展に合わせて自ら修正を加えて完成させた表色系である。後述するように，この表色系はフェヒナー法則に従うスケールで表される白色量，黒色量，完全色量の回転混色を基礎とする表色系であり，原理的には混色系に分類されるが，CIE表色系(☞ p.82)のように加法混色による条件等色を基礎とする色光の体系ではなく，あくまでも物体色の表示体系であり，先に述べたマンセル表色系と同様，色見本と比較して色を指定する**カラーオーダーシステム**(color order system)の一つとして実用されてきている。

■ **色の基本的要素としての白色量・黒色量・完全色量**　　オストワルト表色系は，その構成原理が特徴的であり，色立体(☞ p.101，図6-10右上に添えた図)にも

極めて規則的な明快さがある。表色系の完成に先立って1917年に作成された色票は、もともとOstwald自身が深い関心を抱いていた独自の色彩調和論が契機とされ、そのためか、特にデザイン関係者には大変重用されてきた。

Ostwaldは、日常的な視環境で背景など周囲の色を伴って知覚される表面色を**関係色**(related color)、暗黒視野の中に単独で見える平面色を**無関係色**(unrelated color)と呼んで区別し、通常、物体の表面に知覚される関係色を表色系の対象とした。そしてオストワルト表色系では、色の基本的要素(等色に必要な色成分)として、すべての波長を完全に反射する**理想的な白**(W)、すべての波長を完全に吸収する**理想的な黒**(B)、それに**完全色**(C ; full color、**純色**、Fと略記されることもある)の三つを考え、すべての色は、混色円板で等色するときのW, B, Cの混合量によって決まると考えた。混合色の色成分を表示する尺度構成に際しては、「感覚量Sは刺激量Iの対数に比例する($S=\log I+k$)」という**フェヒナーの法則**(Fechner's law; ☞ p.216)が採用された。そして、白色W、黒色B、完全色Cの三つの基本的要素の混合量で決まる色の仮想的色票の分光反射率は、WとCの混合量で決まるから、Bの量は、完全反射率1.0(100%)と仮想的色票の最大反射率(W+C)との差で示される。以上が、理念的には色の基本的要素を物理的に考察し、仮想的に有彩色を体系づけようとしたOstwaldの発想の基本である。

▌**色票配置の規則性** 色票構成の原理を、まず**明度**について述べれば、白色量100%と白色量0%をスケールの両端とする10段階の**無彩系列**(achromatic series)がフェヒナーの法則に基づいて構成される。しかし、白色量100%と白色量0%は理想的な白と理想的な黒であり、現実に手に入れることはできないから、実用上は両端を除く8段階のスケールになる。表6-1に、8段階の無彩系列における白色量と黒色量の混合比を、左から右に明度の大から小の順に示した。なお、表中のアルファベットは色票を記号によって表示するときの文字記号であり、これについては後述する(☞ p.101)。

次に**色相**であるが、Ostwaldはヘリングの反対色説(☞ p.27)に依拠して色相環を構成することとし、黄(yellow ; Y)と藍(ultramarine blue ; UB)、および赤(red ; R)と青緑(seagreen ; SG)を**補色対**として、円周を4等分する位置に対置した(☞ 図6-8)。そして、これら4色の隣り合う2色の中間に、再び補色対と

表6-1 無彩系列における白色量と黒色量の比率

記号	a	c	e	g	i	l	n	p
白色量	0.8913	0.5623	0.3548	0.2239	0.1413	0.0891	0.0562	0.0355
黒色量	0.1087	0.4377	0.6452	0.7761	0.8587	0.9109	0.9438	0.9645

して橙(orange；O)と青(turquoise；T)，および紫(purple；P)と黄緑(leaf-green；LG)を相対して配置した．これで8色相の色円環(R－P－UB－T－SG－LG－Y－O)が完成する．さらに，8色相をそれぞれ両側に細分するかたちで各3色相ずつに均等分割し，合計24色相を得る．これがオストワルト表色系の**24色相の色相環**であり，各色相の記号と番号は図6-8のとおりである．

最後に**彩度**について述べると，ある特定の完全色C(純色)と白色Wとを混色するとき，混合比に応じて色みの異なる多数の有彩色が得られる．いずれも主波長が同じで同色相であるから，色みの違いは彩度の違いということであり，それはすなわち完全色の量(C)と白色の量(W)の混合比(C/W)の違いということになる．

さて，すべての色は，概念的には理想の白色Wと完全色Cに加えて理想の黒色Bを含むとされるから，白色量W＋黒色量B＋完全色量C＝1.0で定義される．完全色はC＝1.0，理想的な白色はW＝1.0，理想的な黒色はB＝1.0，理想的な白色と理想的な黒色以外の無彩色はW＋B＝1.0となる．理想的な白色W，理想的な黒色B，特定の完全色Cをさまざまな混合比で混色すると，さまざまな有彩色が得られることになる．

W＋B＋C＝1.0(W，B，Cのうちの一つまたは二つが0の場合を含む)の混色でどのような無彩色や有彩色が得られるか，WとBとCを三角形の頂点に置いて描いてみると，図6-9のようになる．この図の辺WBに沿って並ぶ無彩色(W＋B＝1.0)は白色と黒色の加法混色で得られ，軸の上端に理想的な白(W＝1.0)，下端に理想的な黒(B＝1.0)が位置する**無彩系列**(achromatic series)を構成する．こ

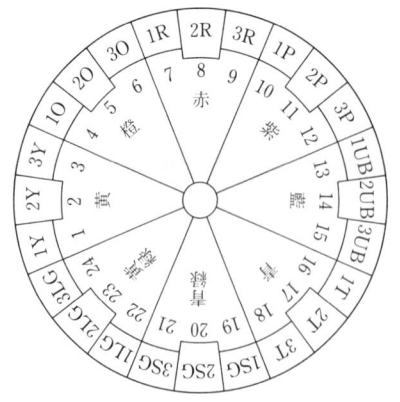

図6-8 オストワルト色相環と24色相の記号と番号

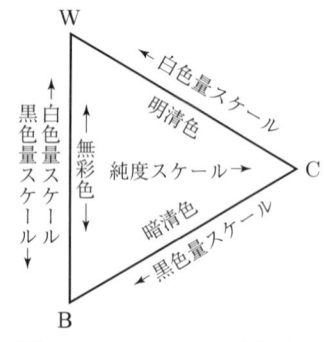

図6-9 オストワルト表色系における色票配置の基本

の系列の目盛は，先に表6-1に示したように，フェヒナー法則に基づいて白色量Wの対数値で等間隔に刻まれている．無彩軸の辺WBに向き合うもう一つの頂点には完全色($C=1.0$)が位置し，$W+B+C=1.0$で定義されるすべての色は，この三角形内部のどこかに位置づけられる．詳しくは図6-10(☞ p.101)の等色相三角形で説明するので，その図を参照しながら理解してほしいが(図6-10では数値が$C+W+B=100$で表されていることに注意)，辺WCに沿う系列は，理想的な白と完全色の二つだけの加法混色で定義される**明清系列**(**明澄系列**，light clear series)を構成し，この系列の白色量スケールの目盛もフェヒナー法則に基づいている．一方，辺BCに沿う系列は，理想的な黒と完全色の二つだけの加法混色で定義される**暗清系列**(**暗澄系列**，dark clear series)を構成し，この系列での完全色の混合比もフェヒナー法則に基づいている．無彩軸WBと平行に上下を結ぶ系列内の有彩色は，C/Wの値で表される**オストワルト純度**が一定であり，無彩軸から頂点C(完全色)までの距離で示されるオストワルト純度のスケール(無彩色と完全色の間を10段階に刻む彩度スケール)も，またフェヒナー法則に従っている．

■ **オストワルト色立体**　　特定の色相に属するすべての色は，図6-9や図6-10に示すように，無彩軸(WB)の横に広がる完全色Cを頂点とする三角形(**等色相三角形**)の中に収まることが分かった．オストワルト表色系では均等分割された24色相が図6-8のような色相環を構成しており，その一つひとつが図6-9あるいは図6-10の三角形を形づくるわけだから，24色相すべての三角形を無彩軸の周りに配置すると，図6-10の右上に示した外観の複円錐体になる．オストワルト表色系では，この形状の立体の中にすべての色相，明度，彩度の色票が規則的に配列されることになり，これを**オストワルト色立体**(Ostwald color solid)という．なお，この色立体の図では複円錐体の内部を示すために2色相分の切れ込みが描かれているが，もちろん実際の色立体に切れ込みはない．

　オストワルト色立体をマンセル色立体(☞ p.91，図6-4)と見比べると，その形状が見事な複円錐体であることが目を引くが，それは，Ostwaldは色相ごとに完全色を規定し，全色相の等色相三角形をフェヒナー法則に基づく統一原理で構成したからである．一方，それと引き換えに，マンセル表色系で重視された表示スケール上の知覚的等歩度性は犠牲になったということである．

6-3-2　オストワルト表色系における色票配置と色票チャート

　この項ではさらに具体的に色票配列の実際について説明し，次いで文字記号による色票表示と色票チャートについて説明する．さらにオストワルト表色系と色

彩調和理論 (☞ p.165) との関わりについても言及する。

■ **色票配列の実際**　図6-9の三角形の構成を具体的に知ると，オストワルト表色系における色票配列の規則性が全体的に理解できる。理想的な白W，理想的な黒B，完全色C(純色)を頂点とするこの三角形は，W，B，Cの混合によって，明度の異なる無彩色や同じ色相で明度と彩度の異なるすべての有彩色が得られる範囲を囲んだ三角形であり，前述のとおり，この三角形は**等色相三角形**(monochromatic triangle；**同色相三角形**)と呼ばれている。

　すでに述べたが，図6-9の無彩系列上端のW(白色量1.0)から下端のB(黒色量1.0)までの10段階は，フェヒナー法則に従って変化する白色量Wと黒色量Bの混合比で決まる。また，無彩軸WBから頂点Cに向かう彩度(オストワルト純度C/W)の10段階も，完全色量0の無彩色と完全色量1.0の純色との間がフェヒナー法則に従って刻まれている。そこでこのルールに則って，W，B，Cの混合で得られる同色相のさまざまな色を，$W+B+C=1.0$とするときの3成分の混合比で，等色相三角形を桝目に細分して指定することができる。それを示したものが図6-10であり，それぞれの桝目の中には3成分の混合量が上からC，W，Bの順に書き込まれている。ただし，混合比を$C+W+B=1.0$で表すとすべての数値が小数になって見づらいので，この図では$C+W+B=100$とする数値で示している。

　図6-10を見ながら，まず前項で述べたことを確認しておくと，辺WBに沿う**無彩系列**の上端には理想的な白($W=100\%$)，下端には理想的な黒($B=100\%$)，残る頂点Cには完全色($C=100\%$)が位置し，WとBの間の10段階の無彩色スケールは白色量Wの対数値で刻まれている。無彩軸から完全色Cに向かう無彩軸と平行な有彩色の系列はオストワルト純度(C/W)が等しく，かつ無彩軸から完全色までの間は，C/Wの対数値で10段階の彩度スケールが刻まれている。そして，辺WCに沿う**明清系列**の白色量Wの目盛と，辺BCに沿う**暗清系列**の完全色量Cの目盛は，ともにフェヒナー法則に基づいている。

　上記に加えて図6-10の構造の特徴を述べると，頂点Wと頂点Cを結ぶ辺WCに平行な系列は，同じ系列内では黒色量Bが一定の**等黒系列**(isotone series)を構成しており，一方，頂点Bと頂点Cを結ぶ辺BCに平行な系列は，同じ系列内では白色量Wが一定の**等白系列**(isotint series)を構成している。また，無彩軸WBと平行に並ぶオストワルト純度(C/W)が等しい有彩色の系列は，**等純系列**(isochrome series または shadow series)と呼ばれる。図6-10の各菱形の中に記された数値は$C+W+B=100\%$で表されたC，W，Bの混合量であったが，等色相三角形の構成はこのように極めて規則的であるから，無彩色成分であるW

6-3 オストワルト表色系

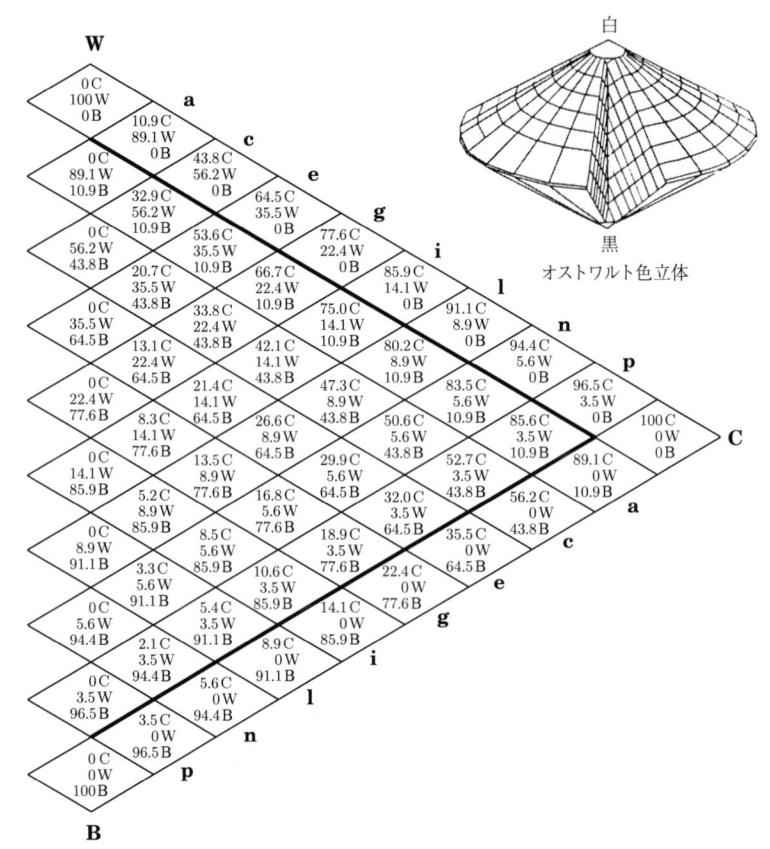

図 6-10 オストワルト表色系における等色相三角形と $C:W:B$ の混合比（この図では，混合比は $C+W+B=100$ とする数値で示し，また，B の値は，便宜上，$100-(W+C)$ で示した。）

と B が分かれば等色相三角形内の有彩色の混合比はすべて確定できる。

24色相の等色相三角形を無彩軸を中心に円環状に配置すれば，図 6-10 の右上に示したオストワルト色立体が得られるが，この色立体の水平断面を切って無彩軸を中心とする同心円を見れば，同じ円上の色は W と B が一定の値をとって色相だけが変化する。このように，色立体の空間内で輪環状に色相だけが変わる有彩色を**等価値色**(isovalent color)といい，この系列を**等価値色系列**(isovalent series；**等価値色円環**，equal white-and-black circle)と呼ぶ。

■**文字記号による色票の表示**　これまでオストワルト表色系について，理想的な白 ($W=1.0$)，理想的な黒 ($B=1.0$)，完全色 ($C=1.0$) の3成分を仮定し，それらの混合で得られる色票を前提に説明してきた。しかし，各成分が100％，あるい

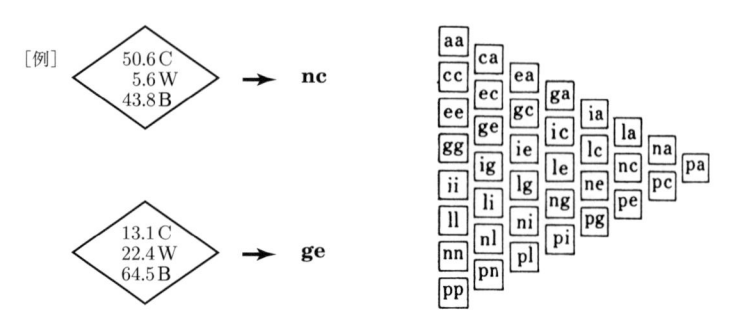

```
[例]   ⟨50.6 C
        5.6 W
        43.8 B⟩  →  nc

       ⟨13.1 C
        22.4 W
        64.5 B⟩  →  ge
```

```
aa
ca
cc  ec
ee  gc  ea
gg  ic  ga
    ge  ic  ia
ii  ig  le  lc  la
    li  ng  nc  na
ll  ni  pg  pc  pa
nn  pl  pe
pp  pn
```

図6-11 オストワルト表色系における色票の文字記号による表示

はそれに近い色票を入手するのは現実的に不可能であるから，実用上の観点からOstwaldは，図6-10の太線の内側に入る8段階の無彩色と，24色相の等色相三角形の中に入る各28種の有彩色の，合わせて680色(8+28×24)の色票を作成した．そして，それぞれの色票の指定に3成分の混色比を用いるのは不便なので，図6-11に示すような**アルファベット2文字の組合せ**で等色相三角形内の位置を指定することにした．文字は"a, c, e, g, i, l, n, p"の8文字で，先の表6-1(☞ p.97)で見た記号と同じである．同じ記号は，図6-10の等色相三角形の外側にも記載してある．

この文字記号の第1文字は白色量(等白系列の種類)，第2文字は黒色量(等黒系列の種類)を表している．図6-11の左側に付記した2例の文字記号(ncとge)とその混合比($C:W:B$)の位置を図6-10と図6-11で確かめて，文字記号の意味を納得してほしい．しかし，この文字記号だけでは色相の違いが分からない．色相の違いは，図6-8(☞ p.98)の色相環の内側に記されている1から24の数字を文字記号の頭に付けて，例えば5 le, 8 ng, 13 gcのように表し，680種の色票を区別することになる．

■ **色票チャート**　色相番号(1〜24)と文字記号による680種の色の違いが指定できても，実用のためには，この表色系に準拠した色票が一つひとつ作成され，それぞれの色相ごとに図6-11のかたちに配置された24枚の色票チャートがないと困る．680種の色票では数が少なすぎると思われるかもしれないが，Ostwaldは実際には，100色相の等色相三角形について各300色票，合計3万色について色を規定していた．これではあまりにも多すぎるので，実用的簡便性のため680種だけを作成したのである．

ところで本節の冒頭で，Ostwaldは色彩調和論の提唱者としても著名であり，表色系の完成より先に色彩調和のための色票を作成していたと記した．その調和

理論には一部から痛烈な批判が浴びせられたというが，その一方で熱烈な信奉者（E.Jacobson）も現われ，1942 年にはその者も参画した会社から，実用上足りない色相や明度段階を加え，特別な色票も別途に作成した約 1000 種の色票からなるチャートが『カラー・ハーモニー・マニュアル(*Color Harmony Manual*)』の名称で発行され，美術教育者や服飾・デザイン関係者，建築家らに大いに愛用されたという。「調和は秩序に等しい」と Ostwald が言ったように，配色の間に合法的な関係があるとき快い感情が生まれ，その合法性こそがオストワルト表色系にあるという主張が受け入れられたのであろう。その上，構成原理の明快さに加えて，プラスチック製の"亀の子"型の色票が，蜂の巣状に並べられた色票チャートから取り外しができて使い勝手がよかったためかもしれない。

6-4　NCS（ナチュラルカラーシステム）

6-4-1　NCS の構成原理

　NCS は，スウェーデンで 1960 年代から幾つかの変遷を経て発展し，スウェーデン規格協会（Swedish Standards Institution）が 1979 年にスウェーデン工業規格（SIS）として制定したユニークな表色系である。NCS とは "Natural Color System" の頭文字を取った略称であって，その基本はヘリングの反対色説（☞ p.27）に依拠し，色を見たときに人間が感じるありのままの知覚量によって色を体系的に表示しようとするものであり，その意味で NCS は顕色系に分類される典型的な表色系である。わが国でもその色票集は，知覚量（色の見え方）を重視して色を設計する建築学やデザイン等の領域で多用されているカラーオーダーシステムの一つであり，その紹介は坂田（1998）に詳しい。

■ **NCS における色の組成**　　NCS では，ある色を見たときにその色しか感じられない純粋な色（心理原色）を **基本色**（elementary color；**主要色**）と呼び，ヘリングの反対色説に基づいて，白(W)，黒(S)，黄(Y)，赤(R)，青(B)，緑(G)の 6 色とする(S の略記は，スウェーデン語で黒を表す svart の頭文字）。そして，あらゆる色には，その **基本属性**（elementary attribute）として各基本色がある割合で含まれているものと考え，w, s, y, r, b, g の量記号で表される基本属性の合計は 100％（$w+s+y+r+b+g=100$）になると考える。このように，特定の色に含まれる基本色の量はそれぞれの百分比で表されることになるが，NCS はヘリングの反対色説に依拠しているわけだから，Y と B あるいは R と G が同時に知覚されるはずはなく，したがって，どのような色であってもその色に含まれる基本色の数は最大でも 4（無彩の 2 色と有彩の 2 色）を超えることはない。

NCS では W, S, Y, R, B, G の 6 色を基本色とすると述べたが、これらは、頭の中だけで想像できる純粋な(理想的な)心理原色であって、現実の色として目にすることはできない。後に述べるが、NCS は、色を見たときに人間が感じるありのままの知覚量を心理的な尺度で記述することによって色を体系的に表示しようとするもので、原理的には物体基準をもたない表色系である。

■ **NCS における基本色の量** どのような色でも、その色に含まれていると知覚される基本色の量(基本属性)は全体で 100% になると述べた。NCS は、人間が知覚する各基本色の百分比を心理的な比率尺度で直接的に記述することを目的としており、その尺度は**マグニチュード推定法**(magnitude estimation)によって決定された(☞ p.215)。簡単に説明すれば、ある色を観察者に呈示し、その色に含まれていると感じられる基本属性を数量的に推定させる方法であり、例えば、無彩色を見たときの w(白み)と s(黒み)の知覚量は 30 と 70 であるとか、ある有彩色を見たときに感じる色みの量は 60(すなわち無彩成分は 40)で、その色みには y(黄み)と r(赤み)が 30 と 70 の割合で感じられるといった回答が、多数の観察者から求められる。

基本属性とはある色に含まれていると知覚される基本色の量であるが、別の見方をすれば、w, s, y, r, b, g の量記号で表される基本属性は、それぞれ基本色との類似度を表していると解釈できる。例えば、ある有彩色に感じる y と r が 30 と 70 ということは、Y よりも R への類似度が大きいということである。

6-4-2 NCS の色空間

すべての色はその基本属性によって三次元空間内に配置される。はじめに色相の表示と色相環の構成について、次いで同じ色相が形づくる色三角形(等色相面)での色の表示について述べた後、NCS の色立体について説明する。

■ **色相の表示と色相環** 基本属性は無彩色(w, s)と有彩色(y, r, b, g)に大別されるが、w も s も含まない理想的な心理的純色は**フルクロマティックカラー**(full chromatic color)と呼ばれる。他方、w と s を含む色では、それらを除いた基本属性の和($y+r+b+g$)は**クロマティックネス**(色み、chromaticness；c と略記)と呼ばれ、知覚されるすべての色($w+s+y+r+b+g=100$)は $w+s+c=100$ で表されることになる。記すまでもないが、無彩色は $w+s=100$ だから $c=0$ であり、フルクロマティックカラーは $c=100$ となる。そして、その色が w と s を含むと含まないとにかかわらず、有彩の基本属性(y, r, b, g)の割合を**色相**(hue)といいギリシャ文字の ϕ で表される。色相の表示は、有彩の基本属性(y, r, b, g)の百分比に基づいて、詳しくはすぐ後に述べるが、Y 50 R(言葉で表現

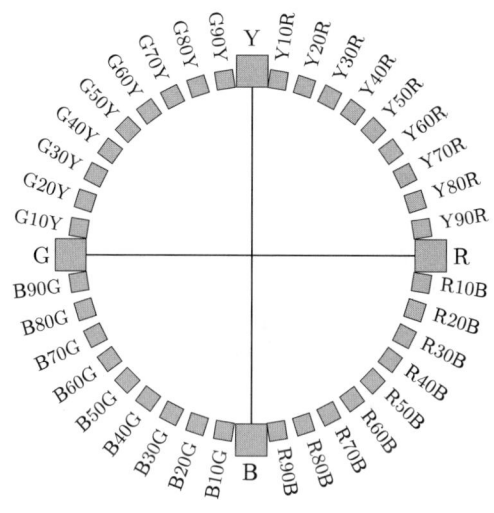

6-4 NCS(ナチュラルカラーシステム)

図6-12 NCSの色相環

すれば，黄みと赤みが半々ずつ(黄への類似度が50%で赤への類似度も50%)の色)とか，B70G(青みが30%で緑みが70%(青への類似度が30%で緑への類似度が70%)の色)とか，R(赤の色み以外は感じられない赤100%の色)といったように表記される。

色相環は，ヘリングの反対色説に基づき，赤(R)−緑(G)および黄(Y)−青(B)の2組の反対色の対が円環を4等分した位置に直交配置され，隣り合う2色(YとR，RとB，BとG，GとY)の間は，図6-12に示すように色みの違い(類似度)が10%ステップになるよう10に細分されて，全部で40個の色相が円環状に配置される。今，YとRの間を例にとって説明すると，両者の中間にあるY50Rについてはすでに述べたが，Yに隣接するY10Rは，黄みが90%で赤みが10%(黄への類似度90%で赤への類似度10%)の色，その隣のY20Rは黄みが80%で赤みが20%(黄への類似度80%で赤への類似度20%)の色である。このように，色相表示の中央の数字は末尾の記号で表される基本色の色みの程度(類似度)を百分比で表しており，これがNCSにおける色相表示の約束ごとである。

色相環の構成で最初に円環を4等分する位置に置かれたY，R，B，Gの4色相は，もともとその色しか感じられない純粋な心理原色(基本色)であるから，図6-12に示すようにその色相は1文字だけで表示される。

■ **等色相面の色三角形**　いかなる色(F)も，白み(w)と黒み(s)と色み(c)によって構成され，その合計は100であった($F = w + s + c = 100$)。ここでcは有彩

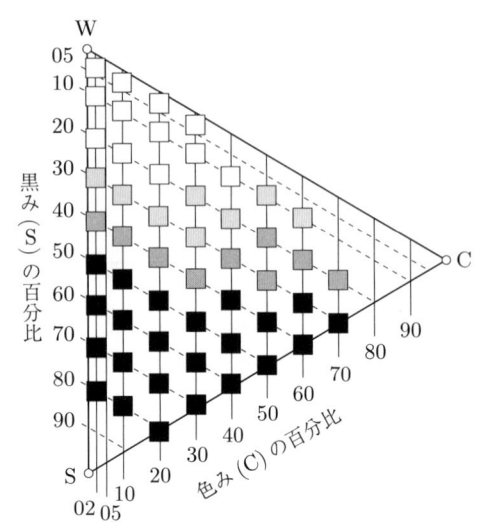

図 6-13 NCSの等色相面を形づくる色三角形

の基本属性の和($y+r+b+g$)であり，前述の色相と対応する概念である．そこで，純粋な白（W：$w=100$），純粋な黒（S：$s=100$），ある色相のフルクロマティックカラー（C：$c=100$）を頂点において，オストワルト表色系の等色相三角形に似た正三角形を描くと，図6-13のように同じ色相のすべての色はこの三角形の中の1か所に位置づけられ，この図は**等色相面**の**色三角形**（color triangle）と呼ばれる．ただし正三角形といっても，図6-13に見るように色が位置づけられていない箇所がある．これは，NCSでは理想的な心理原色を基本色としているので，実際の色材では実現できない色があるためである．

この色三角形でWとSを結ぶ軸には，全く色みのない無彩色（$w+s=100$）が上（$w=100$, $s=0$）から下（$w=0$, $s=100$）まで10%ステップで黒み（逆に白み）を変えながら並ぶ．WS軸からCの間は，Cに向かって10%ステップで色みが増すように構成されている．このように，特定の色は色三角形の中でw, s, cの三つの値によって1点に定まる．この1点の座標は**ニュアンス**（nuance）と呼ばれ，sとcをこの順にそれぞれ2桁の数字で連記することによって指定される（$w+s+c=100$であるからwの記述は不要）．例えば，$w=20$, $s=30$, $c=50$のニュアンスは3050である．無彩色のときのニュアンスは下2桁が00となり，例えば，$w=60$, $s=40$, $c=0$であれば4000と表記される．

このような色三角形は色相の数だけ描くことができる．今，描かれた多数の色三角形を色相環の順にWS軸を取り囲むように配置すると，複円錐状の構造の

6-4 NCS(ナチュラルカラーシステム)　　　　　　　　　　　　　　107

NCSの色立体(色空間, color space)ができる。ここで, あらゆる色は表記上の約束ごとに従って, scで表されるニュアンスに加え, 色相記号(☞ 図6-12)を連記することで指定できる。次項では, その約束ごとについて述べる。

6-4-3　NCSにおける色の表示と色票

　すべての色はニュアンス(sc)と色相(ϕ)の連記で指定できると述べた。本項では, このことを含め色の表示方法に関する幾つかの約束ごとを改めて要約した後, NCSの色票集について付記する。

■ **NCSにおける色の表示**　　ニュアンスと色相の連記($sc-\phi$)による色の表示の具体例を二つ記せば, 2060-Y 50 R, 4030-R 70 Bであり, これを言葉で表現すると, 前者は「黒への類似度が20%, クロマティックネス(色み)が60%で, その色相は, 黄への類似度が50%で赤への類似度も50%の色」であり, 後者は「黒への類似度が40%, クロマティックネスが30%で, その色相は赤への類似度が30%で青への類似度が70%の色」となる。しかし, ここで留意すべきことは, 最初の例(2060-Y 50 R)で色相はY 50 R(黄への類似度も赤への類似度も50%ずつ)であっても, そもそもこの色のクロマティックネスは60%であったから, この色に感じられる黄みと赤みの百分比は50%×0.6で30%ずつということになり, 全体では「黒への類似度20%, 黄への類似度30%(50%×0.6), 赤への類似度30%(50%×0.6), 白への類似度20%の色」ということになる。同様に後者の例(4030-R 70 B)は, 全体では「黒への類似度40%, 赤への類似度9%(30%×0.3), 青への類似度21%(70%×0.3), 白への類似度30%の色」となる。なお, 上記2例の色を6基本属性($w+s+y+r+b+g=100$)で表すと, 2060-Y 50 Rは20+20+30+30+0+0=100, 4030-R 70 Bは30+40+0+9+21+0=100となる。

　wもsも含まない心理的純色であるフルクロマティックカラーのニュアンスには大文字のCが用いられ, 例えばC-Y 50 R, C-R 70 Bのように表示される。また, 無彩色のときはハイフン(-)以下の色相ϕの表記が不要で, かつ$c=0$だからニュアンスの下2桁が00となり, 黒み(s)を表す最初の2桁だけが, 例えば4000とか6000のように表記される。6基本色はもともとその色だけしか感じられない純粋な心理原色であるから, 無彩のW, S, 有彩のY, R, B, Gと, いずれも1文字だけで表される。

■ **NCSの色票集**　　NCSは, 色に含まれている6基本色(私たちの心の中にある心理原色)の知覚量を百分比判断することが色表示の原則であるから, 色を見るだけで直接その色を記述することができ, 原則的には標準色票のような物体基準を必要としない表色体系である。しかし, 実際には基準となる色知覚を生じさ

せるための基準色票が CIE 三刺激値(☞ p.83)で規定されており，この基準色票に基づいて NCS の色票集『カラーアトラス』(色見本帳)が発行されている．

初版は 1412 色を収めた 1979 年発行のアトラスで，その後 1990 年にも発行され，日本語への翻訳が学会誌に公表されている(日本色彩学会，1993)．その後もスウェーデン規格協会による見直しが繰り返し行われ，1996 年以降は，異なった厳格さのレベルで幾つかの NCS 色票集が刊行されてきている．わが国でも，現在，1950 色を収めた『NCS アトラス 1950 オリジナル』(NCS ATLAS 1950 ORIGINAL)を入手することができる．

6–5 PCCS(日本色研配色体系)

6–5–1 PCCS の開発理念と色の構成概念

日本色彩研究所が 1964 年に発表した**日本色研配色体系**(Practical Color Co-ordinate System；PCCS)は，英名に Practical(実際的な，実用的な)という語を冠し，また和名に「配色」という語が用いられていることからも推察されるように，もともと配色論の立場から開発されたカラーオーダーシステムである．表色系としてだけでなく，系統色名の体系としても確立していることはすでに 5 章(☞ p.79, 5–3)で述べた．

■ **PCCS の開発理念**　開発の当初から，美術・デザイン教育や色彩設計等に広く応用できることが目標とされたので，実際的な面から物体の色を取り扱うことが重視された．そのため，わが国の産業界で多用されている色料や色光の色，日常生活や色彩活用で頻出する色を十分に考慮して色相が決められた．また，色相数は，調和論の上で 2 色・3 色・4 色の配色が基本であることに鑑みて，その公倍数(24)とすることが適切と考えられた．ちなみに，マンセル表色系の基本は 20 色相，それに準拠する JIS 標準色票は 40 色相，オストワルト表色系は PCCS と同じ 24 色相，NCS は 40 色相であった．

さらに重要なこととして，わが国の色彩事情に合致した PCCS が新たに開発されたとしても，それが，すでに普及していた外国産の既存の表色系と関連が付き難いものであっては困るので，その点に配慮することも開発目標の一つに位置づけられていた．

■ **PCCS における色の構成概念**　色相・バリュー・クロマを色の三属性とするマンセル表色系に倣って，**色相**(hue)・**ライトネス**(lightness；明度)・**サチュレーション**(saturation；彩度)を考え，さらに明度と彩度を複合した色の感覚統合的概念として**トーン**(tone)を設定した．

6-5 PCCS（日本色研配色体系）

色相は，日常生活や色彩活用の上で多く用いられている赤・黄・緑・青の色領域を代表する，赤らしい赤，黄色らしい黄，緑らしい緑，青らしい青の4色を指定し，さらに産業界で多用されている色光や色料の色を考慮し，加法混色および減法混色の三原色の近似色が含まれるようにして，最終的に知覚的等歩度で配置される24色相が決められた。

ライトネス（以下，「**明度**」と記す）は，白から黒までを原理的には18段階に，実用的には9段階に心理的等歩度で尺度化することとし，その数値はマンセル表色系のバリューと一致させることにした。また，**サチュレーション**（以下，「**彩度**」と記す）はPCCSでは"鮮やかさの感じ"のことであるが，その段階として，各色相において最も鮮やかな最高段階の彩度（「**基準色**」と呼ぶ）と，それと同じ明度の無彩色（色相により異なる）との間を等歩度に10段階に尺度化した。この構成はオストワルト表色系と類似である。

最後にPCCSの最大の特徴ともいえる**トーン**は，物を形容するときの一般的慣習的な用語が包含する多元な概念を意味する。トーンの概念は「色の調子」と表現されることがあるように，特定の色相に対してだけでなく，すべての色相に共通する知覚的印象特性を指す。例えば，'明るい色'を思い浮かべるときは，通常，明度が高いだけでなく彩度が比較的高い色であり，'くすんだ色'のときは暗くて色みが少ない色であることが多い。このような考えに従って，PCCSではすべての色相の有彩色を12種のトーンに，無彩色を5種のトーンに区分して表示する。

6-5-2 PCCSにおける色票配置とヒュー・トーン・システム

色の三属性（色相・明度・彩度）に加えて，新たに明度と彩度を複合する概念としてトーンを設定したPCCSでは，色の区別を「色相−明度−彩度」の三属性で表示することもできるし，「トーン−色相」の様式で指定することもできる。この項では，色相，明度，彩度，トーンの各属性に対応して色票が構成される際のルールについて説明した上で，色の表示の仕方について述べる。

■ **色 相** 先に色相選定の理念を述べたが，その理念に沿うように選ばれた24色相によって色相環が構成される。色相環は，色と色の間隔が等歩度になるよう，また，向き合う色が補色残像として知覚される**心理補色**（psychological complementary）となるように決められた。24色相には，それぞれ表6-2に示す**色相記号と色相名**が付くが，そのうち，**基本色名**またはその略記号（赤R，橙O，黄Y，黄緑YG，緑G，青緑BG*，青B*，青紫V，紫P，赤紫RPの10種類）で表示できるのは12色相であり（*印を付した色名と記号は異なる二つの色相に重複して

表 6-2　PCCS における 24 色相の色相記号と色相名

色相記号	色　相　名		マンセル色相	色相記号	色　相　名		マンセル色相
1:pR	紫みの赤	purplish Red	10 RP	13:bG	青みの緑	bluish Green	9 G
2:R	赤	Red	4 R	14:BG	青緑*	Blue Green	5 BG
3:yR	黄みの赤	yellowish Red	7 R	15:BG	青緑*	Blue Green	10 BG
4:rO	赤みの橙	reddish Orange	10 R	16:gB	緑みの青	greenish Blue	5 B
5:O	橙	Orange	4 YR	17:B	青*	Blue	10 B
6:yO	黄みの橙	yellowish Orange	8 YR	18:B	青*	Blue	3 PB
7:rY	赤みの黄	reddish Yellow	2 Y	19:pB	紫みの青	purplish Blue	6 PB
8:Y	黄	Yellow	5 Y	20:V	青紫	Violet	9 PB
9:gY	緑みの黄	greenish Yellow	8 Y	21:bP	青みの紫	bluish Purple	3 P
10:YG	黄緑	Yellow Green	3 GY	22:P	紫	Purple	7 P
11:yG	黄みの緑	yellowish Green	8 GY	23:rP	赤みの紫	reddish Purple	1 RP
12:G	緑	Green	3 G	24:RP	赤紫	Red Purple	6 RP

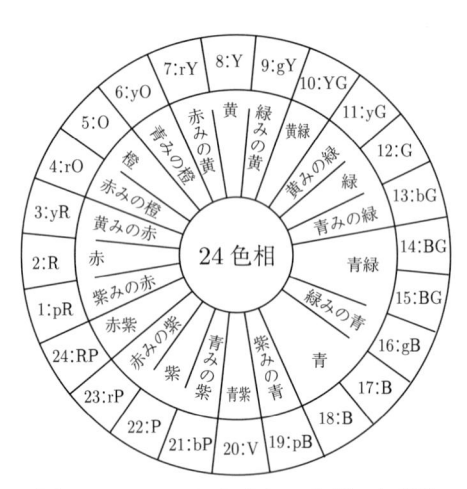

図 6-14　PCCS における 24 色相の色相環

使用），残りの 12 色相は，基本色名またはその略記号の頭に **色相の修飾語** またはその略記号（赤みの reddish；r，黄みの yellowish；y，緑みの greenish；g，青みの bluish；b，紫みの purplish；p）を付けて表示する．なお，表 6-2 には対応するマンセル色相記号も付記してある．

　図 6-14 に PCCS の色相環を示した．この図または表 6-2 を見て分かるように，PCCS でいう色相記号とは，上に記した色相の略記号（R, O, Y, YG, G, BG, B, V, P, RP）だけを指すのではなく，1 から 24 までの番号のあとに，コロン

6-5 PCCS（日本色研配色体系）

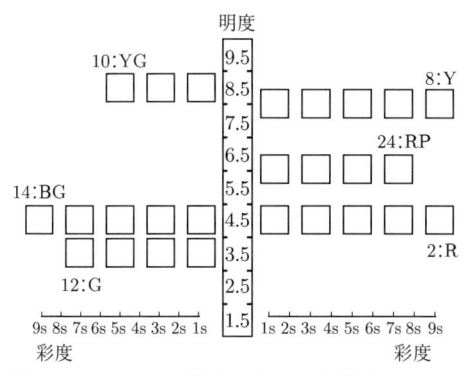

図 6-15 PCCS の明度スケールと彩度スケール

（：）を挟んで略記号が付く形式で表示される。この番号によって，青緑 BG および青 B の各 2 色相は，色相記号では 14:BG と 15:BG，および 17:B と 18:B に区別して表示される。

■ **明　度**　現実の色材で作成可能な最も明るい白を明度 9.5，最も暗い黒を明度 1.0 とし，両者の間に知覚的等歩度となるよう 16 段階の灰色を 0.5 ステップで挿入することによって，白(9.5)から黒(1.0)まで **18 段階の明度スケール**を構成する。ただし，明度 1.0 の黒は現実性を欠くので実際にはこれを除く 17 段階とし，簡略な実用に際しては，白(9.5)から黒(1.5)までの間を 1.0 ステップで刻む **9 段階の明度スケール**で表示する。図 6-15 に，9 段階の明度スケールと次に述べる彩度スケールを合わせて図示した。

■ **彩　度**　最も鮮やかな最高彩度の色を**基準色**として 9s と定め，この基準色と同じ明度の灰色(0s)との間を均等に分割して **10 段階の彩度スケール**を定める。尺度値に付く s は saturation の頭文字である。基準色は彩度が最高という意味で**純色**と同義に扱われる。

　PCCS 彩度に相当するマンセル表色系での用語はクロマであるが，マンセルの最高クロマは，例えば 5 R(赤)で 14，5 B(青)で 8 というように，色相によって異なっていた。しかし PCCS では，すべての色相で最高の彩度段階は 9 s となる。したがって，**PCCS 色立体**を真上から眺めると，無彩軸(0 s)を中心に最外周が 9 s のきれいな円形に収まって見える。しかし，9 s をとる基準色の明度段階は色相によって異なるので，色立体を真横から眺めると不規則な膨らみの色立体として見える。図 6-16 は，PCCS 色立体の垂直断面の例示であり，補色関係にある二つの**等色相面**が無彩軸を挟んで不規則な形状で対置して描かれている。

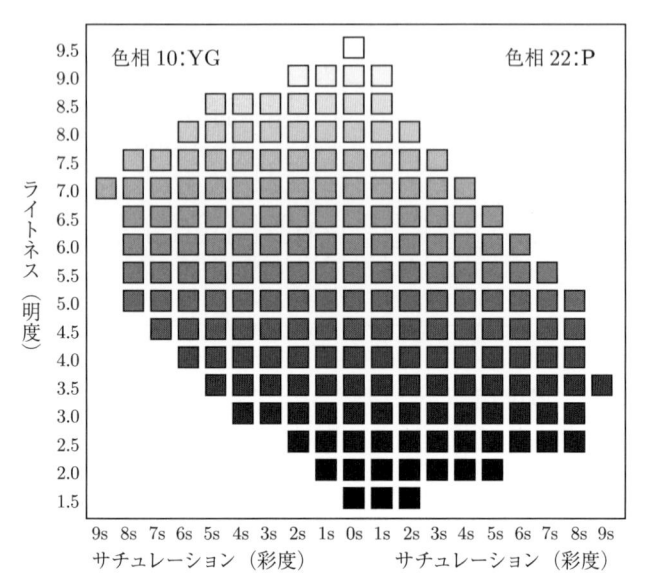

図 6-16 PCCS色立体の垂直断面(補色等色相面)の例

■ **トーン**　明度と彩度が異なる等色相面をトーンの概念に従って有彩色12種と無彩色5種に区分して示せば，図6-17のとおりである。トーンの区分は図中に書き込んであるように，英語や日本語での表記のほか，英語表記の省略形である略記号で表すことができる。2通りの日本語はいずれを用いてもよい。英語表記を発音どおりにカタカナ表記することも多い。

　図6-17のトーン区分のうち，明度が高い側の最外周に位置するペールトーン(p)・ライトトーン(lt)・ブライトトーン(b)は**明清色**と呼ばれ，ビビッドトーン(v)である基準色(純色)に向うにつれて次第に明度が低くなる(純色に混ざる白が少なくなる)。逆に，明度が低い側の最外周に位置するダークグレイッシュトーン(dkg)・ダークトーン(dk)・ディープトーン(dp)は**暗清色**と呼ばれ，vに向うにつれて次第に明度が高くなる(純色に混ざる黒が少なくなる)。ただし，明清色と暗清色における明度変化が明度スケール上でどの位置を取るかは，純色(v)の明度段階の違いに応じ色相によって異なる。純色，明清色，暗清色，無彩色に囲まれたライトグレイッシュトーン(ltg)・グレイッシュトーン(g)・ソフトトーン(sf)・ダルトーン(d)・ストロングトーン(s)は，**中間色**と呼ばれる。まとめれば，有彩色のトーンは，純色，明清色，暗清色，中間色に大別される。

■ **PCCSにおける色彩の表示方法**　既述のとおりPCCSでは，明度と彩度を

6-5 PCCS（日本色研配色体系）

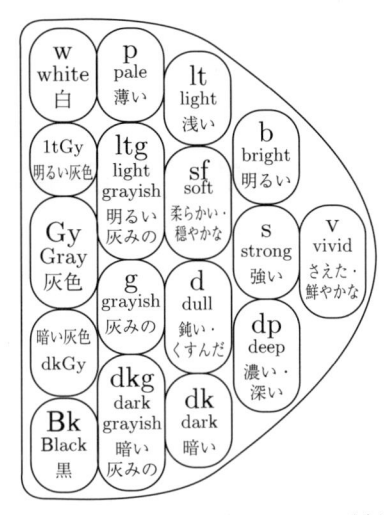

図 6-17 PCCSにおけるトーンの分類

包括するトーンの概念を設定し，色相とトーンの組合せで色彩の利用を考えているので，この点に注目すれば，PCCSはヒュー・トーン・システムだと表現できる。色彩の表示も，このシステムに合わせて「**トーンの略記号＋色相記号の番号**」で，例えば，v2, lt12, dkg18のように「トーン記号」で表示することが推奨された。もちろん，三属性で「**色相記号－明度－彩度**」の順に，上記の例であれば，2:R-4.5-9s, 12:G-8.0-5s, 18:B-2.5-2sのように指定することもできるが，トーン記号で表示する方が簡便性には優れる。

冒頭で述べたように，PCCSは開発の当初から，美術教育や服飾デザイン・色彩設計等に広く応用できるよう，実用的な面から物体の色を取り扱うことが重視された。そのため，一部からカラーシステムとしては理論的背景が不十分であるとの批判を浴びながらも，結果的には，ヒュー・トーン・システムを用いて配色や色の調和を考える上で，大変使いやすい色体系のツールとして多方面の色彩関係者に広く活用されてきている。それには，PCCS開発の翌年の1965年に，より使いやすい簡略版として発表された『ハーモニック・カラー・チャート』が大きな貢献をなしたと評価されている。

7章
色の知覚的性質の諸相

　この章と次の8章では，日常生活や実験室の中で観察される色体験の諸相について概説する．すでに2章で，色視野，色順応，色残像など色の感覚的性質について述べ，3章では色の三属性ならびに混色を主題として色知覚の基本的性質について述べたが，本章では，色体験のうち主として色の知覚的性質，すなわち，物体の色や光の色が見るときの状況によってどのような様相を呈して見えるか，色の見えやすさや識別のしやすさはどのように変わるか，といった話題をさまざまな観点から解説する．同じ色が空間的文脈によって見え方を変える色の対比・同化の現象や，視対象の形態性が色知覚に影響を与える現象など，色知覚の摩訶不思議な性質を追体験する機会となるに違いない．なお，色の感性情動的性質に関する色体験の諸相については次の8章で述べる．

7-1　色の見え方・現れ方

7-1-1　色の知覚と記憶

　色覚体験のほとんどは，末梢(眼)から中枢(脳)までのすべての機能が複雑に関わって成立するものである．このような観点からみた色体験の事例として，まずこの項では，色視標の面積効果，大脳中枢の関与を示唆する色残像，記憶色，色記憶の話題について述べる．

■ **色知覚に及ぼす視標の面積効果**　色の見え方は，色票にせよ色光にせよ視標の大きさによって変わる．色の知覚に面積効果があるわけで，視標の大きさが視角で約10′以下の**微小色刺激**である場合，明るい黄・黄緑・明るい灰色などは白と混同されやすく，暗い青・青紫・灰色などは黒と混同されやすい．また，純色の青・青緑・緑などは区別しにくくて緑に見え，橙・赤紫・赤・ピンクなども区別しがたくピンク(赤)と混同されやすい．つまり，微小色刺激は白か黒，または緑かピンクに見え，黄や青は固有の色として知覚されにくい．このような現象を**小面積第三色覚異常**(small area tritanopia)という．

　色知覚に面積効果があることは，色選びのときの色見本の大きさに気を遣う必

7-1 色の見え方・現れ方

要があることを意味する。アメリカ試験材料学会(ASTM)は**色見本の望ましい寸法**を ASTM 規格として定めており，おおむね似ているかどうかの類似判定には 40 mm×40 mm，目安にする程度の判定には 40 mm×70 mm の大きさでよいが，一般的な判定には 100 mm×120 mm または 90 mm×160 mm，さらに厳密な判定には 160 mm×260 mm の大きさが必要とされる。

▎**方向特異性色残像**　2章で色残像について述べたとき，それは基本的に網膜現象であり，だからこそエンメルトの法則が成立すると述べた(☞ p.39)。しかし，片眼だけに誘発された残像が他眼で観察されたという報告が過去にあったように，古来，網膜現象と断定するには若干の躊躇があった。また，大脳視覚領に色特異性細胞があると記したが(☞ p.25)，視覚領の細胞には方向に特異な応答を示す方向特異性細胞もあることから，色残像にはこれらの性質が現れるのではないかと予測されていた。これを実際にデモンストレーションして見せ，多くの人々を驚かせたのが McCollough(1965)であり，この**方向特異性色残像**は，今日**マッカロー効果**(McCollough effect)と呼ばれるようになった。

彼女は，図 7-1(a)に示した白と黒の垂直水平パターン(白と黒が縦横に組み合わさった縞模様)のほかに，同じ幅の緑と黒の縦縞模様(b)と赤と黒の横縞模様(c)の二つを用意した。まず，(a)のパターンを眺めてほしい。白黒縦横の縞模様が見えるだけで，縞模様の白い隙間に色が見えるという人はいないだろう。ところが次に，(b)の緑と黒の縦縞パターンと(c)の赤と黒の横縞パターンを約 10 秒間ずつ繰り返し交互に注視し，これを 2〜3 分続けた後に再び(a)に目を移すと，今度は縦方向の白い隙間は赤みを帯び，横方向の白い隙間は緑みを帯びて見える。この現象は，特定の方向の線に対して特異に現れる条件付きの補色残像である。その証拠に，残像が見えている状態で(a)を 90°回転させると，赤みと緑みを帯びて見える縞の位置関係が変わる。これは，パターン中の縦縞領域と横縞領域が

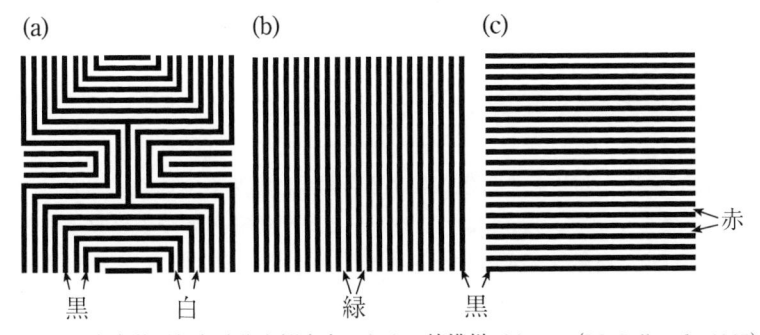

図 7-1　方向特異性色残像を観察するための縞模様パターン(McCollough, 1965)

入れ替わったためである．さらに(a)を 45°傾けてみると，パターン中の縞はすべて斜め方向となり，順応した方向（縦または横）に対応する部分がなくなるため，残像そのものが消失するはずである．これらの現象を自分の目で確かめるために，ぜひとも図 7-1 と同じ 3 枚のパターンを，少し大き目に，かつ言うまでもなく(b)と(c)は指定された色付きで作って，実際に観察してほしい．

■ 記　憶　色　　対象物の色として想起される色のことを**記憶色**(memory color)といい，その色は，その対象物の代表的な色として概念化されている．概念とは，あるカテゴリーに属するすべてのものに含まれる共通要素の集合であるから，記憶色とは，いわば過去経験の圧縮として，折々の経験の中で抽象されてでき上がってきた色だといえる．その特徴は'その物の色'らしさが一層強調される傾向にあり，概して色相に関してはその色領域の基本色相の方向に，彩度に関してはより鮮やかな方向に，明度に関してはより明るい方向に変容して記憶されている．例えば，バナナの色といえば大抵の人は原色に近い黄色を思い浮かべるであろうが，実際のバナナは多くの場合それほど色鮮やかではない．色ではなく形の記憶の場合も，その記憶痕跡は時間経過の中で形態的特徴が強調化される方向に変容しやすく，また記銘時の命名の仕方に方向づけられるというから，記憶色の場合も，対象物の特徴やそれと深く結びついて固定化した色の言語的コード（例えば'黄－レモン，赤－ポスト'）が手掛かりとなって，その色が想起されるのであろう．さらに，評価的な印象をともなう対象物の記憶色は，一層好ましく感じられる色の方向に変容しがちであるという．例えば，マリンリゾートの海は一層色鮮やかな青として想起される．

　記憶色が眼前の対象の色の見え方にも影響することは，古来よく知られていた．かつて Duncker(1939)は，緑の色紙で木の葉とロバを切り抜き，赤色の照明光を当てて緑の色みを中性化した上で，被験者にその見かけの色を赤と緑の加法混色で等色させた．その結果，木の葉の等色に要した緑の量はロバのそれの約 2 倍であったという．私たちは，たとえば日常の身近な飲食物の色について，これはこういう色だとする信念にも似た記憶色を作り上げていて，物の良し悪しを判断する際の物差しとしていることがあり，いったん信念として固定したその記憶色は容易に変わるものではない．

　Land(1959 a, b)が報告した**二色法による色再現**の結果も，色の見え方への記憶色の影響を著しく示す．Land はポラロイドカメラの発明者でポラロイド社の社長でもあったが，白黒フィルムによる撮影で全色相を再現することができるということで，世間を一時騒がせたことがあった．この方法では，まず，585 nm 以上の波長を透過する赤フィルターをカメラに装着して撮影した長波長部記録と，

7-1 色の見え方・現れ方

同じ対象を 585 nm 以下の波長を透過する緑フィルターで撮影した短波長部記録の 2 枚の白黒ポジフィルムを作成する。次いで，これらを 2 台のプロジェクターでスクリーン上に重ねて投影するのだが，その際，長波長部記録のポジフィルムだけ赤フィルターを透して投影する（短波長部記録は光量調節の必要に応じて中性フィルターを透す）と，スクリーン上には撮影した対象の色がすべて再現されて見えるという。本書共著者の一人は，Land の発表の直後に二色法を追試した実験の観察者として参加する機会を得たのであるが，その時の記憶を述べれば，熟知な対象物の色は比較的よく見えたけれども，見知らぬ花や短冊型の色紙の色はほとんど再現されなかった。現在では，二色法による色の再現は，記憶色か対比効果の現れではないかと考えられている。

■ **色記憶**　上述の記憶色と違って，**色記憶**（memory of color）とは文字通りいま見た色の記憶のことである。記銘時の諸条件や色を見てからの時間経過などの要因に影響されるので一概には言えないが，一般に，その特徴は元の色よりも明度と彩度が高くなる傾向にあり，色相はあまり変わらないという。

ここで，私たち人間は日常的に見慣れているものであってもその記憶は大変曖昧で，色の記憶もその例外ではないことを述べておきたい。例えば，外出すれば毎日のように見ている交通信号の色は青・黄・赤の 3 色であると分かっていても，その色が左右あるいは上下にどのような位置関係に並んでいるかと問われると，途端に考え込んでしまう。共著者の一人が行った調査によれば，この問いに正答できた大学生は約 2/3 に過ぎず，さらに言えば，自動車運転の初心運転者標識（若葉マーク）の 2 色は何色で，どのような位置関係にあるかを正しく答えられた人は二人に一人くらいであった。高齢運転者標識（4 色からなる四つ葉マーク）にいたっては色を想起することすらおぼつかない。

遠方の建物に見える色の組合せで，それがコンビニエンスストアで店舗の名前まで分かっていても，その色と組合せ具合を尋ねられると正しくは再現できない。普段の行動の手掛かりにしている色の記憶ですら，これほど不安定（あるいは大雑把）なものである。

7-1-2　色知覚と照明光の条件

2 章で色順応の現象について述べたとき（☞ p.37），サングラスの着用直後には周囲の景色がグラスの色に色づいて見えるが，やがて通常と変わりのない当たり前の色の世界に見えてくると述べた。ここでいう当たり前の色とは，対象物の**固有色**と表現してもよい。固有色とは，薄曇りの（すなわち極端に暗くも明るくもない）日中の戸外で明順応した状態の眼で知覚する色をさしており，日常生活で

は固有色が色の見え方の基準となることが多い。

■ **固有色と色の恒常性**　物体の色は照明光の分光分布特性と物体表面の分光反射特性との積で決まると述べたが (☞ p.14)，これは厳密に言えば眼に入る光の性質に関する言及であり，色知覚の結果そのものではない。実験室での観察条件であれば両者がほぼ対応する場合もあるが，日常，私たちが熟知している具体的な対象物の色は，照明光の質や強度が変化しても比較的不変な色彩を呈して知覚されている。別の言葉では，照明条件が変わっても対象の色は固有色の方向に近づいて見えると表現することもできる。赤みを帯びた朝日や夕日の中で見る草木の緑も，私たちの眼には昼間の青空の下で見る色とそれほど変わりなく見える。このような現象は**色の恒常性**(color constancy)と呼ばれる。

　恒常性は，知覚的恒常性(perceptual constancy)あるいは恒常現象(constancy phenomenon)とも呼ばれて，広く視知覚一般に認められる現象の一つである。それは極めてすぐれた視覚機能であり，対象物を見るときの条件(観察距離，観察方向，照明条件など)に応じて網膜像の性質に変化が生じても，知覚結果(大きさ，形，明るさ，色など)は対象物本来の性質に近づいて比較的不変に保たれている。もちろん，眼前にある物体が特定の固有色を持たなかったり，初めて見る新奇な対象であれば，色の恒常性が働く程度は弱くなり，照明光の条件によって見え方が大きく変わる結果となる。

■ **明るさの恒常性**　色の恒常性に加えて，物体の表面を見るときは**明るさの恒常性**(brightness constancy)も働く。照明光の強度が変化しても，見ている物の明るさ・明度・白さはそれほど変化したとは感じられない。昔からよく言われる引用であるが，炭は直射日光が当たっていても黒いし，夜中の雪はほとんど光を反射していなくても白く見える。表面反射光の強さを物理測定すれば，その結果は表面の反射率と照明光の強度に依存して決まることは確かであるが，人間の眼には照明条件が変わっても同一対象の明るさはそれほど違って感じられず，恒常を保つ傾向がある。白いシャツを着た人が教室の明るい窓際から暗い廊下側に移動するのを眺めるとき，シャツの白さに連続的な変化を感じることはない。

　明るさの恒常性の生起・消失を劇的に示すデモンストレーションとして，**ゲルプ効果**(Gelb effect)を紹介しておこう。Gelb(1929)は暗室に黒い円板を置き，スポット光によりその円板の表面だけに照明を当てた。すると，照明光の強度に応じて円板は種々の明るさに変化して見えた。次に，その状態で円板の上に小さな白い紙を重ねて見ると，途端に，直前まで白く見えていた円板は強い照明に照らされた黒い円板として知覚された。こうなると照明光の強度をいくら変えても円板は常に黒く，その上の紙片は白く見え続けたという。この一連の現象は，白い

紙片が置かれるまで(すなわち視野中に1種類の反射率の対象しか存在しないとき)は明るさの恒常性が全く働かないが，紙片が置かれ，異なる反射率の2種類の対象が現れた途端に恒常性が回復したことを示している。照明光の強度が増減すれば，黒い円板と白い紙片から反射される光の絶対量も増減するが，両者からの反射光の比率は一定であり，これにより明るさの恒常性が働いたと考えられる。複数の視対象間での反射率比の不変性が明るさの恒常性を規定する主要因であるとする考え(Wallach, 1948)は，すべての条件に妥当するとはかぎらないものの，それが最も重要な規定因であることは確かである。

■ **演色と演色性**　照明光の性質が変われば物の色の見え方も変わる。光源で照明された物体の色の見え方を**演色**(color rendering)といい，それに影響を与える光源の性質のことを**演色性**(color rendering property)という。すでに条件等色(メタメリズム)として述べたように(☞ p.47)，見かけの上では同じ白色光に感じる照明でもその分光組成が異なることはしばしばあり，その場合，同じ物でも色の見え方は変わる。

　蛍光灯や白熱電灯の下で選んだ洋服生地や反物の色合いが戸外で違って見えることは，昔から誰でも承知していた。先に図1-4(☞ p.10)で太陽光と各種の照明光の分光組成を比較したとおり，昼光色とか白色の名が付いて自然光と似た光を感じさせる人工光源は，互いにその分光分布が異なるだけでなく，そもそも自然光とは全く異質である。仮想の話であるが，戸外で鮮やかな緑に見える衣服を，理屈の上では自然光のように見える440〜480 nmと550〜590 nmの二つの波長帯からなる人工光源の下で着用すれば，衣服からの反射光の中に緑の波長成分は含まれていないからほとんど黒にしか見えない。

　演色性は，照明した物体の色の見え方を決める光源の性質として考慮すべき最も重要な事柄の一つであり，近年，演色性に関する光源の技術的改善は著しい。ここでいう改善とは，自然光の下で見たときと同じ色合いに近づけるという方向性だけを意味しておらず，商店等では，自然光で見るときよりも一層その色らしさを強調し，好印象を抱かせる色合いに見せるための工夫が凝らされている。赤身の刺身や牛肉，果物が並ぶ店頭では，新鮮で美味しそうに見せるために長波長側の成分の多い照明光が採用されているはずであり，したがって，買ってきたマグロの刺身やイチゴを自宅の蛍光灯の下で見ると，店頭で見たほどには新鮮に見えないことがある。

7-1-3　色の現れ方

　色の三属性が等しい色であっても，光の色と物体の色では現象的な色の見え方

は全く違う。また，物体の色同士であっても，色紙の色とコップに入った着色水の色では見え方が異なる。このような色の現れ方の違いを初めて論じたのは**カッツ**(Katz, D.)であった。

▍**色の現れ方の実験現象学**　私たちが知覚する色は，視空間との関連でいろいろ異なった見え方・現れ方をする。Katz が実験現象学的な立場から，日常の現実的な**色の現れ方**(mode of color appearance)を幾つかに分類したのは 1911 年であったというが，著書 "*The world of colour*" が出版されたのは 1935 年である。青空の青と色紙の青は，かりに色の三属性が同じでも同じ印象の青には見えない。その青を鏡に映して見ると，また違った印象になる。

Katz による色の現れ方の現象学的分類についてはすぐあとで述べるが，色を心理学的概念として論じるとき，その色がどのように見えているかという心理現象からの捉え方が重要であるとする Katz の考えは，アメリカ光学会(OSA)の「色の見えの定義」や JIS の「色に関する用語」(JIS Z 8105)に引き継がれている。ちなみに，OSA では「色の見え」を，開口色，光源色，照明色，物体色に分けて定義しており，JIS では「色の用語」を，物体色，表面色，開口色，発光(知覚)色，非発光(知覚)色・非発光物体色に分けて記述している。

▍**色の現れ方の現象学的分類**　Katz(1935)は，日常の現実的な色の現れ方を，面色，表面色，空間色，透明面色，鏡映色，光沢，光輝，灼熱などに分類した。

　面色(film color；平面色)とは，澄みきった青空のように純粋に色だけの感じで実体感を伴わず，平面的な広がりや，中を突き進んでいけそうな柔らかさと厚みが感じられ，その色までの距離の印象が不確かな感じの色である。分光器から出るスペクトル色光や，物体表面の色を前額に平行な小孔(すぐ後で述べる還元衝立のこと)を通して見たときの色の感じも面色である。そのときの面色は衝立小孔の開口部に見えるので，**開口色**(aperture color)ということが多い。通常，等色実験などで用いられる色は開口色(面色)だと考えてよい。面色には空間的広がりだけがあって物体性を伴わないので，**ホームレス・カラー**(homeless color)と呼ばれることもある。

　表面色(surface color)とは，その名のとおり不透明な物体の表面に定位して見える色である。色紙を眺めれば見える色には物体(紙)の表面という明確な印象が伴い，一定距離で確定的に定位し，力強くて硬い感じの色に見える。その色が付いている物体の形状や位置，視線の方向に応じて，表面色は形，傾き，曲面性といった幾何学的印象を伴って現れる。

　先に述べたとおり，小孔を通して表面色を観察すれば色の見え方は面色に変わる。表面色が面色の様相の見え方に変わること，あるいはその操作を**色彩の還元**

といい，そのために用いられる小孔の開いた衝立は**還元衝立**(reduction screen)と呼ばれる。自分から見て斜めに置かれた物体表面の一様な色を，直径1〜2 cmの小孔を開けた還元衝立を通して観察すれば，小孔の向こうにある物体表面は実際には視線と斜めであるにもかかわらず，その色は物体に属さないで前額平行（視線に直交）に見え，面色（開口色）の現象的性質がよく分かる。

空間色(volume color；bulky color)とは，コップに入っている透明な着色液体や着色ガラスの塊など透明体の色で，その色には内部まで三次元的に満たされた実在感がある。しかし，透明な着色液体に濁りが加わって透明性が減少していくと，あるところで表面色的な様相の見え方に変わる。

透明面色(transparent film color)は，眼から離して置いた色ガラスや色フィルターを透して背後の物体を見るときに現れる色の様相である。この場合，色ガラスの表面が完璧に磨き上げられていて傷一つなければ，その表面が意識されることはなくガラスの色は半透明かつ面色的であるが，実際には傷やほこりのためガラス面に焦点が合って，色ガラスの色はその表面にあるように見える。ここで，あえて眼の焦点を背景の物体に合わせると手前のガラス面は焦点から外れて表面性を失い，色ガラスの色は透明面色となって背景の物体全体を覆うように広がって見える。

鏡映色(mirrored color)は，鏡面に映じた対象の色が鏡面固有の色を伴って鏡面の背後に定位されて知覚されるときの様相である。鏡映色とは，文字どおり鏡に映って見える色であるが，反射が完全な鏡では鏡面が意識されず，もとの色が鏡面の背後に見えるだけであるから，それはもはや鏡映色ではない。

光沢(luster；gloss)は，物体の色と結びついて物体の表面またはやや前方に明るく光った感じで現れる。知覚される光沢感は色そのものではないが，物体表面の色の見え方に影響する属性であり，強い光沢を伴う表面は表面性を失って面色に近い現れ方をする。

光輝(luminosity)は光を発して明るく輝いて見える色で，ロウソクの炎のように空間を満たすように現れることもあれば，磨りガラスを強い光で背後から照らしたときのように面色状で現れることもある。**灼熱**(glow)とは，例えば溶鉱炉の中の鉄のように，物体の内部まで赤く発光した光輝をもった色として知覚される。

Katz(1935)は，以上のほかにも二次的な色の現れ方を論じている。同じ表面色でも，照明や陰影など周囲の状況によって色の印象は異なるからである。色の現れ方の分類は，実験現象学的立場からの質的な知見として，現象学特有のすぐれた観察眼と現象記述に支えられている。知覚結果としての色の見え方だけを問題

にしているのであるから，これらの物理的対応を光学用語で議論することは，本来現象学的立場の埒外にあるといえる．

7-1-4　色の見えやすさ・わかりやすさ

日常，色はいろいろな場面でいろいろな目的に適うよう用いられている．そのためには色の多面な性質に留意する必要があり，場合によってはその感性情動的な性質までも考慮しなければならないが，ここでは，色の誘目性，視認性，明視性と可読性，識別性といった知覚的性質について述べる．

■**誘目性**　特に何かを見ようと注意しているわけではない自然な状況下で，人の目がその視対象に惹きつけられる度合のことを**誘目性**(attractiveness)という．平たく言えば，目立ちやすさ，注目の集めやすさのことである．危険信号や非常用案内表示などは，個々人の興味や関心とは無関係に誘目性を高め，必要な情報を速やかに視覚伝達できるよう配慮されなければならない．

光の色の場合，誘目性は光の主波長(色相)，輝度，純度に影響される．航空灯火の色の見え方に関連して，視角1°以下の点光源で調べた照明学会(1970)の報告によれば，暗順応状態での誘目性は緑色光が最も高く，黄，赤の順であった．しかし背景が明るくなると順序は逆転し，赤，黄，緑の順になった．誘目性には色光の輝度や純度の影響も著しく，予想されるとおり輝度や純度が高いほうが誘目性は高い．

物体の表面色については，9種類の純色を用いて誘目性尺度の作成を試みた神作(1972)の報告がある．それによれば，誘目性は赤(5 R 4/14)，黄(5 Y 8/12)，黄赤(5 YR 7/12)で高く，紫(10 P 4/8)，青紫(5 PB 4/8)，青(10 B 4/8)で低かった．しかし，対象の色だけで誘目性を順位づけることは困難である．別の研究で背景を白，灰，黒と変え，10色相の純色を視標として測定した結果を見ると，白背景のときは赤が最も注意を惹きやすく，以下，黄赤，黄，…の順位であったが，灰背景または黒背景のときは黄の誘目性が最も高く，黄赤，赤，黄緑，…と続いた(神作，1984)．ただし，尺度値の低い色(青紫，紫)は背景が変わっても順位の変動はなかった．誘目性は彩度にも影響される．

自然の景色の中での誘目性は，人工的な無彩色背景で測定した結果とは若干異なるようである．実験室で自然の色彩環境を模擬した8種類の色(例えば，夏草の色：5 GY 5/5，湿った土の色：2.5 Y 3/2，海岸付近の海の色：10 BG 4/3など)を背景とし，無彩色を含む8色の視標で調べた結果，いずれの背景の下でも赤の誘目性が最も高かったが，それ以外の色については背景ごとに順位が変わった(神作，1969)．また，視標や背景の条件は限定されるが，現実の自然環境下で

7-1 色の見え方・現れ方

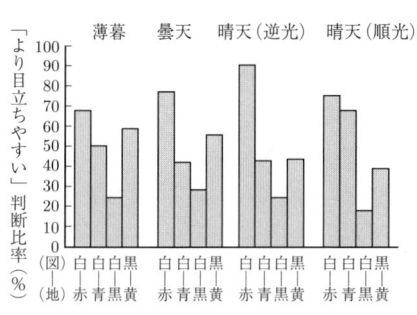

図 7-2 標識の'図-地'の色の組合せと標識の目立ちやすさ(岩滝ほか, 1964)

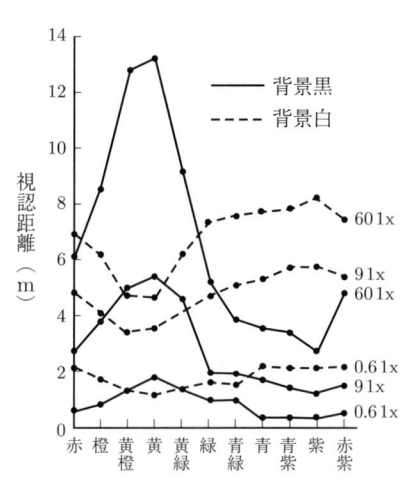

図 7-3 視認距離で表わされた11色相の視認性の違い(大島, 1953)

調べたデータもある。枯れ草に近い草地を背景とした飛行実験での調査であるが，図7-2に，滑走路標識の'図-地'の関係を白-赤，白-青，白-黒，黒-黄の4通りに変えたとき，各標識に対して「より目立ちやすい」と判断された比率を実験時の天候別に示した(岩滝・神作・垣本・横井, 1964)。この結果は，種々の天候の下で赤に囲まれた白い標識の誘目性が高く，黒に囲まれた白は誘目性が低いことを示している。

人目を惹きつけやすくする色の工夫は，交通標識や広告物など色の実際的使用において特に問題とされる事柄であるが，誘目の程度は，無彩色と有彩色(特に高彩度色)の違い，寒色系の色と暖色系の色の違いのほか，明度や面積，色の組合せや形状などによっても大きく左右される。背景の影響も大きく，例えば白背景の赤や黒背景の黄は注意を喚起しやすい**注意色**であり，立ち入り禁止テープや危険物運搬車両のテール表示などにも使われている。

■ **視認性** 注意を向けて探している対象の見つけやすさは**視認性**(visibility)といわれる。上述の誘目性とは違い，出現を予期している対象の見つけ出しやすさであり，視覚検出性(発見のしやすさ)と言い換えてもよい。通常，視認性の評価では対象の存在が認められればよいという基準で，視標の色の見えは問わず無色閾が測定されるのであるが，その規定因として最も重要な要因は視標と背景との明度差である。視認性は視標の視認距離で表すことができるので，実験室的には，色相や明度の異なる色視標と背景色紙を組み合わせて離れた距離から観察し，

'遠くからでも検出しやすい色－検出しにくい色'（視認距離が大きい色－小さい色）を順序づけることになる。図 7-3 は，彩度が最大の純色を用いて，11 色相の視認距離を黒背景と白背景の下で測定した結果である（大島，1953）。これより，照度 60 ルクスで背景が黒のときの視認性は，黄・黄橙＞黄緑＞橙＞赤＞緑＞赤紫＞青緑＞青＞青紫＞紫の順，同じ照度で白背景のときは，紫＞青紫・青・青緑＞緑＞赤紫＞赤＞橙＞黄緑＞黄橙・黄の順であり，明るい黄系統の色の視認性が黒背景のときは高く，白背景のときは逆に低くなることが理解される。

有彩色同士を組み合わせる場合，例えば黄や黄橙の色視標は，その背景を補色に近い緑～赤紫にすると視認しやすい。もちろん，視標と背景の組合せはこの逆であってもよい。しかし，色相が補色関係であっても明度差がないと，境目がぼやけて認めにくくなるという**リープマン効果**（Liebmann's effect）が生じることがある。リープマン効果とは，異なった色相が接する境目に知覚される輪郭が，両色相の明るさ（明度）が近似してくると明瞭さを失ってしまう現象である。自然界における動物の体表のカムフラージュや人工的な迷彩服の模様は，明暗を等しく見せて視認を困難にする実際的な例である。したがって，視認性を高めるためには明度差を付けて背景との違いを際立たせることが重要になるが，逆に色の対比が強すぎると**グレア効果**（glare effect；眩輝，まぶしさ）が生じ，むしろ見えにくくなる場合もある。

■ **明視性と可読性**　危険や注意を促す安全標識や道路標識などでは，誘目性や視認性だけでなく，対象が伝えようとする意味の理解のしやすさが問題となる。この場合の理解のしやすさは，表示が図形であれば**明視性**（comprehensibility），文字や数字であれば**可読性**（legibility）と呼ばれる。いずれも意味（形態情報）を伝えることが本来の機能であるから色とは無関係なはずであるが，表示を見つけて意味を理解するためには，その過程において誘目性や視認性も重要な役割を担うことになり，色による影響が生じる。明視性では組み合わされた'図と地'の配置とその配色，可読性では文字・数字の形態（フォントタイプや線の太さ）や色，それと背景色との組合せが重要な決め手となる。

標識の明視性・可読性は，図－地が白－黒のほか，黒－黄，白－青で高く，標識全体の背景からの影響もあまり受けないという。夕暮れ時になると，白－青の可読性は相対的に高まり，もともと低い白－赤の可読性は一層低下したという（Ohtani & Takanose, 1966）。色の三属性の中では明度差が最も重要な規定因であり（坂口・野口，1969），通常は明度差の大きい無彩色と有彩色の組合せ，特に，'図'を無彩色，'地'を有彩色とした組合せが有効だといわれている。有彩色同士の組合せでは，彩度差がある程度以上大きくなると明視性は急激に高まる。付

記すれば，図7-2と同じ状況でパイロットに標識のアラビア数字の読みやすさを種々の天候条件の下で評価させたところ，青背景に白文字の標識が最も読みやすかったという．

■ **識別性**　識別とは複数の対象の違いを認識することである．最も単純な場合は二者間の違いの区別であり，身近なところでは，公共トイレの男性用（黒または青）と女性用（赤またはピンク），水道蛇口の冷水（青）と温水（赤），電子機器スイッチインジケーターのオン（緑）とオフ（赤）の区別などである．

上記の例のごとく**識別性**(discriminability)とは区別のしやすさに違いはないが，ここでは二者間の区別ではなく，もっと多数の情報が視覚表示される場合を考えてみる．この場合は当然，それぞれの違いを識別しやすくするための工夫が必要となり，そのために色を用いて識別性を高めることが極めて効果的な方途となる．一例として，石油・化学プラントにおける「配管系の識別表示」(JIS Z 9102)を見ると，種類の異なる内容物の配管系統を作業者が識別しやすくし，不測の危険を防止するために，内容物が蒸気のときは暗い赤(7.5 R 3/6)，電気のときは薄い黄赤(2.5 YR 7/6)，油のときは茶色(7.5 YR 5/6)，ガスのときは薄い黄(2.5 Y 8/6)，水のときは青(2.5 PB 5/8)，酸またはアルカリのときは灰紫(2.5 P 5/4)，空気のときは白(N 9.5)で表示し，管の弁や継手を彩色したり，あるいは色札をかけて表示するように規定している．

さらに複雑な事例として，地下鉄の路線図（特に大都市のもの）を思い出してほしい．幾重にも複雑に入り組んだ沢山の路線が系統別に色分けされて，一瞥しただけで個々のルートが識別できる．よき連続の要因，類同の要因，近接の要因など，古来，形態性の知覚に関して「群化の要因」とも「ゲシュタルト要因」とも呼ばれてきた**知覚的体制化の原理**が，色の違いと協調的に働きあって，最大限に表示の識別性を高めている．ただし，あえて付記すれば，このような公共向け情報の色による識別については，4章で紹介したカラーユニバーサルデザイン（☞ p.66）の精神が尊重されるべき面も大きく，いたずらにカラフルな表示にすればよいというものではない．実際，横浜市営地下鉄の路線図など，CUDOによる認証基準を満たした表示システムも増えてきている．

7-2　色の対比と同化

7-2-1　明度の対比

対象の知覚は，一般に，その周辺に同時に存在する別対象や，時間的に先行して知覚した別対象によって影響を受ける．その際，対象の性質が一層強調される

方向(両者の差が拡大する方向)で知覚される現象を**対比**(contrast)といい,大きさ,速さ,重さ,味など,視覚に限らずあらゆる感覚モダリティで現れる。**色の対比**(color contrast；chromatic contrast)とは色の三属性(明度,色相,彩度)の知覚において生じる対比であり,そのうちこの項では,まず明度の対比とその関連事項から述べる。なお,対比とは逆に,知覚される色の性質が隣接する別の色によって弱められる(差が縮小する)現象は**色の同化**と呼ばれ,この問題については後の項(☞ p.132, 7-2-4)で述べる。

▌**明度の同時対比**　一般に,対比が視空間に同時に存在する領域間で生じる場合を**同時対比**(simultaneous contrast),時間的に先行して知覚した対象が直後に見る対象の知覚的性質に影響する場合を**継時対比**(successive contrast)というが,私たちが**明度の対比**(lightness contrast)として日常よく経験するのは同時対比の場合である。

　図7-4に明度の同時対比の事例を示した。並置された4個の小正方形(視標)を眺めると,実際は同じ濃さ(物理的に等反射率)の灰色であるのに,背景の違いによって左から右へと次第に濃くなって見える。視標だけが見えるよう,手元にある適当な紙に4個の小穴を開け図7-4の上に重ねてみると,視標はみな同じ濃さの灰色であることが確認できる。**白さの対比**(whiteness contrast)とも**明るさの対比**(brightness contrast)とも呼ばれ,空間的に隣接する領域間で観察される同時対比の例である。残像(☞ p.38)や順応(☞ p.36)が視対象の持続視によって生じる現象であるのに対して,明るさの同時対比は,持続視をしなくても一瞥しただけで生じる。この現象の最大の影響因は,言うまでもなく視対象と背景との明度差であるが,下に記すように両者の大きさ関係や図形の形態要因によっても対比の程度は異なってくる。

　なお,図7-4では各視標とそれらの背景はみな無彩色であったが,仮に視標と背景の双方あるいは片方が有彩色であっても,背景の明るさが異なれば視標に対する明るさの同時対比は現れる。当然,有彩色背景の明度が低く(暗く)なれば視標は明るさを増し,背景が明るければ視標は暗く見える。この場合,さらに後述

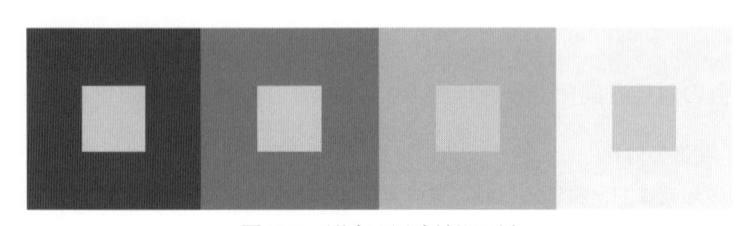

図7-4　明度の同時対比の例

する色相対比による見えの色みが加わる。

　一般に対比効果は，対比を受ける領域が相対的に小さいほど大きくなる。対比における**面積効果**であり，例えば，同じ濃さの灰色で大きさの異なる二つの小円を同じ大きさの黒い紙の中央に置くと，小さい灰色のほうが大きいものより明るく見える。このような面積効果や，先に述べた対象と背景の明度差の効果を利用して，異なる明度の視対象を同じに見せたり，物理的に暗い(明るい)方の視標をさらに暗く(明るく)見せることも容易である。そのように見せるために，視標と背景の明度差や面積をどのように変えればよいか，自分で考えてみてほしい。

▌**明度の対比と形態性**　　明度の同時対比は，視標とその背景の間の物理的な明度差だけでなく，対象の形態性によっても影響を受ける。図7-5の**ヴェルトハイマー–ベヌッシの図形**(Wertheimer–Benussi pattern)を見てほしい。この図で，左方が黒で右方が薄い灰色の背景の中央に置かれた中位の灰色の円環は，まとまりをもった一つの図として全体が同じ濃さの環に見える。ここで，背景の黒と薄い灰色の境目に爪楊枝のような細いものを置いて円環を左右に分断すると，そこに明瞭な対比現象が現れて，黒背景上の半円環は薄い灰色背景上の半円環よりも明るく見える。これは，明度の対比における形態性の影響，すなわち**ゲシュタルト的文脈の効果**を物語る典型的な事例である。

　次に，図7-6の**ベナリーの図形**(Benary figure；Benary, 1924)を見てほしい。左の逆三角形の中に埋め込まれた小三角形と右の十字形からはみ出した小三角形は物理的に同じ濃さの灰色であるが，仮に先ほど述べた対比における面積効果が現れるとすれば，黒領域の多い十字形に隣接する小三角形のほうが左側の小三角形より明るく見えてよいはずである。しかし，実際に見くらべてみると，まとまった形態の黒い三角形の中に収まっている(所属している)左側の小三角形のほうが明るく見える。このように，明度の対比には，パターン全体の見えのまとまり(視覚体制化)を規定する一層高次の要因も関与している。

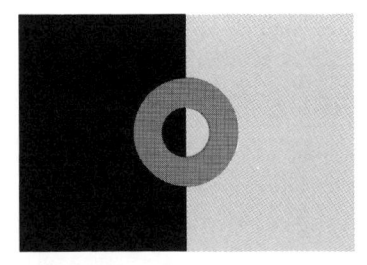

図7-5　ヴェルトハイマー–ベヌッシの図形

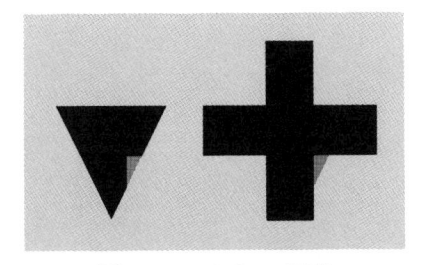

図7-6　ベナリーの図形

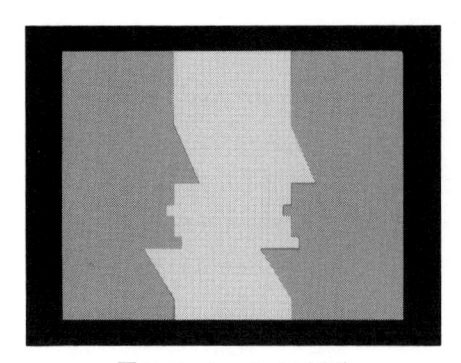

図 7-7　ウォルフの図形　　　　　図 7-8　マッハの輪

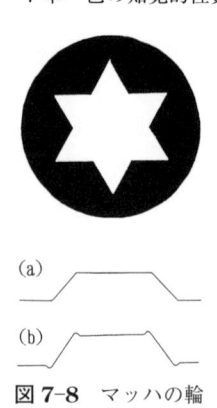

　図と地(figure and ground)の知覚も明度の対比に影響する。形として知覚されるのは'図'であり，その領域は'地'である背景からの対比効果を一層強く受ける。図 7-7 に示した**ウォルフの図形**(Wolff figure)で左右両側の灰色領域は物理的に同じ濃さであるが，左側の領域は顔の形をもった'図'であり('地'は中央の薄い灰色領域)，右側の領域は，顔の形に見える中央領域の'地'として知覚されるのが普通であるから，前者は後者より，中央の薄い灰色領域からの対比をより強く受け，結果的により濃く(暗く)見える。中央の領域を隠すか，あるいは中央領域全体が(左右非対称な形であるが)'図'となるよう努力して見ると，ともに'地'となった両側の灰色領域は途端に同じ濃さになる。この現象は**ウォルフ効果**(Wolff effect)とも呼ばれ，図 7-7 の上下を逆転して見ると，顔の形はやや崩れるが，それでもウォルフ効果も逆転して現れる。

■**縁辺対比**　　対比は視対象の配置によっていろいろな現れ方をする。明度の異なる領域を隣接させると，境界付近の明るい側の隣接部位は一層明るく，暗い側は一層暗く見える。これも明るさの対比現象の一種であり，古来，発見者 Mach, E.の名にちなんで**マッハ現象**(Mach phenomenon)あるいは**マッハの帯**(Mach band)と呼ばれてきた。今日では**縁辺対比**(border contrast；edge contrast)とも呼ばれる。

　図 7-8 に，マッハの帯を観察するための回転円板用の図版を示した。円板を黒と白で星型に塗り分けた図(**マッハの輪**，Mach ring)であるが，この図を厚紙で作りコマのように回転してみるとよい。実際に回転して自分の目で確かめるとよく分かるように，物理的な明るさの分布は線画の(a)のようであるが，主観的には，明確な輪郭線とはいえないまでも，(b)のように，一定の勾配で強度が変化する領域と，その外周部および中心部の強度一定の領域が隣接する境目に，明る

い側には一層明るい同心円状の帯(輪)が,暗い側には一層暗い帯(輪)が見えるはずである。無彩色票が隙間なく隣接配置された明度スケールなど,段階的に明度が変わる短冊形パターン(段階波パターン)を観察するときにも辺縁対比は明瞭に現れる。同様の対比は,明度だけでなく色相や彩度に関しても起こるので,配色デザイン技法の一つとしてよく用いられる。

　ところで Mach は,音速の単位にその名が使われていることでもよく知られた物理学者であり数学者であるが,視覚や聴覚の心理物理学的研究にも強い関心を持ち続けていた。マッハの帯については,図 7-8 に似た黒地に白(あるいは白地に黒)の 8 枚羽根の風車模様の円板を回転させていて,「偶然,ある一つの現象に気付いた」(Mach 自身の言葉)ことが後世に名を残すこの発見をもたらした。Mach は,この円板を回転させれば外側に向って次第に黒く(白く)なって見えるはずであるのに,白から黒へと変化する途中の急勾配のところで明るい二つの輪によって連続性が妨げられることを指摘し,「予期していなかった」(同)ことと驚きをもって記述している。彼は「理論的に説明できない極めて不思議な現象」(同)を,すでに 1865 年には知っていたのである。

　なぜ,このように見えるのか。その説明には Mach による観察から約 100 年の時を待たなければならなかった。マッハの帯(縁辺対比)の説明原理は**側抑制**(**側方抑制**, lateral inhibition)による**エッジの強調機能**,すなわち,隣接する明領域と暗領域の境目の差を一層際立たせるように働く網膜の機能の現れであり,この仕組みは Hartline & Ratriff による 1950 年代の生理学的研究でようやく説明されることになった。ここでは説明を省くが(詳細は,松田,2000, p.41〜42,その他を参照),カブトガニの個眼で発見されたこの側抑制の神経機構は,広く哺乳動物の網膜でも原理的に同等だと認められている。

7-2-2　色相の対比

　明度は色の三属性の一つであるから,前項で述べた明度対比も色の対比には違いないが,通常,色の対比と言えば有彩成分に生じる色相や彩度の対比のことを指す。異なった二つの色刺激が空間的に並置されると,それらの色刺激を単独で見たときと異なって,両刺激の客観的な性質が強調されて見える。

▎**色相の同時対比**　　ある色が隣接する他の色の影響を受けて異なった感じに見えることは,画家の知識として必須であったに違いなく,Birren(1941)によれば,かのレオナルド・ダ・ヴィンチ(Leonardo da Vinci, 1452〜1519)は,黄の傍らの青や,赤の傍らの緑は一層際立って見えることを,論文 "Treatise on painting" に書いていたという。生活空間は多彩な色に溢れ,私たちは日頃から多様な同時

対比の中で色を見ていることが多いのであるが，通常は今見ている色がその物本来の色だと信じて疑わず，色の対比効果に気付くことは少ない。

手元に色紙があれば色相の同時対比は簡単に体験できる。市販の色紙でよいので，基本色名に相当する色相で色みが最も鮮やかな色紙を何枚か選ぼう。仮に，鮮やかな赤・橙・黄・黄緑・緑・青緑・青・青紫・紫・赤紫の10色相が選ばれたとして，以下の説明の都合上PCCSの「トーン略記号＋色相番号」(☞ p.112)を用い，それらをv2・v5・v8・v10・v12・v14・v17・v20・v22・v24 と呼ぶことにする。

まず，**異なった色相の組合せ**で観察してみよう。例えば，v8(鮮やかな黄)の小片2枚を色視標として切り取り，v5(鮮やかな橙)の色紙とv10(鮮やかな黄緑)の色紙の上に1枚ずつ置く。注意深く観察すると，v5の上のv8は緑みを帯び，v10の上のv8は赤みを帯びて見えるだろう。これを色相環(☞ p.110，図6-14)の上で説明すると，v5の上のv8はv5から遠ざかる時計回りの方向に，v10の上のv8はv10から遠ざかる反時計回りの方向にずれて見える。

この例から分かるように，総じて異なった色相が組み合わさると，それぞれの色が色相環の上で互いに遠ざかる方向にずれて見える。この対比効果は，影響しあう二つの色相の色相環上での距離が大きくなるほど弱くなる。せっかく10色相分の色紙を用意したのだから，今度は10枚すべての色紙を色相環の順に並べ，その1枚1枚の上に，小さく切り取ったv2(鮮やかな赤)あるいはv14(鮮やかな青緑)の色視標を乗せて観察してみよう。物理的に同一の視標の色が，背景色の違いによってさまざまに見え方を変える様子がよく分かるだろう。

次に，**補色関係の色相の組合せ**を考えてみよう。例えば，赤(v2)の色紙と灰色の色紙のそれぞれ中央に，2〜3cm四方に切り取った青緑(v14)の色視標を置いて眺めてみると，客観的に同じであるはずの青緑がどれほど違って見えるかよく分かる。赤と青緑は補色の関係にあるから，赤を背景色とする青緑はその性質が強められる。黄と青でも同様であるが，補色関係の2色相が隣接して置かれると，相互に影響し合って互いに見えの色の性質を強めあう。

これまで述べてきた事例で，色の見え方が問われていた(検査されていた)のは小片(色視標)の方であった。それが周囲の色(背景色)から対比効果を誘導されたという意味で，実験室的な観察の場合，小片を**検査領域**(test field；TF)，背景を**誘導領域**(inducing field；IF)という。一般に対比効果はTFとIFとの面積比に影響され，TFが小さくIFが大きいほど対比効果は増大する。また，TFをIFの外に置いても対比は生じるが，両者の空間的距離が大きくなるほど対比効果は減少する。なお，今述べたTFとIFの面積比の効果や空間距離の効果を含め，色

7-2 色の対比と同化　　　　　　　　　　　　　　　　　　　　　　　　　　　131

相対比の現れ方に関する諸原則は，定性的な記述ではあったが全5項目の**キルシュマンの法則**(Kirschmann, 1891)として古くから知られていた。

　上述の観察事例ですでに体験済みかもしれないが，例えば，灰色の中央に置かれた青緑の小片を持続視していると，やがて，青緑と接している周囲の灰色領域に赤みがかった色が滲んだように見えてくる。これも色相対比の現れの一つである。周囲に滲んで見える色は小片の色の補色を呈し，したがって，小片を赤に替えれば緑がかった色が滲んで見える。置き方を反対にして，赤(あるいは青緑)の色紙を背景としその中央に灰色の小片を置くと，灰色内部の辺縁部は青緑(あるいは赤)の色みを帯びて見え，小片が十分に小さい場合にはそれらの色みは灰色小片の全体に及ぶ。先の観察で使用した10枚の色紙それぞれの中央に1～2 cm四方程度の灰色の小片を置いて，背景の色の違いによってどのような色が滲み出て見えるか体験してほしい。

■ **色相の対比と形態性**　　色相の同時対比が対象の形態性による影響を受けることは，先に述べた明度対比の場合と同様である。図7-5(☞ p.127)に示したヴェルトハイマー－ベヌッシの図形では背景は黒と薄い灰色であったが，これを緑と赤に置き換えて描き直すと，**コフカリング**(Koffka, 1935)と呼ばれるパターンになる。コフカリングにおいても，やはりそのままでは，中央の円環はまとまった一つの図として全体が同じ濃さの灰色に見える。そこで先ほどと同様，背景の緑と赤の境目に細い物を置いて円環を左右に分断すると，そこに明瞭な対比現象が現れて，緑背景上の半円環は赤みを，赤背景上の半円環は緑みを帯びた灰色に見えるはずである。まとまりある形態性が壊されたとき二つの半円環に色の対比が現れることを示しており，コフカリングは，色の対比現象と形態性(ゲシュタルト的文脈)との関係を如実に物語る事例である。

7-2-3　彩度の対比

　彩度の対比とは，彩度の異なる二つの色が図－地の関係で配置されるとき，彩度の低い色に囲まれた色はより鮮やかに見え，逆に彩度が高い色に囲まれた色は色みを減じてくすんで見える現象であり，色の対比現象の一つである。

　ここでも説明の便宜上PCCSの「トーン略記号＋色相番号」で色を指定して説明すると，s 24(強い赤紫)の色視標が同じ色相で彩度の低いg 24(灰みの赤紫)の背景上に置かれると，視標(s 24)の色は赤紫の純色に近づいて見える。しかし，同じs 24が最も鮮やかな純色のv 24(鮮やかな赤紫)の背景上に置かれると，視標(s 24)の赤紫みはかなり減少して見える。また，彩度が中程度のsf 16(柔らかい緑みの青)を色視標とし，それを同色相で彩度が段階的に変化する背景の上に

置くと，背景の彩度が低くなるにつれて視標(sf 16)の見えの鮮やかさが漸増する。

視標と背景の色相差が大きい補色関係の組合せのとき，例えばs 14(強い青緑)の視標がv 2(鮮やかな赤)の背景上に置かれると，相対的な彩度は視標(s 14)の方が低いにもかかわらず，その色みは単独で見たときよりも一層鮮やかに見える。これは補色による彩度対比の例であり，単に**補色対比**と呼ぶことも多い。

色は三属性に沿って変わるのであるが，一般に彩度の変化は色相や明度の変化に隠れがちであり，彩度の対比は明度対比や色相対比ほど明瞭には意識されない。彩度の対比が意識されやすいのは，空間的に共存する2領域の間で彩度の差が大きく，明度や色相の差がほとんどない場合である。

7-2-4　明度・色相・彩度の同化

色の対比とは逆の現象として**色の同化**(color assimilation)がある。一般的に同化とは，知覚される対象(検査領域)の性質が共存する他の対象(誘導領域)の性質に近づく現象であり，色の知覚にあっては，知覚される色の性質が空間的に隣接する別の色によって弱められる(両者の差が縮小する)現象として観察される。色の対比の場合と同様に，色の三属性(明度，色相，彩度)のそれぞれに関して同化の現象は観察される。

■ **明度の同化**　　中明度の灰色で名刺大の大きさの長方形を用意して横長に置き，図7-9(a)のように，その左半分には白色で，右半分には黒色で，横方向に幾本かの細い平行線を7〜8 mm間隔で描き込んでみると，左右の灰色の濃さは物理的に同じであるにもかかわらず，左側の灰色は右側の灰色よりも明るく感じられるはずである。挿入された線(左は白，右は黒)に明度の同化が誘導されて，物理的に同じ濃さの灰色が左側ではより明るく，右側ではより暗く知覚されるのである。この図の左右の境目に細い棒を置くか，あるいは左右を少し上下にずらして灰色の帯の連続性を分断すると，明度の同化は一層明瞭に現れる(☞ p.127)。

では，図7-9(b)のように，同じ灰色の長方形の上に挿入する白線と黒線を太

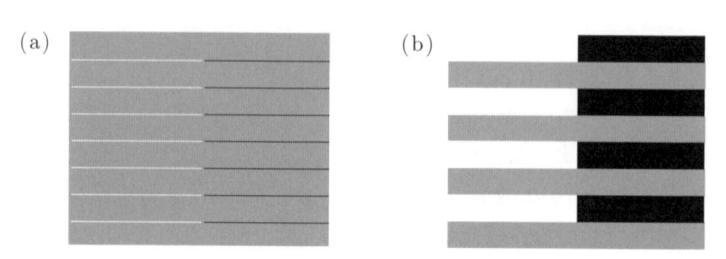

図7-9　(a)明度の同化と(b)明度の対比

くすると，灰色の見え方はどのように変わるだろうか．白あるいは黒への同化を起こさせる誘導領域が大きくなるのだから，同化が一層進むことになるだろうか．実際に試してみるとその予想は裏切られ，灰色の明度は(a)と同じであるにもかかわらず，(b)ではむしろ明度の対比が起こり，白い帯の間の灰色は黒い帯の間の灰色よりも暗く見える．この図では背景となる白い帯と黒い帯がいずれも灰色（検査領域）と同じ幅になるよう描いたが，仮に白と黒の幅をずっと太くして灰色の幅を狭めると，明度対比はもっと明瞭に現れる．このように，対比の現象は，視標（検査領域）に比べて背景（誘導領域）の面積が大きいほど明瞭に現れるが（☞ p.130），同化では，少なくとも図7-9のような隣接縞パターンの場合，誘導領域の小さい（細い）ほうが効果的であるらしい．

■ **色相・彩度の同化**　明度の同化は，検査領域に比べて誘導領域の面積が小さいときに生じやすかった．色相の同化に関しても同様の傾向があるから，先ほどの図7-9(a)を少し改変して色相の同化を体験してみよう．今，色は色相環で近いところに位置する3色（赤，黄，緑）を用いることとし，黄の色紙で背景となる長方形を切り取り，色ペンか色鉛筆を用い，その左半分には鮮やかな赤で，右半分には鮮やかな緑で，図7-9(a)と同様の細い平行線を描いてみる．すると長方形の左右には**色相の同化**が現れて，左半分の黄色は細線の赤に近づいて橙色っぽく見え，右半分は緑に近づいて黄緑っぽく見える．面積の大きな領域の色相（黄）が面積のずっと小さな誘導領域の色相（赤または緑）の方向に近づいた色み（橙または黄緑）を帯びて見えるのであり，色相環上でいえば，この変化は色相対比の場合とは逆方向である（☞ p.130）．

上述の色紙による作図の代わりに，青果を入れるカラーネットを利用してもよい．昔はオレンジ色のネットに入ったミカンをよく見かけたが，今でも，商店ではオクラや枝豆や玉ねぎなどを色付きのネットに入れて販売している．カラーネットの利用は，言うまでもなく，色の同化効果によって中の青果をより色鮮やかに見せることを狙ったものであるから，当然，オクラや枝豆には緑色系のネットが，玉ねぎにはオレンジ色系のネットが用いられている．そのようなカラーネットが手に入ったら，その色と比較的似た色の物の上にかぶせて，色相の同化による見えの色の変化を確かめてみるとよい．

最後に彩度の同化について述べれば，図7-9(a)の長方形には彩度が中程度の色，例えばsf 12相当の緑を用いることにして，その左半分には鮮やかな緑で，右半分には中位の灰色でそれぞれ細い平行線を描き込んで観察すると，長方形の左右に**彩度の同化**が現れるだろう．すなわち，背景の左半分は緑の鮮やかさが増して見え，右半分は緑みがくすんで無彩色の方向に近づいて見える．

7-3 形態性と色の知覚

7-3-1 形態の知覚と明るさ知覚

　明度の対比や色の対比に及ぼす形態性の影響については，先に，幾つかの事例で説明した。対比や同化に限らず，見ている対象に何らかの形態性が知覚されるとき，物理的性質とは一致しない明るさの変容が知覚される現象は古くから見出されてきている。ここでは典型的な2～3の事例を述べよう。

■ **主観的輪郭と明るさ**　　形態が知覚されるのは，原初的には，明暗の境目など視野内の刺激勾配の急激な変化点(不連続領域)に輪郭が発生するからである。しかし，輪郭が知覚されるのは物理的刺激勾配が不連続な領域だけではない。実際には何も存在しない(すなわち均質で不連続がない)ところに，あたかも何かが存在するかのように知覚することが，全体として一層のまとまりをもつ知覚的体制化を導くのであれば，私たちはそのように知覚する傾向がある。

　物理的な刺激勾配が存在しないところに輪郭が知覚される現象を発見し，これを**見かけの輪郭**と呼んで最初に論じたのは，Schumann(1900, 1904)であった。彼は，「蛇の目」の模様に似た図形(中央の黒丸を同心円状に白の帯と黒の帯が囲む図形)を垂直方向に二等分割して左右に大きく隔てて配置し，その周囲を黒の太い帯状の横長長方形で囲むと，左右に分断された図形の中央部に，物理的にはありもしない輪郭で囲まれた方形がはっきりと見えることを例示した。近年はこの現象を**主観的輪郭**(subjective contour)と呼ぶことが多い。実際に観察すれば分かるように，主観的輪郭の知覚的特徴は，それがあたかもそこに実在するかのように，'もの'としての性質を備えて見えることである。このような性質を，後述のKanizsaは'感性的存在(modal presence)'と呼んだ。

　主観的輪郭の現象を有名にしたのは，Kanizsa, G.が1955年に考案した図形(図7-10)であり，これは今では**カニッツァ図形**と呼ばれるまでになった。1955年の

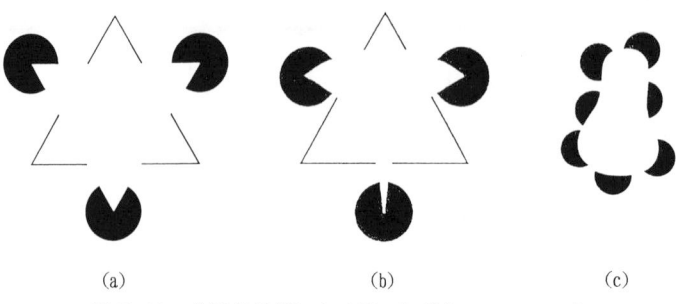

図 **7-10**　主観的輪郭による形の知覚(Kanizsa, 1976)

7-3 形態性と色の知覚

Kanizsaの論文はイタリア語で書かれていたこともあり，すぐには注目されなかったが，その17年後にGregory(1972)とCoren(1972)が英語の学術論文の中でこの図形を紹介し，次いでKanizsa自身の論文(1976)が米国の科学雑誌に掲載されて以来，世界中の多くの研究者の関心を惹くこととなった．わが国でも早速，1976年の論文が『存在しない輪郭がなぜ見える』という表題の翻訳で紹介され（金子，1976），次いで，主観的輪郭を含むKanizsaの主要業績の集大成とも言うべき彼の著書(1979)が『視覚の文法：ゲシュタルト知覚論』の題名で翻訳出版された（野口，1985）．図7-10はカニッツァ図形の例示であり，このうち(a)が，最初に考案されたカニッツァ図形の代表例（カニッツァの三角形，Kanizsa triangle）である．

図7-10(a)を観察すると，中心角60°の切れ込みのある黒い円盤（愛称はパックマン）とその間の折れ線の上に，倒立した白い三角形が明るく明瞭に浮かび上がって見える．主観的輪郭が一定の領域を囲んで知覚されると，それはあたかも実在する面の性質を帯びて感性的(modal)にとらえられる．現象的にいえば，その面は周囲と分離した違った性質（特に，見かけの明るさの増加）を伴い，周囲の図形群よりも手前（知覚者側）に定位して見え，見かけの輪郭は一層はっきりとその内外を分断しているかのように見える．本書では示していないが，図7-10(a)の白と黒を反転させれば，周囲より一層黒く濃い三角形が浮かび上がって見える．また，図7-10(b)のように切れ込みの角度に丸みを持たせると曲線の主観的輪郭が生じ，これを応用すれば(c)のように自在な形を浮き上がらせることもできる．

見かけの現象であるから当然のことであるが，(a)や(b)のパックマンを白紙で覆い隠せば主観的輪郭は直ちに消えて，残された三方の折れ線がゲシュタルト要因によってまとまり，倒立ではなく正立の三角形が知覚される．しかしこの場合は，三角形の辺の間隙に，それをつなぐ線が実在するように見えることはなく，Kanizsaの表現を借りれば，amodal(非感性的)な知覚特性しか伴わない．

■ **格子模様の交差部の明るさ**　　図7-11(a)は**ハーマン格子**(Hermann grid)と呼ばれ，150年も前にドイツの生理学者Hermann, L.(1870)が初めて報告した格子模様であるが，この図を眺めると，白い格子模様の交差部にぼんやりした黒っぽいスポットが見える．スポットは注視した交差部には見えず，周辺視野によく現れるので，ある種のもどかしさを感じる．錯覚的に現れるこのスポットはハーマン・ドットとも呼ばれる．この図の黒領域を有彩色に変えると，同じ色相で彩度の低いスポットが観察される．また，模様の白黒を逆にして，図7-11(b)のように黒い格子模様を描いた図形は**ヘリング格子**(Hering grid)と呼ばれ，交差部にはやや明るいスポット（ヘリング・ドット）が現れる．

(a) (b)

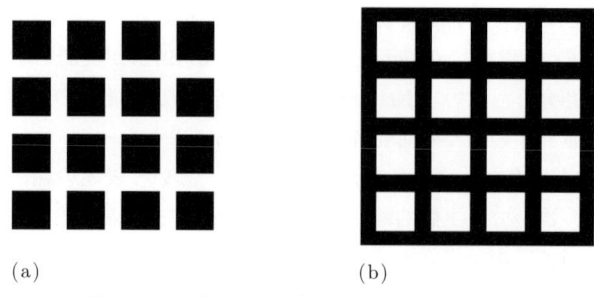

図 7-11 (a)ハーマン格子と(b)ヘリング格子

図 7-12 エーレンシュタイン図形(Ehrenstein, 1954)

このような明るさ錯覚は，図 7-12 に示した**エーレンシュタイン図形**でも明瞭に現れる(Ehrenstein；1941, 1954)。図形を眺めればすぐ分かるように，黒い格子線の交差部で線が途切れている箇所に主観的輪郭が発生して，一層明るい円領域が手前に浮き上がって見える。

■ **無彩色図形における透明視**　物理的な明暗の関係が，形態性の知覚と関係して別種の知覚的印象を生む現象がある。物理的に光が媒体を透過していないにもかかわらず，主観的には背後のものが透けて見えるという，**透明視**(phenomenal transparency；**知覚的透明**，perceptual transparency)の現象がこれで，Fuchs (1923)が初めて紹介し，その後 Metzger(1953)の考察で有名になった。図 7-13 を見れば直ちに納得できるが，この図(a)では白い十字形と黒い斜めの帯が重なり合って，十字形の背後に帯が透けて見えるようでもあり，逆に帯の背後に十字形が透けて見えるようでもある(b を参照)。しかしこの図は，物理的には二つの白領域と二つの黒領域，それに一つの灰色領域が組み合わされたものでしかない(c を参照)。実際に，初めて紹介された当時は，白と黒と灰色の 5 片の色紙をモ

7-3 形態性と色の知覚

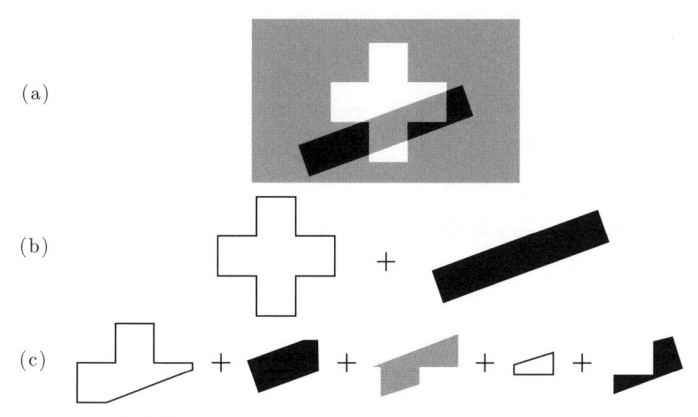

(a)
(b)
(c)

図 7-13 無彩色の紙片の接合による透明視の成立（Metzger, 1953；図は増田，1999）

ザイク状に隙間なく貼り合わせてこの図は作成された。それにもかかわらず灰色の印象は消え失せるかのごとく極めて弱く，白と黒の2領域が重なって，一方が透けて他方が見えるという印象が強い。

磨き上げたガラスは完全な物理的透明で，それを透して背後の物体を見ても見えるのは物体だけでガラスは見えないが，透明視では透かしているものも透けているものも同時に見え，半透明の様相を呈する。そこで，これを**同時的前後視**と呼ぶことがあるが，この用語は透明視の性質をよく表している。

透明視の成立には白・黒・灰の明度関係も大きく影響するが，一番の決め手は形態の要因である。図7-13でも，白い十字形と黒い帯の二つの形だけを見るのが形態的なまとまりが一番よく，輪郭にも不自然な不連続がない。このように透明視は，中央の灰色領域が二つの形の双方に同時に属しているときに成立しやすく，X結合点（X-junction）と呼ばれるそれらの交差点が少しでもずれれば，透明印象はたちどころに失われる。

7-3-2 形態の知覚と色の知覚

対象の形態性と色の知覚との関係については各所で適時述べてきたが，ここでは前項で紹介した図7-12と図7-13を再び参照しながら，ネオンカラー効果と有彩色図形の透明視現象という二つの話題について触れておこう。

■**ネオンカラー効果** エーレンシュタイン図形（図7-12）の格子模様の交差部で，線の抜けている隙間の部分を薄い色の十字線でつなぐと，その色が線から滲み出て，隙間（主観的輪郭が知覚される円形領域）に広がるように見える。この色

の広がりはネオン管の内部に広がる光の色の感じに似ているので，**ネオンカラー効果**(neon color effect)といわれている．このように命名したのは van Tuijil (1975)であるが，彼はこの現象を 'neon like color spreading' とも記述し，エーレンシュタイン図形の交差部に滲んだ色が均一に広がるように見える新しい錯視であると論じている．

　格子模様の隙間をつなぐ線は何色でもよいが，色みは薄いほうがよい．有彩色でなく薄い灰色でもよい．濃い色の線で隙間をつなぐと完結した格子模様となってしまい，もはや主観的輪郭を発生させる条件がなくなってしまうからネオンカラー効果も生じなくなる．

■ **有彩色図形における透明視**　　図 7-13 の白い十字形と黒い帯をそれぞれ別の有彩色に置き換えた条件を考えてみよう．色の組合せはさまざまあり得るが，ここでは減法混色について説明したときの図 3-7 (☞ p.50)を参考にして，白い十字形をシアン(C)，黒い帯を黄(Y)とし，重なり合った灰色の部分は緑(G)とする．ただし，ここではシアンと黄の減法混色を観察することが目的ではないから，十字形(C)と帯状(Y)の色フィルターを重ね合わせるのではなく，3 色の色紙から切り取った 5 片をモザイク状に隙間なく貼り合わせて作図する．すると，無彩色で観察したときと同様，緑の領域にはあたかもシアンと黄の色フィルターを重ねたときのような透明感が生じ，黄色の帯の背後にシアンの十字形が透けて見えるようでもあり，逆にシアンの十字形の背後に黄色の帯が透けて見えるようでもある．この前後視の関係は不随意に変わるであろう．

8章

色の感性情動的性質の諸相

　先の7章では，さまざまな色体験のうち色の知覚的性質について述べたが，本章では，日常生活や実験室の中で体験される色の感性情動的性質の諸相について概説する。私たちはオレンジ色の光に暖かさや気分の高まりを感じ，青白い光に寒々とした冷徹さを感じる。衣服や小物の色の組合せに快い調和を感じることもあれば，逆に落着きのない違和感を抱くこともある。鮮やかな赤に歓喜や激情を，浅い色合いの青に落着きや淋しさを感じるなど，色から受ける感情価や象徴性には比較的普遍な傾向が認められる。一方，色の好き嫌いは性別あるいは年代別で同じであるはずはない。色から受ける感情価や象徴性，色の好みや意味づけに，個人ごとに特有の何らかの規則性が見出されるならば，それらの違いを整理することによって個々人の性格的行動的な特性のおおよその類型化に寄与できるかもしれない。

8-1　知覚判断に影響する色の感性印象的効果

8-1-1　色のモダリティ内効果

　色相や明度や彩度の見え方は色の属性そのものについての知覚判断であるが，色が色属性以外の知覚判断，すなわち，視対象の距離感，大きさ感，温度感，重量感などの判断に影響を及ぼすことがある。このうち，色が距離感や大きさ感に及ぼす影響は，同じ視覚モダリティ内での**属性間効果**である

■ 色と距離感　　見えの距離に及ぼす色の影響は心理学の古くからの話題であり，相対的に近づいて見える**進出色**(advancing color)と，遠ざかって見える**後退色**(receding color；retreating color)の用語は，一般にも馴染み深い。色の遠近効果の現れであり，夜間，横断歩道の信号待ちで赤が青に変わるときにやや遠ざかって感じられたり，ネオンサインのオレンジ色と青の交互点滅に色光の接近と後退が繰り返し感じられたりすることがある。

　実験室の測定では，さまざまな色視標を標準距離に置き，それと並置した灰色視標が等距離に見えるように調整する方法や，二つの色視標の遠近を比較判断したり等距離調整したりする方法が採用される。実験の結果に完全な一致は見られ

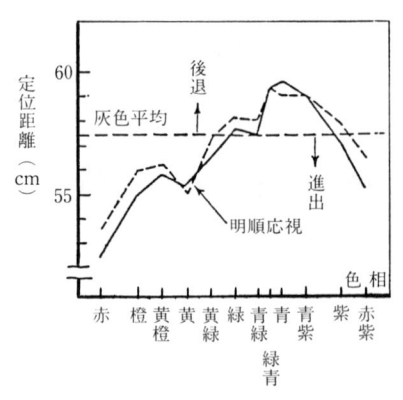

図8-1 色に対する進出−後退の距離感(大山, 1958)

ず，ときには正反対の結果が報告されることもあるが，一般には，視標の明度を一定にした場合，赤・橙・黄など長波長側の色は青・青紫など短波長側の色より観察者に近く見え，緑はその中位となる．

図 8-1 に大山(1958)の測定結果を示した．赤・橙・黄を進出色，青を後退色とすれば，緑と紫は灰色と等距離に見える中性色ということになる．色紙を見たときの印象を'迫ってくる−遠のいていく'の形容詞対で直接的に 7 段階評定させた結果でも，中程度の赤紫と黄緑を挟んで，'迫ってくる'感じの長波長側の色と'遠のいていく'感じの短波長側の色に分かれた(芳賀・大山, 1959)．

色相が同じ場合は明るさの影響が現れ，明るい領域が手前に見える．例えば，地方テレビ局が伝える各地域の気象地図で，当該地域がその周辺よりも明るく表示されているとき，双方の色相が類似であっても当該地域の図は周辺よりも出っ張って見える．

■ **色と大きさ感**　色と見えの大きさとの関係も，古くから**膨張色**(expanding color)と**収縮色**(contracting color)の用語で表現されてきた．過去にはシャツやストッキングの色が見かけの体型を変えるといわれ，また，自動車の塗装色と接触事故率との関係が指摘されたこともある．また，天頂の月よりも地平線の月のほうが大きく見える月の錯視(moon illusion)の一因として，前者は青白く後者は赤く見えるためという色膨張説が説かれたこともあった．

一般には短波長側の色よりも長波長側の色の方が大きく見えるといわれるが，厳密な実験室的測定の結果ではむしろ明度の影響が大きく，明るい色は暗い色よりも大きく知覚される．過去の研究では，おおむね，黄・白・赤が膨張色，緑・黒・青が収縮色とされるが，実験材料に用いられた色の明るさと判断された大き

さとの順位相関係数を見ると，小さくても0.77，大きいときは0.95の結果が示されているから，大きさ感の判断に影響しているのは色相ではなく明度であると考えてよかろう。

夜空の恒星は，どれも距離が遠いため視角0°に近い1点にしか見えないが，最も明るく輝いて見える一等星は最も暗い六等星の100倍の光量があるから，明るいだけでなくずっと大きく感じられる。また，碁石の直径は白石が21.9 mm，黒石が22.2 mmで，黒石の方が0.3 mmほど大きい。白は膨張色であるため，人が見てほぼ同じ大きさになるよう黒石の方が若干大きく作られている。

8-1-2　色のモダリティ間効果

えんじ色のビロードのカーテンに暖かさや重厚さを感じ，水色のレースのカーテンに涼しさや軽快さを感じることがある。色が温度感や重量感に及ぼす影響は，色知覚が視覚以外の感覚モダリティに影響する**モダリティ間効果**(intermodality effect)を示す事例であり，古くは**通様相性現象**(intermodality phenomenon)とも呼ばれていた。

■ **色と温度感**　色の温度効果を含意する言葉に**暖色**(**温色**，warm color)と**寒色**(cold color；**冷色**，cool color)がある。長波長側の赤・橙・黄色には暖かさが，短波長側の青緑・青・青紫には寒さや冷たさが感じられ，この印象は大部分の人々に共通している。暖房器具の発熱体には暖色系の色が見えるように設計され，逆に，扇風機のファンは寒色系の色で作られることが普通である。また，衣服の色に暑苦しさや，逆に寒々とした印象を抱くこともある。

色がもたらす温度感は，一定温度の着色水に指を入れて一対比較判断を繰り返したり，色を見て'暖かい－冷たい'の形容詞対で段階評定したり，そのほかにも工夫された方法で測定されてきた。無彩色の黒は温と冷の二様の性質をもつというが，一般には無彩色は寒色系に入れられる。有彩色に対する'暖－寒'(温－冷)の判断は，'進出－後退'の判断とほぼ対応した関係にある。大山・田中・芳賀(1963)の日米比較研究の結果は，赤・橙・黄・赤紫が暖色系，青緑，青，青紫が寒色系であることを共通に示した。相馬・富家・千々岩(1963)の結果もほぼ同様であったが，彼らは色相だけでなく明度や彩度も系統的に変えて評定データを入手し，色の温度感には色相が最も重要な属性であることを示した。色相や明度は見た目の**硬軟感**('硬い－柔らかい'の判断)に影響することもあり，いわゆるパステルカラーに代表されるように，白っぽい暖色系の色は黒っぽい寒色系の色よりも柔らかい感じを与える。

■ **色と重量感**　色と重量感の関係も，別々の色を塗った物体を用いて見た目の

重さの感じを測定したり，色紙の直感的な印象を'軽い-重い'の段階尺度で評定させたり，古来いろいろな方法で調べられてきた。先に述べた大きさ感との関係に似て，ここでも明度の要因が大きく関わっており，明度と見かけの重さとの相関係数は-0.94，つまり色相とは無関係に明度が高いほど軽く感じるという報告もある(Payne, 1961)。車の塗装でも，スポーツカーの明るい色には一層の軽快さを感じ，濃くて暗い色には重厚な落着き感を覚える。

しかし，別々の色を塗った色物体を実際に持ち上げてその重さを評定させる実験では，色物体を見ただけで評定させる実験としばしば逆の結果が得られている。見たときに軽いだろう(逆に，重いだろう)と予測してから実際に持ち上げたときの重さが，予測より少しでも重い(軽い)と，「見かけほど軽くなかった(重くなかった)」ということになって，より重い方向(軽い方向)にバイアスをかけて判断するのが人の常である。例えば，見た目で辛そうと思って食べた料理が実際には思ったほど辛くないとき，私たちは辛さの評価を過小評価しがちになるのと同様である。このように，視覚モダリティに属する色の性質が，ここで紹介した温度感や重量感のほか，味覚や嗅覚など異種感覚モダリティに属する知覚判断に及ぼす効果を調べようとするときには，**判断における過剰補償の影響が混入する可能性**に留意しなければならない。

8-2 色の感性情動的性質

8-2-1 色の感情価とその評価

ある色を見たとき，落ち着いた安らぎを感じたり情熱的な活力を感じたり，ある種の感情的性質の心の状態が自然発生的に体験されることがある。自然発生的ではなくても，ある色を見せられて「その色に感じる'陽気さ-陰気さ'の程度はどのくらいか」と問われれば，「どちらかといえば陽気な印象を受ける」などとあまり悩むことなく回答することができる。

■**色彩感情**　例えば赤い色に興奮や歓喜を感じるように，色の知覚に随伴して感性情動的な心の調子(感情調，affective tone)が体験されることがある。色に体験されるこのような**感情価**は，知覚した色そのものが内包している性質であるかのように捉えられ，一般に**色彩感情**と呼ばれる。

色と感情との大まかな関係は，通常，暖色系の色に対しては積極的で活動的な感情価が結びつき，寒色系の色に対しては消極的で沈静的な感情価が結びつく。表8-1は，色の感情価を調べた国内外の結果を富田(1998)がまとめたものであるが，これによると同じ暖色系であっても，赤に激情，怒り，歓喜，興奮を，黄

8-2 色の感性情動的性質

表 8-1 色と感情価との関係(富田, 1998)

属性種別		感情の性質	色の例	感情の性質
色相	暖色	暖かい 積極的 活動的	赤	激情・怒り・歓喜・活動的・興奮
			黄赤	喜び・はしゃぎ・活発さ・元気
			黄	快活・明朗・愉快・活動的・元気
	中性色	中庸 平静 平凡	緑	安らぎ・寛ろぎ・平静・若々しさ
			紫	厳粛・優えん(婉)・神秘・不安・やさしさ
	寒色	冷たい 消極的 沈静的	青緑	安息・涼しさ・憂うつ
			青	落着き・淋しさ・悲哀・深遠・沈静
			青紫	神秘・崇高・孤独
明度	明	陽気 明朗	白	純粋・清々しさ
	中	落着き	灰	落着き・抑うつ
	暗	陰気 重厚	黒	陰うつ・不安・厳めしい
彩度	高	新鮮 溌らつ	朱	熱烈・激しさ・情熱
	中	寛ぎ 温和	ピンク	愛らしさ・やさしさ
	低	渋み 落着き	茶	落着き

快活,明朗,愉快,元気を表明することが多く,寒色系では,青に落着き,淋しさ,悲哀を,青紫に神秘,崇高,孤独の感情を覚える。無彩色に対しては,白には明るく清楚な清々しさが感じられ,灰色には落ち着いた感じがし,黒になると陰うつさや不安の感情が強くなる。

　色彩感情は世代の違いや性別を超えて比較的共通な面が多い。伊藤・吉田・大山(2011)は,大学生男女および高齢者(60歳以上)男女の計4群を被調査者とし,基本的な10色相(R, YR, Y, YG, G, BG, B, PB, P, RP)と代表的な7種類のトーンを組み合わせた有彩色70色に,5種類の無彩色を加えた計75色の色見本を用いて,「派手な色」,「地味な色」,「スポーティな色」など14種類の色彩感情のそれぞれに最も該当する1色を選ばせる調査を行った。その結果,4群とも,同じ色彩感情に対しては同じ色相あるいは同じトーンを第1位に選ぶ場合が多く見られた。すなわち4群とも,色相では,「エレガントな色」としてP(紫),「自分から遠い色」としてRP(赤紫),「緊張した色」と「シンプルな色」としては無

彩色を，またトーンでは，「派手な色」，「緊張した色」，「ゴージャスな色」，「元気がでそうな色」，「自分から遠い色」としてビビッドトーンを，「地味な色」，「きたない色」，「ゆううつそうな色」としてダークグレイッシュトーンを，「ゆるんだ色」としてはペールトーンを第1位に選んでいた。「緊張した色」と「自分から遠い色」については，色相とトーンの双方において4群とも共通の結果であった。このように色彩感情は，特に色相よりもトーンにおいて，性別・年齢層を超えて共通するといえそうである。

■ **形容詞対による感情価の評定**　これまで本章の中で，しばしば，色の感じを'暖かい－冷たい'，'軽い－重い' などの形容詞対を用いて評定した結果について述べてきた。表8-2は，20対の形容詞対を用いて，無彩色を含む代表的な7色の感情価を7段階評定させた結果である（柳瀬，1982）。表中1～7の数字は，尺度上の間隔（尺度値）を無視して形容詞対の左方の語についての7色の評定順位を示しているが，この表が示すとおり，'陽気な' と '興奮した' の7色の順序はまったく同じであり，'柔らかい' と '軽快な' の順序も大差ない。具体的な言葉は違っても感情の共通な側面を表しているのであろう。ただし，感情を表す形容詞対はこの他にも多数あり，ここに示されたものはその一例に過ぎない。

　ある色を見て'好き'と感じ，同時に'派手さ'も'重さ'も覚えることがあるように，特定の色は特定の感情だけを呼び起こすわけではない。すなわち色から受ける感情はもともと多面的であるということだが，それをありのままに表現していては取りとめがない。そこで，このように多面的で，ある意味漠然とした感情の性質を明らかにするための工夫が必要となる。その一つの解答が，**オズグッド**（Osgood, C. E.）が1950年代末に提案した**セマンティック・ディファレン**

表8-2　色の感情的性質の程度（柳瀬，1982）

	赤	黄	緑	青	紫	白	黒		赤	黄	緑	青	紫	白	黒
派手な－地味な	2	1	3	5	6	4	7	静的な－動的な	6	7	5	3	4	1	2
自然な－不自然な	6	3	2	4	7	1	5	陽気な－陰気な	2	1	4	5	6	3	7
暖かい－冷たい	1	2	4	7	6	5	3	美しい－醜い	3	2	4	6	7	1	5
明るい－暗い	3	1	4	5	6	2	7	男性的－女性的	7	4	3	2	6	5	1
理知的－情熱的	7	6	4	3	5	1	2	はっきり－ぼんやり	4	1	5	6	7	3	2
軟らかい－硬い	4	1	3	6	5	2	7	澄んだ－濁った	5	2	3	4	7	1	6
軽快な－重々しい	4	1	3	5	6	2	7	単純な－複雑な	5	2	3	4	7	1	6
あっさりした－くどい	6	2	3	4	7	1	5	上品な－下品な	7	4	5	3	6	1	2
強い－弱い	3	1	5	4	6	7	2	新しい－古い	3	1	4	5	7	2	6
好きな－嫌いな	4	3	5	6	7	1	2	興奮した－沈んだ	2	1	4	5	6	3	7

シャル法(semantic differential method；SD 法)である。

■ **SD 法による色の多面な感情価の測定**　色から受ける感情を形容詞対で評定するとき，使用できる形容詞対は無数にあるが，数を多くすればきりがなく，また多いほど良いという理屈もない。最適な数と種類の形容詞対を用意することが理想である。その数や種類に決まり事があるわけではないが，SD 法では通常 20 個程度の形容詞対の尺度を用い，具体的に選ばれる形容詞対は調べようとする目的によって異なる。そして，多数の人々が評定した結果は図 8-2 のような**イメージ・プロフィール**に描かれる。この図は，表 8-2 に示した柳瀬(1982)のデータから 10 対の形容詞対を抜粋し，それぞれのスケール上に赤，黄，青の 3 色の尺度値をプロットしたものである。

図 8-2 を見ると，色に抱く色彩感情が多面的であり，色ごとに異なっている様子がよく分かる。しかし，ここに描かれた形容詞対は多数の中の一部に過ぎず，別の形容詞対を選んで描き直せばプロフィールの形はすっかり変わってしまう。それならばと，表 8-2 に示される 7 色×20 形容詞対のすべての尺度値を重ね合わせて描けば，相互の違いを識別することすら困難となりプロフィールとして表す利点はなくなってしまう。その意味で，プロフィールは，結果の全体像を視覚的に捉えるための参考的資料としての役割までしか果たさない。

そこで，色の多面的な感情的意味を必要最小限の評価軸で説明するための手法として，Osgood の提案した **SD 法**(☞ p.225, 11-3-3)，ならびにそれと一体的に用いられる**因子分析**(factor analysis)が有効である。SD 法での評価の対象(具象

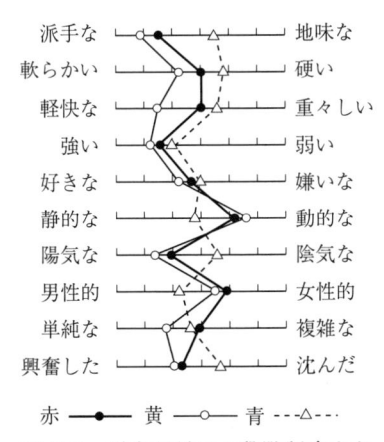

図 8-2　形容詞対で 7 段階評定された赤・黄・青の感情価のイメージ・プロフィール

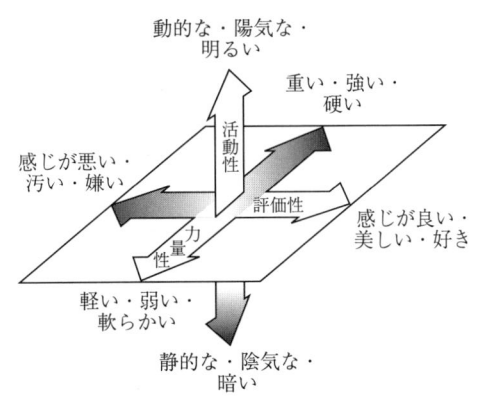

図 8-3　評価性・活動性・力量性の三次元性の感情的意味空間

物，抽象語，感覚刺激など）はコンセプトと呼ばれるが，各コンセプトに対して，表8-2に示したような意味的に反対となる形容詞対を両極に置く評定尺度（**SD尺度**）を用いて，多数のデータ（コンセプト×SD尺度×評定者）が集められる。このデータに因子分析と呼ばれる統計手法（多変量解析の一種）が適用され，例えば20項目ほどのSD尺度のデータから3～4個の因子が抽出される。そして，各因子の代表値（負荷の大きい尺度の平均値など）によって，調べられたコンセプトが内包する多面的な感情的意味が説明されることになる。

■ **色の感情的意味空間**　　多数の研究結果に基づいてOsgoodは，コンセプトは種々多様であっても，SD法で得られるデータは共通して，**評価性**（evaluation；'良い－悪い'，'美しい－汚い'などの尺度），**活動性**（activity；'動的な－静的な'，'速い－遅い'などの尺度），**力量性**（potency；'重い－軽い'，'強い－弱い'などの尺度）の名称で集約される三つの因子で説明できると主張した。色をコンセプトとした場合も，各国で行われた諸研究においてこの3因子で説明できるとするものが多い。そして，その結果は因子負荷量に基づいて，図8-3に示すような**意味空間**（セマンティック・スペース）内にイメージ・マップのかたちで表現される。ここで因子負荷量とは，因子分析によって抽出された因子が各尺度に対してどの程度寄与するかを示す値（-1から+1の値）であり，因子ごとにその絶対値の大きいSD尺度が集められて一覧表に整理される。そして，集められた尺度に共通する感情的意味が考察され，各因子の因子名として名付けられるとともに，それぞれの因子が一定の基準以上負荷する尺度の得点の合成値が算出され，因子ごとに評定対象の値が比較される。

　ところで，色についても，評価性，活動性，力量性という三次元の意味空間に位置づけられるとする研究が多いと述べた。ただし，これはあくまで意味空間の構造に関することであって，万国の人々にとって，各評価対象（色）がその意味空間内でどのように位置づけられるかが同じであることを意味しない。色の感情価は，国・地域や民族，時代などによって異なり，個人の中でも移り変わりがあろう。さらに言えば，色を評価対象とした場合，'暖かい－冷たい'の因子を加えるとよいという見解（富家，1969）や，力量性因子が軽明性因子と鋭さ因子に分かれるという見解（大山・瀧本・岩澤，1993）もある。したがって確実に言えそうなことは，どの色も感情価に関しては三つまたは四つの次元で位置づけられるということまでになろう。

8-2-2　色の象徴性

　色から受ける感情的印象（色の感情価）の程度を評定できるだけでなく，私たち

は，色を見て直感的に連想する観念語(抽象語)や具象物を報告することができるし，逆に観念語や具象物に対応する色を選択することもできる．

■ **色が象徴する連想語**　色に対する観念的な**連想語**の調査も過去に幾つかあるが，概して色の感情価で述べたことと類似している．半世紀も過去の調査であるが，8色について米国の学生を対象に連想語を調べた結果の一部を述べれば，赤には激情，熱烈，怒り，橙には活発，喜び，はしゃぎ，黄には愉快，元気，明朗，緑には安らぎ，寛ぎ，新鮮，青には落着き，淋しさ，哀しさ，紫には神秘，不安，孤独，白には純粋，清々しさ，冷酷，黒には陰うつ，不安，荘厳といったところである(大山ほか，1963)．

　色に対する連想語は，時代あるいは国によってそれほど変わるものではない．上記の調査から20年後，日米の学生を対象に，色に対する連想語を自由に多肢選択させる方法で実施された比較研究の結果(千々岩，1983)を見ると，20年の時の経過で，あるいは日米の学生間で幾つかの違いも目に付くが，それでも，色に内包されている固有の感情的意味の共通項的表現として，各色に対する連想語は，おおむね一致していた．なお，連想語を具象語と抽象語に分けて調査した最近の結果(伊藤，2008)が表10-1(☞ p.194)にまとめてあるので，そちらも参照してほしい．

■ **象徴語からの連想色**　色に対する連想語とは逆に，**象徴語に適合する色**(連想色)を多数の色の中から選ばせるという調査も行われている(大山ほか，1963)．被調査者は短期大学生で，ここでいう象徴語とは，怒り，嫉妬，罪といった情動的概念語であるが，14個の象徴語に対して16色の中から選ばれた上位3つの色名は，表8-3の左列(Ⅰ期)に示すとおりである．色に対する連想語と象徴語に対する連想色との間に関連があるのは当然のことである．

　その後，大山らの研究と同じ14個の象徴語を用いて，それらの語から連想される色名を色票の呈示なしで自由に記述させる調査が，短期大学生を被調査者として1988年，1992年，1995年，2004年，2005年に繰り返し行われている(伊藤，2008)．同じ象徴語に対する連想色の経年的変化を知るため，先に紹介した大山らによる約50年前の調査をⅠ期(1963年；被調査者145名)とし，伊藤の調査を便宜上2区分してⅡ期(1988～1995年；393名)とⅢ期(2004～2005年；265名)に分け，上位3位までに選ばれた連想色を期ごとに整理した結果を表8-3に示す．

　それぞれの象徴語に対する第1位の色名を各期で比較すると，3期とも同じ結果になったのは，'怒り'と'愛'に対する赤，'罪'と'恐怖'に対する黒，'永遠'と'純潔'に対する白，'平静'に対する青，'家庭'に対する橙(黄橙)，'不

表 8-3 象徴語から連想される色の経年変化（大山ほか，1963；伊藤，2008）

	Ⅰ期（1963）	Ⅱ期（1988～1995）	Ⅲ期（2004～2005）
怒り	赤(46), 橙(14), 黒(12)	赤(76), 黒(10), 橙(4)	赤(79), 黒(7), 橙(2)
嫉妬	赤(25), 紫(18), 橙(17)	紫(49), 赤(25), 灰(13)	紫(47), 赤(17), 赤紫(11)
罪	黒(39), 灰(34), 青紫(8)	黒(69), 灰(23), 茶(4)	黒(63), 灰(17), 赤(7)
永遠	白(21), 紫み青(17), 青(13)	白(33), 青(23), 水色(17)	白(27), 水色(26), 青(11)
幸福	ピンク(18), 黄橙(16), 橙(14)	ピンク(61), 黄(26), 白(7)	黄(39), ピンク(36), 白(8)
孤独	青(23), 灰(21), 黒(14)	灰(43), 黒(26), 青(17)	灰(31), 黒(19), 青(14)
平静	青(20), 緑(17), 緑み青(14)	青(36), 水色(33), 緑(20)	青(41), 水色(23), 白(8)
郷愁	黄緑(19), 緑(17), 黄橙(14)	茶(64), 橙(17), 緑(9)	橙(31), 茶(26), 緑(13)
家庭	黄橙(28), 橙(19), ピンク(17)	橙(54), 黄(20), ピンク(9)	橙(50), 黄(15), 黄緑(12)
愛	赤(41), ピンク(13), 橙(12)	赤(67), ピンク(31), 白(2)	赤(56), ピンク(39), 桃色(2)
純潔	白(88), 緑み青(4), 赤(2)	白(85), 青(10), 水色(5)	白(92), 水色(5)
夢	ピンク(28), 緑み青(15), 黄(10)	ピンク(35), 黄(25), 水色(23)	黄(35), ピンク(15), 水色(14)
不安	灰(57), 紫(7), 黒(6)	灰(84), 黒(12), 黄緑(3)	灰(55), 紫(12), 青(11)
恐怖	黒(43), 灰(21), 赤(8)	黒(93), 紫(5), こげ茶(2)	黒(56), 紫(12), 灰(8)

上位3位までに選ばれた色名で，（ ）内の数値は％を表す。

安'に対する灰色の計9語であった．Ⅱ期とⅢ期が同じ色であったのは'嫉妬'に対する紫，'孤独'に対する灰色の2語，Ⅰ期とⅡ期が同じ色であったのは'幸福'と'夢'に対するピンクの2語で，3期とも色名が異なっていたのは'郷愁'の1語のみであった．また，Ⅱ期とⅢ期だけで比較すると，14語中11語については第1位に選ばれた色名は同じで，他の3語については第1位と第2位の順位が入れ替わっただけであった．Ⅰ期・Ⅱ期に'幸福'と'夢'で第1位に選ばれたのはピンクであったが，Ⅲ期では黄が第1位に選ばれている．ちなみに浜本・伊藤(2005)によれば，'幸福'に対して男子学生は黄，女子学生はピンクを第1位に選択したという．この2色に共通した印象として，明るさ，開放感，快さ，暖かさが指摘され，さらにこれらの共通性に加え，ピンクに求めるのは心のやすらぎ，癒し，安心感であり，黄に求めるのは願望が充足されることへの期待感であるという．なお，Ⅱ期・Ⅲ期における'郷愁'の上位連想色が茶と橙であり，Ⅰ期の連想色(黄緑)と異なっているのは，Ⅰ期の調査で使用された16色票の中に茶色が含まれていなかったことも要因の一つと推測される．

色彩感情について柳瀬(1987)は，"決して固定したものではなく，個人の体験やマス・コミュニケーションの影響を受けて常に流動する性質をもっている"と述べているが，上述の通り，象徴語からの連想色については約50年を経てもあまり変わっていない．上掲のデータについて各期の結果間で相関係数を求めたと

ころ，14個の象徴語のうちの8個(怒り，純潔，不安，家庭，恐怖，愛，罪，孤独)で相関係数は0.7以上であり(伊藤，2008)，象徴語からの連想色の経年変化は比較的少ないといえる。

ちなみに，象徴語からの連想色には年代間や男女間の差も比較的少ない。表8-3と同じ14個の象徴語と，色相とトーンを組み合わせた75色の色票(5個の無彩色を含む)を用いて，大学生男女と高齢者男女の4群に各象徴語に対する連想色を選ばせた調査結果によれば，年代間あるいは男女間の違いは概して少なかった(伊藤ほか，2011)。

8-2-3 色の好き嫌い

色彩嗜好(color preference)に関する研究はわが国でも古く，『心理学研究』の第1巻(1926年)にはすでに2編の研究報告が掲載されている。色の好き嫌い(**色彩好悪**)には年齢差や性差があるだろうし，同じ人でも年齢とともに好みは変わるだろう。また嗜好色には時代の変遷が反映されるに違いない。人種・国民・文化の影響もあるだろう。複数配色による色の好き嫌いについては後の項(☞ p.155, 8-3-2)で述べることとし，ここでは単色への嗜好を中心に述べる。

■ **色彩嗜好の年齢差と性差** 最初に，1970年代に千々岩らが得た結果を紹介しておこう(中小企業事業団・千々岩，1973)。表8-4には，その一部を年齢層×性の別に第8位嗜好色まで示したが，各年齢層とも調査対象者は少数(24〜96名)であり，これは参考にする程度の調査結果である。

その後，色相だけでなく色相とトーンとを組み合わせた多色を用いて，多くの調査結果が報告されてきた。1980年に日本色彩研究所が，12歳から69歳までの男女を対象に東京と大阪で実施した調査(近江・柳瀬・椿，1981)によると，12〜15歳から60歳代の間で嗜好率が大幅に低下した色は白と鮮やかな(ビビッド)赤

表8-4 年齢層×性別にみた嗜好色の順位(中小企業事業団・千々岩，1973)

	順位	1	2	3	4	5	6	7	8
男	10歳前後	黄	橙	ごく薄い緑	黄緑	緑	カナリヤ	白	水色
	20歳前後	橙	黄緑	白	黄	カナリヤ	ごく薄い緑	青	黒
	30歳前後	橙	黄緑	ごく薄い緑	カナリヤ	白	黄	青	緑
	40歳前後	橙	黄	緑	ごく薄い緑	青	赤	カナリヤ	―
	50歳前後	黄緑	橙	黄	水色	にぶい青緑	カナリヤ	紫みピンク	―
女	10歳前後	水色	白	ごく薄い青緑	橙	青緑	黄	黄緑	緑
	20歳前後	白	橙	黄	オリーブ緑	クリーム色	栗色	赤	黒
	30歳前後	白	黄	赤	青緑	クリーム色	ごく薄い緑	赤紫	―
	40歳前後	赤	黄	橙	白	クリーム色	ごく薄い緑	紫みピンク	黄緑
	50歳前後	ごく薄い緑	白	水色	ピンク	黄緑	紫みピンク	にぶい赤紫	―

で，前者は18.5%から5.2%に，後者は21.0%から7.2%に減少していた。浅い（ライト）黄，鮮やかな緑，浅い青緑も嗜好率が低下した典型的な色であった。逆に年長者で嗜好率が上昇した色は，それほど変化幅は大きくないが，暗い（ダーク）茶，暗い赤，くすんだ（ダル）赤など茶系の色や，薄い（ペール）黄，薄い青緑など一部の淡い色であった。色相別に見ると，年齢層が上がるにつれて，中間色トーンの橙，黄，緑，赤紫などの嗜好が増加し，無彩色に関しては，白は若年で好みが顕著，黒は20歳代後半にピークがあって以降は減少傾向，灰は高年齢ほど嗜好率が上昇していた。トーンで考察すると，高い年齢層になるほど純色または明るいトーンの嗜好が減少し，逆に低彩度で中明度以下の暗くて濁ったトーンへの嗜好が高くなっていた。

　この調査では，性別の違いが色彩嗜好に大きく影響するという明確な結果は得られていない。ただし，これより過去の別の調査結果では，男性の色の好みは一定の色相に集中しやすく，女性の好みは比較的多くの色相に分散するという指摘もある（橋本，1956；近江，1969）。

　最近の調査として，大学生男女と高齢者男女の4群を対象に，75色（10色相×7トーン＋5無彩色）の色見本を用いて調べた伊藤ほか（2011）の結果がある。まず最好色の色相をみると，大学生と高齢者の双方とも，男性は青紫，女性は赤紫を選択していた。特に男子学生は女子学生より有意に青紫を好み，女子学生は男子学生より有意に赤紫を好んだ。トーンについては，4群全体の結果で第1位はビビッド，第2位はライト，第3位はペールであり，中明度高彩度，高明度中彩度，中明度中彩度のトーンが好まれた。特に目立つ傾向としては，女子学生は男子学生より有意にペールトーンを好んでいた。

　次に，各群の最嫌色をみると，色相では赤紫が嫌いな色の第1位または第2位であり，トーンについては，概して低明度低彩度，中明度高彩度が嫌われるという結果であった。なお，嫌いな色と好きな色の両方の上位に赤紫が挙がっているのは，色相が同じであってもトーンが異なれば色の好き嫌いの逆転が起こり得ることを示している。これは，色相だけで色の好悪はじめ色彩感情を語ることはできないことの証左である。

■ **時代による色彩嗜好の変遷**　　時代の変遷を知るには過去の調査結果を経年的に追うよりほかない。日本色彩研究所の1956年の調査によれば，最も好きな色を小学1年生から中学3年生までの男女で調べた結果は，小1の男子は白で女子は赤，小2・小3の男子は明るい黄で女子はぼたん色，中3の男子は濃いききょう色で女子は黒であった。また，1954年の調査で成人男女の嗜好色を第5位まで示すと，男性では緑，青，濃いききょう色，黒，黄，女性では黒，えんじ，ぼ

たん色，緑，紫の順であった。ただし，この種の調査はその時点での社会的な風潮や調査方法の影響を受けやすく，調査間で一致した結果が得られることはほとんどない。

日本色彩研究所による 1980 年調査（近江ほか，1981）についは前項で述べたので，次に，これと同じ色見本を用いて行われた同研究所の 1994 年調査について述べる。その結果を要約すれば，全体的な傾向として好まれる有彩色はライトトーンの緑，青緑，青や，ビビッドトーンの赤，緑，青であり，これらの基本色相にくらべて中間色相の嗜好率は相対的に低い。嫌悪色をみると，赤紫はすべてのトーンで，紫も暗清色のトーンで嫌われ，また，どの色も暗いトーンになると黄色を筆頭に嫌われやすかった。純色の赤は嗜好率も高いが嫌悪率もかなり高い。無彩色では白と黒が好まれ，暗い灰色は嫌う人が多い。また，同調査で認められた年齢差について付記しておけば，1980 年調査の結果とほぼ同様で，トーンで言えば若年層で好まれやすい純色や明るいトーンの嗜好率は高齢層になると低下し，逆に低彩度で中明度以下のトーン（ディープ，ダル，グレイッシュ等）が好まれるなど，次第に暗くて濁ったトーンへの嗜好が高くなっていた。

▎**色彩嗜好と異文化性**　千々岩（1999）は，世界 20 か国の美術・デザイン・建築を専攻する大学生男女 5375 名を対象に，色見本から好きな色を 3 色選ばせる調査を実施した。色見本は，マンセル色票集から選ばれた主要 10 色相（赤・オレンジ・黄・黄緑・緑・青緑・青・青紫・紫・赤紫）に 4 つのトーン（ごく薄い・明るい・さえた・暗い）を組み合わせた有彩色 40 色に，5 つの無彩色（白・3 種類の灰・黒）および金と銀を加えた計 47 色である。この調査で得られた各国上位 5 位までの結果を表 8-5 に示した。それによると，全体として第 1 位から第 5 位までに選ばれた色は，さえた青紫，さえた赤，黒，白，さえた黄の順であり，国別にみてもこれら 5 色は好きな色の上位に入ることが多かった。上位 2 色は日本や欧米の多くの国々で共通しており，中でもビビッドトーン（純色）の青紫は，広く世界各国の大学生に好まれる色であることが示された。調査対象が大学生に限られており，国ごとの回答者数にもばらつきがあるが（日本：1071 名，他の国：510～133 名），この規模の国際比較調査は他に例がなく大変貴重な資料といえる。

かつて日本人の白好みは世界の中でも特異な部類に入ると言われていたが，表 8-5 の結果にそのような傾向は認められない。しかし齋藤（1997）が，13 の国・地域に住む約 1200 人を対象に，65～77 色の色見本を用いて実施した調査では，日本だけでなく中国や韓国などアジア諸国で白は好きな色の第 3 位までに選ばれていた。また，同調査結果で無彩色を除いた色相だけの嗜好順位をみると，多くの国・地域で最も好まれる色は青系であり，トーンで整理すると相対的にビビッド

表 8-5　国別にみた好きな色：上位5色(千々岩, 1999)

国・地域名	1位	2位	3位	4位	5位
全体	さえた青紫	さえた赤	黒	白	さえた黄
日本	さえた青紫	さえた赤	さえた青緑	黒	ごくうすい青・銀
中国	白	さえた青紫	黒	さえた赤	ごくうすい青
韓国	さえた青紫	白	さえた赤	さえた黄	ごくうすい青
台湾	ごくうすい青	さえた青紫	白	さえた赤	さえた黄
ラオス	白	さえた青紫	ごくうすい青	黒	さえた緑
シンガポール	黒	さえた青紫	白	さえた黄	さえた青緑
インド(ボンベイ)	さえた青紫	白	さえた赤	さえた青緑	黒
バングラデシュ	白	ごくうすい青	さえた赤	さえた青紫	ごくうすい赤紫
オーストラリア	さえた青紫	さえた赤	さえた青緑	さえた赤紫	暗い青紫・黒
ニュージーランド	さえた青紫	さえた赤	暗い赤紫	暗い青紫	さえた緑
カナダ	さえた青紫	さえた赤	黒	暗い赤紫	暗い青
アメリカ	さえた青紫	さえた赤	さえた緑	黒	暗い赤紫
ブラジル	さえた青紫	さえた青緑	さえた赤	さえた紫	黒
ロシア	黒	白	さえた赤	さえた青紫	明るいオレンジ
フィンランド	黒	さえたオレンジ	暗い青	さえた青紫	さえた赤紫
オランダ	さえたオレンジ	さえた青紫	黒	さえた赤	暗い青紫
ドイツ	さえた青紫	さえた黄	さえた赤	さえたオレンジ	黒
フランス	さえた青紫	さえた赤	暗い青	さえたオレンジ	黒
ポルトガル	黒	さえた青紫	さえた青	さえた赤	暗い青
イタリア	さえた青紫	さえた赤	さえた緑	さえた黄	黒

トーンが好まれており，この傾向はほぼ世界的に普遍である．ちなみに，青系や緑系の色を単色あるいは他色との組合せでナショナルカラーとする国は赤，白に次いで多い．

　もっと昔であれば，民族や人種などの違いが嗜好色にかなり影響していたかもしれない．同じ国の中でも地域によって違うこともあろう．1979年に読売新聞は，日本を6つの地域(北海道・東北，関東，中部，近畿，中国・四国，九州)および4つの地域特性(大・中・小都市，町村)に分けて色彩嗜好の世論調査を実施し，例えば，白の選好率は中国・四国で最高，北海道・東北で最低，逆に青の選好率は中国・四国と九州で最低，北海度・東北で最高，また原色好みは大都市に多いなどと報じていた．しかし，国際化・情報化が進んだ今日ではすべての分野・領域が世界的に均一化された社会文化的な影響下にあり，地域ごとの特性は何事にも現れにくい．色彩嗜好もその例外ではなかろう．

　ところで，1970年代に入って米国で，"**青七現象**(Blue Seven Phenomenon)"をめぐる論文が相次いで発表された．これは，何でもよいから「色を挙げよ」と言われれば'青'，「一桁の数を挙げよ」と言われれば'7'と答える確率が高いという現象で，色や数の好みと解される場合も多いが，もともとは自発的に思い

つきやすい色や数における集団的偏向現象である．ただし，結果的に両者(好みの色や数と，思いつきやすい色や数)が共通するという報告もあるので，ある程度は嗜好の問題として捉えてもよかろう．青七現象を生じさせる心理過程に関しては，何らかの社会的・文化的要因が想定されることが多いが，実証的な検討はほとんどなされていない．この報告は圧倒的に米国に多く，何らかの米国文化特有の要因が背景にあるのかもしれない．ちなみに，"青現象はオランダでは赤"という論文も発表され(Wiegersma & de-Klerck, 1984)，大学生を対象にした調査において第1位は赤で，第2位の青の2倍近い選択率であったという．先に紹介した千々岩(1999)の調査(☞ 表8-5)でもオランダの大学生が最も好む色は'さえたオレンジ'であったように，オランダ人が暖色系の色を好むのは，オランダ王室はオレンジ家で，オレンジ色がナショナルカラーであることとも関係があるのだろうか．

　国や地域や民族における伝統的あるいは宗教的慣習とかかわって，願いや忠誠を託す色，また逆に忌避される色もある．例えば，タイ国のワット・ポーにある横臥の大仏像は金色に輝き，ワット・トライミット(黄金仏寺院)を訪れる人々は仏像に金箔を貼って長々と礼拝するというが，同じ東洋でも，金色は死の色でありタブー色として忌避する国・地域もあるという．また，イスラム圏には国旗に緑を使う国が多く，イランやクウェートで行われた色嗜好調査では緑(青緑)が最も好まれたという報告もある(Choungourian, 1968)．これは預言者ムハンマドが緑色のターバンを巻いていたという故事に由来するのであろう．しかし，このような宗教的崇拝色とでも呼ぶべき色に幼い頃から接して育った人は，当然それらの色を身近に感じ好感情を持つようになるであろうから，これを純粋に個人的な色彩感情に由来する嗜好色と区別するのは難しい．

8-3　配色の感性情動的性質

8-3-1　配色の感情効果

　色は単色の場合でも固有の感性情動的性質を持っているが，これが2色以上の組合せになると，その感情効果は配色的な美的効果とあいまって一層複雑なものとなる．配色は見る者に'調和－不調和'の感を与えるだけでなく，快／不快感，目立ちやすさ(誘目性)，若々しさ，はなやかさ，暖かさ，派手さ，好悪感など，実に様々な感情の印象を生じさせる．配色の美的評価すなわち色彩調和については9章(☞ p.163)で詳述するが，ここではその導入として，複数の色が組み合わされたときの感情効果について幾つかの研究を概観しておく．

■ **配色の色彩感情の次元**　個々の色（単色）が'暖かい－冷たい'とか'軽い－重い'などの知覚的印象判断に及ぼすモダリティ間効果について，温度感には色相，重量感には明度の影響が顕著であると先に述べた．一方，配色に対する'あっさりした－くどい'，'強い－弱い'，'自然な－不自然な'，'安定な－不安定な'など，特定の感覚モダリティとは直接結びつかない感性的印象の判断には，色の三属性がそれぞれ複雑に関与していて特定の属性との単純な関係を認めることは難しい．また，配色の調和－不調和というと，単純に色の組合せの快－不快を意味すると理解されがちであるが，配色調和の概念は必ずしも快さの次元だけで理解できるものではなく，誘目性とか若々しさなどさまざまな感情的要素が複雑に関わっている．

　2色配色の持つ色彩感情の因子分析的研究として古くは神作(1963)の報告があり，この研究で抽出された因子は，**気持のよさ**(寄与率43%)，**明るさ**(21%)，**強さ**(19%)，**暖かさ**(8%)の4因子であった．それより近年の研究として，伊藤(2001)は80組の2色配色を用い，色彩感情を表す11尺度によるSD法を用いて評価した結果を因子分析にかけた．その結果4因子が抽出され，第1因子は**活動性因子**(寄与率21%)，第2因子は**価値因子**(21%)，第3因子は**軽明性因子**(15%)，第4因子は**鋭さの因子**(13%)と命名された．この4因子は，音楽，音，色，形，抽象語，映像と音楽の組合せという，全6カテゴリーのコンセプトに対する評価結果全体をまとめて因子分析した大山ほか(1993)の結果と同様であったという．

　次に3色配色での色彩感情について述べると，納谷(1998)によれば，配色感情に何次元の因子が存在するかを検討した浅野・町原・納谷・辻本・側垣・池田・難波・平田(1968)の研究がある．彼らはマンセル色空間から300色を抽出し，3個ずつランダムに組み合わせた100組の3色配色を作り，'上品な－下品な'，'派手な－地味な'，'新鮮な－古くさい'，'目立った－目立たない'など38組の形容詞対のSD尺度で7段階評定させたデータを，背景(N2，N5，N8)の別および男女の別に因子分析した．その結果，背景をN2としたときの男性の場合で例示すれば，**こころよさ**の因子(寄与率23%)のほか，**目立ち**(15%)，**はなやかさ**(11%)，**暖かさ**(6%)，**年齢感**(5%)，**まとまり**(2%)の計6因子が抽出された．背景や性別による違いは僅少で，この結果は前掲の神作(1963)による2色配色の結果と比較的良い対応を示したという．

■ **多様な色彩感情の相互関係**　色彩調和を含む多様な色彩感情の相互関係を2色配色で調べた研究がある(伊藤，2007)．この研究では，2色配色を色相の組合せ方で同一色相配色と異色相配色に分け，6評定尺度を用いたSD法で色彩感情

が調査された。その結果から各尺度間の相関係数を算出したところ、「調和」と「好きな」の間には、同一色相配色と異色相配色のいずれにおいても強い正の相関（相関係数はそれぞれ0.88と0.83）が見られた。この結果は、細野（1974）の調査で「調和」と「好き」との間に0.96の相関が示されたことと一致している。また、「派手な」と「スポーティ」の間、「緊張した」と「ゴージャス」の間にも強い正の相関が認められた。一方、「ゴージャス」は「調和」および「好きな」との間に弱い負の相関がみられた。このように、多様な色彩感情は相互に協調的または対立的な影響をもちつつ、人々の心の中にまとまった印象を形成している。

上記の結果に加え、伊藤（2007）は、色彩調和に関して次章で詳述する明度差（ΔV）と彩度差（ΔC）による2象限の図（☞ p.175、図9-5(a)の$\Delta V \geqq 0$の部分を参照）を広く色彩感情に適用し、図の第二象限（高明度／低彩度の色と低明度／高彩度の色の組合せ）には、「調和」だけでなく「スポーティ」、「シンプル」、「ゆるんだ」などの高評定値が多く分布することを見出している。さらに、「調和」の評価順位と他の色彩感情の評価順位とを対応づけて、例えば、異色相配色（全285配色）で「調和」第1位のペールブルーとダークパープルブルーの配色は、「好きな」では第3位、「スポーティ」では第10位、「シンプル」では第14位という具合に一覧にまとめている。この試みは、色彩調和に関する理論的考察を目指すだけでなく、目的別の色彩感情に合った実用的な配色（例えば、調和しかつスポーティな配色、調和しかつゴージャスな配色、調和しかつシンプルな配色、…など）の提案でもある。

■ 配色感情に影響する要因　時代の変化や居住地、年齢、性別による違いなど、総じて色彩感情に個人差があることは指摘するまでもない。その個人差は、一般に女性の方が男性より大きいとされる。色彩感情には多様な側面があり、それらが相互に影響し合っていることもすでに述べたとおりである。

配色感情を調べる場合は、色票の大きさや左右上下の配置、背景の影響など、考慮すべき要因は多々あろう。2色配色の配色感情に及ぼす**面積効果**を、面積比9条件、各30組の配色で調べた研究によれば、面積比の効果は構成色の色相による効果に比べれば小さいものの、明らかに配色感情に影響していたという（納谷、1998）。しかし、相対的に影響が少ないからだろうか、配色感情に関する研究では各色同大の構成色が用いられることが多い。

8-3-2　2色配色とその好悪

色の好き嫌いは人々の話題に上りやすく研究の歴史も古いが、大部分は単色での色彩嗜好調査であり、複数の色の組合せに対する嗜好を調べたものは2色配色

に限ってもわずかしか見当たらない。色相だけでなくトーンとの組合せも考慮して，目的にかなった配色見本を用意することが至難だからであろう。

■ **2色配色の好悪**　塚田は1955年に，日本色彩研究所『色の標準』から選定した色彩教育用88色（赤・橙・黄橙・黄・黄緑・緑・青緑・青・青紫・紫・赤紫の11色相×7種の彩度＋無彩色11色）の標準色カードを用いて，2色配色の好悪（好き－嫌い）を，中学生，高校生，青年，中年，老年の5群で調査した。この調査結果に基づいて年齢層別および男女別に好悪の基本的傾向を分析し，配色調和論との関連も考察に加え，次の5点に要約される結論を得ている（塚田，1962）。すなわち，"2色配色の好悪は，① 色相では，いずれの群でも赤，黄，青をはじめ，純色および白，黒を含む配色が好まれ，単色の好悪も影響する。② 2色間の色相の関係では，全般的に色相差が0，8，12の配色が好まれ，2と4が嫌われ，男女別にみると男性は色相差8と12の対立的色相の配色を好み，女性は色相差0の同色相配色を好む。③ 明度の関係では，全般的に明度差が大きくなるほど好まれ，小さいときは嫌われる。④ 彩度の関係では，全般的に彩度差が1以下の小さいときと，5～6の大きいときが好まれ，3程度のときは嫌われる。⑤ 配色の好悪は，配色の調和－不調和と密接な関係があると考えられる"の5点である。

■ **単色の嗜好との関係**　富家（1974）は，2色配色の評価と単色の評価との関係について，構成単色の合成値（2色の評定値の和）から，それらの配色の'好き'および'調和'の評定値をある程度の精度で予測できるとした。特に寒色系色相と無彩色との2色配色において構成単色との相関が高く，逆に相関がないのは紫系と赤系を用いた配色であったと述べている。

2色配色の好悪および調和不調和の評価に，構成単色への嗜好がどのように影響するかについては，児玉（1998）が紹介する日本色彩研究所の1973年調査の一部にも示されている。PCCS（☞ p.108）で色表示すると，この調査では，12色相のvトーン（純色）と，そのうち6色相についてのlt, d, dkの3トーン，それに無彩色の3色を加えた計33色を用い，各単色に対する'好き－嫌い'の評定結果と，これらを組み合わせた528種の2色配色に対する'好き－嫌い'および'調和－不調和'の評定結果との関係が検討された。それによれば，配色を構成している単色がいずれも好きな色であれば，その2色配色も大多数が好きで調和していると判断され，逆に嫌いな単色で構成される配色は嫌いで不調和と評価されていた。もちろん，すべてがそのように単純な関係ではなく，単色で好きな2色が組み合わされても不調和な配色と評価され，逆に，嫌いな2色の配色に調和が感じられることもあった。好きな2色による配色を不調和と感じるのは，それぞれの色相が対照的（色相環でいうと，対となる色が補色の両側60°以内にある場合）

で，どぎつい印象を与えてしまったからであり，逆に嫌いな2色の配色に調和を感じるのは，2色相が同一または類似（色相環上での色相差が2～3の範囲）で，統一的なまとまり感が生まれたからであろうと推定された。

同研究所が1997年に行った別の調査では，**年齢差の効果**を検討するため，小学4年生から短期大学生までの男女を対象に，33色の単色に対する好き嫌いと68組の2色配色に対する好き嫌いが調べられた。結果の一部を示すと，単色と配色の評価値の相関係数は，小4の男子で0.51，女子で0.63，小6の男子で0.42，女子で0.46，専門学校生の男子で0.38，女子で0.37と，年齢が上がるにつれて値が低くなり，短期大学生（女子）では0.32であった。配色としては最も単純な同面積の2色の組合せではあるが，この結果は，発達段階に伴って色の組合せ方に対する感受性が高まっていくことを示唆している。

8-3-3　配色感情効果の応用

ここ半世紀，人々が色について関心を高める時代が続いている。本書のプロローグで，色が私たちの暮らしの中で提供しているさまざまな話題の一端を述べたが，一人ひとりの身近な日常生活における関心事の大部分は，色の感性情動的性質，特に色の組合せに対する'調和－不調和'の感情効果についてであろう。古来，経験的あるいは理論的・実証的に考察され続けてきた**色彩調和**の研究（☞ p.163，9章）も，色彩調和という呼び名（用語）に限って言えば広く一般に認知されるようになり，今日，**カラーコーディネート**（☞ p.185，10章）を扱う出版物も多彩である。日頃，スーツとネクタイ，ジャケットとブラウスの組合せなどについて語られるセンスの良し悪しも，おおよそは色の組合せの美的効果についてのことであり，ファッションの分野では，色のコーディネートの機能的あるいは心理的効果の問題は，売る側にとっても買う側にとっても欠かせない視点となってきている。

色彩調和あるいはカラーコーディネートと類似した用語に，**色彩調節**（color conditioning）がある。色彩調節とは，人間の生活環境の色彩を計画的にコントロールすることによって，色彩の機能を一層高め，視環境をより安全で快適かつ能率的にしようとする試みである。既述のとおり，色には心理物理的な性質だけでなく多様な知覚的あるいは感情的な性質があるので，色の計画的コントロールにおいては人間の特性を第一に考慮しなければならない。類義語として**色彩計画**（color planning）や**色彩力学**（color dynamics）があり，これを研究する専門分野として**色彩工学**（color engineering）という名称も生まれた。もともと産業現場における実際的な関心から発展してきたものだが，今日では人間尊重という一層本質

的な視点に立って，比較的狭い生活範囲における室内室外環境から広大な都市環境に至るまで，この研究領域で取り扱う分野は拡大してきている。

8-4 色彩感情の個人差とパーソナリティの診断

8-4-1 色彩感情の個人差

　色から受ける印象，色が誘発する感情価，色からの連想語，あるいは象徴語に適合する色などは，いずれも誰もが有している色固有の感性情動的性質の現れであり，総体的に見れば人によってそれほど極端に違うものではない。しかしその一方で，色の感情価や好み，色のとらえ方には，個々人に特異な傾向が現れることも否定できない。

■ **診断の妥当性と信頼性**　色の感情価や好みなど，色のとらえ方に現れてくる個人に特異な傾向を利用して，人々の心理状態の評価やパーソナリティの診断の一助にしようとする試みは，昔からあったし今もある。

　もう半世紀も過去のことであるが，ある児童画の研究者が，子どもの自由描画における色の使用と性格との関係を書に著し，当人の解説あるいはメディア側の報道に慎重さが欠けていた面もあったのだろうが，「この色を使う子には極度の愛情欠乏がある」とか「不満や劣等感があり疾病障害の存在とその影響がある」などと喧伝されて，世間を困惑させたことがあった。あるいは，よく知られた色彩心理の専門家が，「明色を好む人は朗らかで社交的タイプ，暗色を好む人は人付き合いが下手で内省的，感受性は強いが決断力に乏しい」とか，「落ち着いた色を好む人は自信家で社会適応がうまい人，紫を嫌う人は生活にゆとりがなく考えも狭い人」などと述べたこともある。また，かつて生理心理学の分野で，カラーセラピー(color therapy；色彩療法)との関連から，「小脳疾患と平衡感覚障害の患者が赤い服を着ると症状が悪化する」と報告されたこともあった。いずれも一定の信頼性に裏付けられた学術的研究の成果とはいえ，これらの言説だけを論拠や文脈なしに聞かされると，やはり言葉だけが独り歩きする懸念がある。

　このようなことをあえて述べるのは，昨今，色による診断とか治療とかと称して，無責任で勝手な俗論がメディアにしばしば登場する状況があるからである。色を利用したパーソナリティ診断については次項で改めて述べるが，診断の道具として用いる検査(テスト)には，その要件として**妥当性**(測定しようとしたことを真に測定し，測定結果の解釈とそれに基づく推論に正当性があること)と**信頼性**(繰り返し実施したとき，測定結果に一貫した安定性があること)が保証されていなければならない。これが俗論との違いである。

8-4 色彩感情の個人差とパーソナリティの診断　　　　　　　　　　　　　　　159

■ **テストと「色占い」**　　色の選択や色から受ける感情的印象に個人差や心の状態が反映されることは確かであり、だからこそ色を手掛かりとした、妥当性と信頼性のあるパーソナリティ・テストが考案されているのであるが、他方、色による心理診断というのは、科学と非科学、学説と俗論、真正とお遊びといった区別が見極めにくい面がある。その最たる物が「色占い」と称する"はやりもの"であろう。

　批判を承知で書くならば、「色による心理テスト」とか「色占い」と称してメディアで喧伝されているものの多くは、色彩心理学のデータから予想される蓋然性や、経験的に多くの人々が同意しそうな事柄に基づいてもっともらしく作り上げた"おはなし"であり、その妥当性や信頼性は最初から埒外にある。色占いの一つに、上下に塗り分けられた色ボトルを何本か選ばせて現在の心の状態やもろもろの運勢を見定めようというものがあるが、診断する側も非科学的なことは百も承知で、"理論を超越した真理と神秘に満ちている"と開き直ったり、"人それぞれ持って生まれた色がある"などと断言したりする。色ボトルを眺めたり液体を体に塗ったりするだけで潜在能力が高まるといった話もある。古来、"信ずる者は救われる"というように、顧客の側もこの辺の事情は承知の上で楽しんでいるのであろうから、目くじら立てるのは野暮な話かもしれない。街頭の手相占いが、ある意味で街のカウンセラーであるのと同様、各種メディアが話題とする色占いも、時流に乗ったIT時代のカウンセラーといったところだろうか。

　それにしても色を使った占いはなぜこうも人気があり、人々を"当たっている"と思い込ませ、"その気"にさせるのだろうか？　本書の埒外であるが、全く科学的根拠がないことが明らかになっている「血液型性格判断」も同様で、朝日新聞によれば、2007年の調査で、日本人女性の63％、男性の47％が"血液型と性格は関係がある"と回答したという。なぜ実証に基づかないこのような俗論がかくも流布するのか、これは優れて心理学における難問の一つである。

8-4-2　色とパーソナリティ・テスト

　ここでは、実践的研究や実証的データに裏付けられた三つの色彩パーソナリティ・テストについて紹介する。いずれも、それがどのようなテストであるか見当をつける程度の紹介に止めるので、詳細を知るには、本文中に記載の他書を参照してほしい。

■ **色彩象徴テスト**　　松岡・小保内が1956年に開発した**色彩象徴テスト**（Color Symbolized Test；**CST**）は、**色彩象徴性格検査**といった方が何を目的とする検査であるか分かりやすい。この検査は41語の感情語を呈示し、それぞれの語に象

徴される最もふさわしい色を 16 色(無彩色を含む)の中から一つだけ選択させる
ものである。41 個の感情語を列記しておくと,「恐怖・怨み・嫉妬・懐疑・不
安・興奮・怒り・苦悶・いらだたしさ・夢・自信・後悔・運命・未来・初対面・
羞恥・倦怠・噂・悲観・罪・幸福・歓喜・理想・生命・本能・優越・軽蔑・人
生・空想・郷愁・憧れ・永遠・はかなさ・諦め・感傷・友情・孤独・愛・同情・
家庭・恋」であり,色は,「赤,ピンク,暗褐色,橙,黄,黄緑,緑,青緑,青,
青紫,紫,赤紫,赤紫濁,白,灰,黒」の 16 色である(検査時の色票は 4×4 に
配置されている)。

診断の主たる手掛かりは PRC(predominant response color;主反応色)であり,
PRC と性格タイプとの関係は小保内・松岡(1956)に詳しく説明されている。た
だし,この解説書では,判定の基礎となる性格タイプの名称やその説明に,現今
では精神神経学的に不適切とされる用語が使用されているので,上掲書を参照す
るに際してはその点に留意してほしい。本書で PRC と性格タイプとの関係を要
約して示さなかったのは,このような理由による。

■ カラー・ピラミッド性格検査　　カラー・ピラミッド・テスト(Color Pyramid
Test;**CPT**)は,名称のとおりカラーチップでピラミッド型の色模様を組み立て
る検査であり,1948 年にスイス・チューリッヒ大学の Pfister, M.によって創案
され,1951 年にドイツの Heiss, R. & Hiltman, H.が臨床的に使用できるまでに完
成させた。その後,投映法テスト(projective test;投影法テスト)の一つとして
広く世界に普及したのは,1964 年に Schaie, K. & Heiss, R.によって英語版の解
説書 '*Color and personality*' が出版されてからだといわれている。わが国では 1980
年代に入って宗内・江川・坂野・原野・平沼(1983)によって標準化され,それ以
降,特に宗内の貢献により国内に普及した。

このテストは,24 種類のカラーチップ(2.5 cm 四方)を自由に使って,図 8-4
に示したピラミッド型に積まれた 15 個の桝目に色模様を作るというものであり,
使われる色と全体的な構成の中にパーソナリティの構造が投映されると考える。
色の種類は,赤,緑,青が各 4 種類(各色ともトーンが異なる),紫が 3 種類,橙,
黄,茶が各 2 種類,それに白,灰,黒の計 24 種類であるが,ピラミッドの桝目
を同じ色で埋め尽くすのも自由だから,用意するカラーチップの枚数は大変多く
なる。被検査者が作成するピラミッドは一つだけでなく,日本で標準化された検
査では,好きな色模様と嫌いな色模様のピラミッドを 3 個ずつ,合わせて 6 個の
ピラミッドを作ることになっている。

診断は,主として,どのような色彩が選択されたかという色彩選択の観点と,
どのように色彩が配置されたかというピラミッドの形態と構造の観点から行われ

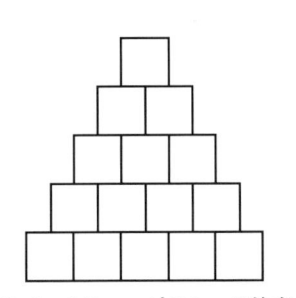

8-4 色彩感情の個人差とパーソナリティの診断

図 8-4 カラー・ピラミッド検査で使われるピラミッドの桝目

図 8-5 ロールシャッハ・テストで使われる図版の模擬例

る．色彩選択に関しては，好かれる色，嫌われる色，好かれることもあれば嫌われることもある色，好かれも嫌われもしない色に分けて整理され，形態と構造に関しては，じゅうたん型，成層型，構造型に大別される所定の類型と照合して心の状態が診断される．好きと嫌いの各3個のピラミッドで共通に使われた色の数，2個あるいは1個のピラミッドで使われた色の数，一度も使われなかった色の数なども解釈の対象となる．

このカラー・ピラミッド・テストでの色の解釈の例を5色だけ述べておくと，「赤」は豊かで率直な反応性，外向性，非統制的な衝動的情動，「黄」は情動の安定と温和，適切な情動の表出，「緑」は情動・行動の調整や統制，神経質・心気症的傾向，「青」は反応抑制傾向，「白」は自我統合の欠陥といった具合である．これ以上の詳細については宗内ほか(1983)を参照願いたい．

■ **ロールシャッハ・テスト**　投映法による性格検査で最も有名なものは，スイスの精神科医 Rorschach, H. によって1921年に考案された**ロールシャッハ・テスト**(Rorschach Test)であろう．白い紙にインクをたらして二つ折りすれば左右対称のインクのシミができ(図8-5)，それが何に見えるかを問うテストであるから，**インク・ブロット・テスト**(ink blot test)とも呼ばれる．1949年に第1回国際ロールシャッハ会議が開催され，わが国では1958年に『ロールシャッハ研究』が創刊されたが，それに至るまでの長い期間，このテストの有用性の確立を目指した多くの実践的研究があったと思われる．他書で知るところによれば，テストの開発と同じ1921年，Rorschach の弟子が行った学会発表に対して，時の心理学会の重鎮 William Stern は非科学的だと酷評したという．その翌年，Rorschach は病没した．

このテストで用いる図版は合計10枚で，標準的な大きさは縦17 cm×横24 cm

である。10枚のうち5枚は無彩色，他の5枚は赤と黒の2色または複数色の図版であるが，過去には3枚だけのものや12枚のものもあった。わが国でロールシャッハ・テストの普及に大いに貢献した早稲田大学版インク・ブロット・テスト(1952)は8枚構成であった。

　検査では，その図版が何に見えたかを思いつくままに口述させるだけでなく，図版のどこがそう見えたか，どういう理由でそう見えたかなどの質疑も行われる。そして，反応数や反応時間や反応拒否だけでなく，把握様式や形態知覚の的確さ，言語表現上の特異な特徴などもパーソナリティ構造を理解するための診断資料として収集される。色に対する反応（色彩反応）も重要な診断上の手掛かりであり，要約すると，「色反応が形反応より顕著な人は，自己中心的で抑制力が欠如しており，衝動的・情緒的支配の傾向が大きい」，「動きを表す運動反応より色反応のほうが顕著な人は，外交的で如才ない実際家であり，抽象的思考は苦手で，感情表出が赤裸々といった傾向が大きい」などと解釈される。

　ロールシャッハ・テストは心理臨床を志向する多くの人々に強い関心が持たれており，これを詳細に紹介する書物（学術図書）は多数出版されているので，関心のある向きは参照されたい。

9章

色彩調和論と調和的配色の実際

　色彩調和とは，2色または多色の配色に統一と秩序があり，見る者に快い気分や好印象を与えるなど，ポジティブな感情的効果をもたらす色の組合せの様態をいう。調和感は，配色の仕方という客観的なルールに支えられて生まれる主観的な心の営みの産物であるから，先の7章と8章で主題とした色の知覚的性質や感性情動的性質とも深い関わりがある。しかも，ただ配色が美的であればよいというものではなく，調和の意味には時や場所や目的などとの兼ね合いによる機能的な観点からの評価も含まれる。調和は昔から人々の関心事であったらしく，かのニュートンも著書の中で言及していた。本章では，色彩調和論の沿革として19世紀のゲーテやシュヴルールの定性的配色論に少しだけ触れてから，調和が定量的に取り扱われ始めた20世紀以降の代表的な欧米の色彩調和論(オストワルト，ムーンとスペンサー，イッテンなど)について概説し，次いで日本における色彩調和論と配色の実際について説明する。

9-1　欧米の色彩調和論

9-1-1　19世紀までの状況

　調和は英語でハーモニー(harmony)であり，語源のラテン語(harmonia)のさらにその先は，福田(1998 a)によれば，調和・秩序・和解の象徴としてギリシャ神話に登場する女神「ハルモニア」に辿り着くという。

■ **音楽からの類推**　音楽で，弦の長さによる振動数の比が単純な整数になる場合に協和音が感じられるという事実は，紀元前5～4世紀のピタゴラス学派によってすでに知られていた。18世紀頃までのヨーロッパにおいては，このような音楽理論からの類推が色彩調和の考えにも及んでいたようである。

　ニュートン(Newton, I.)は色彩における実験的研究の基を築いたが，その著書『光学』(1704；島尾訳，1983)には，"音の調和と不協和が空気の振動の比から生じるように，色の調和と不調和は，視神経の繊維によって脳に伝えられる振動の比から生じるのではなかろうか"とあり，色の調和に関して音楽からの類推をし

ていた。

■ **ゲーテの色彩論**　ゲーテ(Goethe, J. W.)は『色彩論』(1810；高橋・前田訳, 1999)で，"色彩と音響は決して相互に比較されえない。…両者は普遍的な初源的作用であり，分離と統合，上下の変動，左右の動揺という一般的法則に従いながら，まったく異なった方面へ，それぞれ異なった仕方で，異なった媒介要素に対して，異なった感覚のために作用するのである(教示編　七四八)"と述べた。調和に関しては，6色(真紅・赤青・青・緑・黄・赤黄)の色相環で向き合って配置される色を「呼び求め合う色」とし，"黄は赤青(紫)を，青は赤黄(橙)を，真紅(赤)は緑を呼び求める。そしてその逆もまたありうる(同　八一○)"と「反対色の調和」を説いた。

　さらに，Goethe は「色彩の特異な組合せ」として，色相環の隣接する色彩を一つ飛んで弦を張り合う黄と青，黄と真紅など6通りの組合せがあるとした。また，「特異さのない組合せ」として色相環のすぐ隣同士の色をあげ，それらは接近しすぎているために，その印象が意味深いものとはなり得ないとした。このように Goethe は，色相環上における幾何学的な規則性を重んじた色彩調和論を残した。

■ **シュヴルールの色彩論**　フランスの化学者シュヴルール(Chevreul, M. E.)は，『色彩の同時対比の法則，そしてこの法則に基づく配色について』(1839)を出版した。色を三次元として扱った色立体を初めて考案し，色の同時対比の実験的研究を行い，立体的色空間を前提とした色彩調和論を展開した。色の同時対比は Chevreul によって初めて発見されたわけではないが，実験的にその現象を追究し論文として発表した最初の人であったようである。

　千々岩(2001)によれば，Chevreul は，別の著書『色彩対比の法則とその応用』(1854)の中で，「同時に見た場合」と断った上で，色彩対比の小さい**近似調和**として，①明度近似の調和(同色相で明度がやや異なる調和)，②彩度近似の調和(類似色相で彩度が近似する調和)，③色相近似の調和(色フィルターをとおして見たときのような主調色による調和)の三つを，また，色彩対比の大きい**対比調和**として，①明度対比の調和(同色相で明度差が大きい調和)，②彩度対比の調和(類似色相で彩度差が大きい調和)，③色相対比の調和(補色の調和で彩度差も大きい調和)の三つを分類した。彼によるこれらの用語と概念は，現在の実験的研究にまで踏襲されている。

　Chevreul の色彩論は，Birren(1987)によれば，ドラクロア，ピサロ，モネ，スーラなど当時の画家に影響を与えたという。また，Chevreul と同時代の Rood は "*Modern chromatics*" (1879)を著わし，色彩調和に関して，類似色相の配色

では自然な明暗関係(後述のナチュラル・ハーモニー)に従うと説いている。

9-1-2 オストワルトの色彩調和論

本格的な色彩調和の研究は，**マンセル**(Munsell, A. H.)によって色がヒュー(色相)・バリュー(明度)・クロマ(彩度)の三属性として体系化され，1905年に「マンセルシステム」として発表された後といえる(☞ p.89, 6-2)。同じ頃，**オストワルト**(Ostwald, W.)は，白色量・黒色量・完全色量を基本的要素として色票を規則的に配置する独自の表色系(☞ p.96, 6-3)を創案するとともに，色彩調和を論じた著書(Ostwald, 1916, 1922)の冒頭で"調和は秩序に等しい"と述べ，配色調和における秩序の原理を表明した。また，合成染料や無機・有機顔料の発明開発など，当時の色料製作技術の進歩は20世紀以降の色彩調和論の展開を支えた重要な要素であった。

■ **配色における秩序の原理**　　Ostwaldが表明した秩序の原理とは，「等間隔に構成された色彩の体系(色立体)の中で，単純な幾何学的関係になるよう一定の法則性によって選ばれた色同士は調和する」という原理である。"配色の各色の間には合法的な関係がある，つまり，秩序が存在するような配色は，快適な効果を持つ。もし，それが欠けていれば，その配色は不快，もしくはつまらない効果しかもたない。われわれは快い効果をもつ色のグループを調和的と呼ぶ。われわれはこうしてこの基本法則を確定することができる。調和は秩序に等しい"という著書冒頭の文章(福田，1998 b による)は有名であり，彼の言う秩序すなわち色彩の調和は，自ら作成したオストワルト色立体によって説明された。つまり，オストワルト色立体の中には色彩の調和をもたらす秩序の関係が凝縮されている。

オストワルト色立体については6章で詳述したが(☞ p.96, 6-3)，ここで再度肝心なところだけ要約しておくと，この色立体(☞ p.101, 図6-10右上の図)は中心の無彩色軸を24色相の等色相三角形(☞ 図6-10)が取り囲んでおり，各等色相三角形においては，黒色量が一定の**等黒系列**(辺WCに平行な系列)，白色量が一定の**等白系列**(辺BCに平行な系列)，色度すなわちオストワルト純度が一定の**等純系列**(無彩軸WBに平行な系列)が，それぞれ一直線に配列されている。また，色立体の水平断面で，無彩色を中心に同心円状に並ぶ色票は，同じ円上にあれば(すなわち中心からの距離が等しければ)，色相は異なるけれども白色量と黒色量が等しい**等価値色系列**(**等価値色円環**)となっている。したがって，オストワルト色立体の中に直線，円，三角形など単純な幾何的図形の軌跡を想定して，その上に乗る色の組合せで配色を構成すれば，その配色は色相，白色量，黒色量，純度の一つ以上が必ず等しくなり，配色の秩序が保たれることになる。

■ **色彩調和の一般法則**　オストワルト色立体で説明される調和の類型は，(1) 無彩色の調和，(2) 等色相三角形における調和，(3) 等価値色系列における調和，(4) 補色対菱形 (向かい合う二つの等色相三角形) における調和，(5) 非補色対菱形における調和に大別され，それぞれはさらに細分して詳述されている。ここでは，これらの類型に分けて説明される調和の事例を総体的にまとめ，オストワルト表色系の文字記号 (☞ p.102) を用いて，色彩調和の一般法則として要約すると下記の五つになる。

第一に「同色相の2色は調和する」とされ，これは，同じ等色相三角形の中にある色は白色量と黒色量の如何を問わず (すなわち文字記号の如何を問わず) 調和するということである。

第二に「同一記号の2色は調和する」とされる。ここでいう記号とは等色相三角形の各色票を表すアルファベット2文字のことで，第1文字は白色量，第2文字は黒色量を表わしている (☞ p.102, 図 6-11)。つまり，白色量と黒色量が同じであれば色相の如何を問わず調和するということであり，同じ円上に並ぶ等価値色系列の24色相は，どの色相の組合せであっても調和する。

第三に「いかなる色も記号の一つが等しい灰色と調和する」というルールであり，等色相三角形の中にある任意の有彩色は，無彩軸に向う等黒系列の先の灰色，または等白系列の先の灰色と調和するということである。

第四に「記号の第1または第2のうちの1文字が等しい2色は調和する」であり，2色はその色相の同異を問わずに，白色量あるいは黒色量のどちらか一方が同じであれば調和することになる。

第五に「記号の1文字が共通な2色は調和する」というルールで，これは上記の第四の法則より更に調和の範囲を広げて，ある色の記号の第1文字と他の色の記号の第2文字が等しい場合も調和するということである。つまり，ある任意の有彩色は，その色の等白系列，等黒系列，あるいは等価値色系列の上にあるいずれの色とも調和するだけでなく，その色の第1文字 (または第2文字) を第2文字 (または第1文字) とする他の色の等白系列，等黒系列，あるいは等価値色系列の上にあるいずれの色とも調和する。

Ostwald は3色の調和やさらに多色の調和についても述べており，いずれの場合も構成色の間に何らかの共通項がある配色は調和すると説く。彼の色彩調和論を実感的に理解するには，対応した色票チャートが手元にほしいところだが，それを実現した1942年発行の『カラー・ハーモニー・マニュアル』(☞ p.103) はすでに絶版となっている。

9-1-3 ムーンとスペンサーの色彩調和論

アメリカの照明工学者であった**ムーンとスペンサー**(Moon, P. & Spencer, D. E.)は，1944年，色彩調和に関する画期的な論文を"*Journal of the Optical Society of America*"(*JOSA*)第34巻の1，2，4号に続けて発表した。その色彩調和論は，「美は複雑さの中の秩序にあり，色空間における秩序ある幾何学的関係に帰する」という美学上の原理に貫かれていた。そのためには，配色される色が明確に定義でき，かつ色の差が数値で定量的に表現されることが必要であった。

■ **配色の定量的表現**　　配色の定量的表現のためには，二つの色の位置が色立体の中で定まっているだけでなく，それらの空間的距離は色の違いと対応していることが望ましい。Moon & Spencerによれば，これをほぼ満足させるのは，色の三属性(色相，彩度，明度)に関して心理的等歩度のスケールで構成されるマンセル表色系(☞ p.89, 6-2)であった。

そこで彼らはマンセル色立体を使って調和理論を説明した。そして最初の論文(1944 a)では，配色が調和的であるための条件として，「二つの色の差が曖昧(あいまい)でなく，色空間の中でそれぞれの色を表わす点が単純な幾何的図形で関係付けられること」を提言した。その特徴は，次の項で述べるように，色彩調和のための色相差を円環状に，明度差－彩度差を二次元座標上に表し，それぞれを独立にとらえて数量的に扱ったことである。

■ **色相および明度－彩度の調和関係**　　初めに色相の調和について述べると，図9-1は，マンセル色立体の水平断面すなわち等明度面における2色相の調和と不調和の関係について，色相差のみを取り上げて示したものである。すなわち，Moon & Spencerによれば，2色の間隔に曖昧さのない組合せは調和のある快い

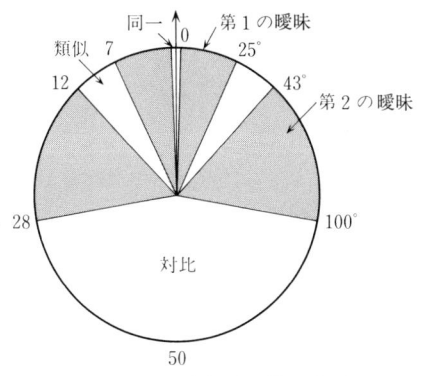

図 9-1　マンセル表色系の等明度面における色相の調和関係

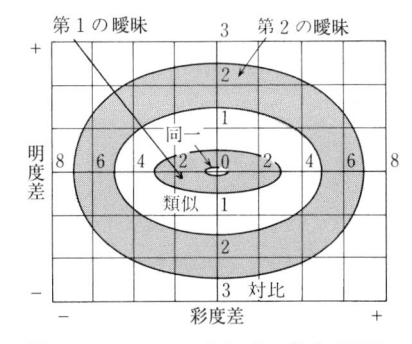

図 9-2　マンセル表色系の等色相面における明度・彩度の調和関係

感情に結びつき，それには，属性が一致する組合せ(identity)，類似な組合せ(similarity)，および対比する組合せ(contrast)，すなわち，**同一の調和**，**類似の調和**，**対比の調和**がある。それ以外の間隔にある2色は調和のない不快の範囲の組合せであり，それには，同一と類似の間にある**第一の曖昧**と，類似と対比の間にある**第二の曖昧**がある。図9-1での白抜き部分が**色彩調和域**を表しており，その範囲は，有彩色を100分割した100色相環(☞ p.94，図6-7)でいえば，色相差が0(同一)，7～12(類似)，28以上(対比)の領域に当たる。この図はいわば色相選定図であり，調和関係にある2色相を選定するには，一つの色相を0に置き，他の色相を色彩調和域にある色相から選べばよい。

　色相でいう同一の調和，類似の調和，対比の調和のルールは，2色の組合せにおける明度差–彩度差の次元でも当てはまる。図9-2は，マンセル表色系における2色の明度差を縦軸，彩度差を横軸とする明度差–彩度差平面の上に，調和と不調和の範囲を示したものである。すなわち，明度差と彩度差がともに0の領域(**同一**)，縦軸を明度差0.5～1.5，横軸を彩度差3～5でよぎる楕円形のドーナツ状の領域(**類似**)，縦軸を明度差2.5，横軸を彩度差7でよぎる楕円より外側の領域(**対比**)を色彩調和の範囲とした。この図を調和色選定図として用いるには，配色される一つの色を中心に置いて，他の色の明度差・彩度差が取る座標位置を探せばよい。

■ **美的効果の数値化とその今日的評価**　Moon & Spencer は，配色の間隔が曖昧でなく，三属性空間上で簡単な幾何学的関係にある色が調和するという考えを基本に据え，第二の論文(1944 b)では配色の調和に及ぼす面積の効果について論じた。色彩の調和が，組み合わされる色の面積関係によって異なるのは当然であろう。さらに第三の論文(1944 c)では，色彩調和の美的効果を数値で評価するため，**美度**(aesthetic measure)すなわち美的評価の値は秩序の要素(element of order)と複雑さの要素(element of complexity)で決まるとの考えに基づいて，**美度の評価法**(配色の美的計算法)を提案した。

　Moon & Spencer が目指したところは確かに画期的であった。しかしながら，彼らの論文は心理実験の結果の記載が不十分であり，さらに，調和領域図や美度の評価法が追試によって確証されることが少なかったことから，多くの賛同を得るには至らず，今日では，予測性に乏しく実用には遠い色彩調和論であったと評価されている。次の節(☞ p.172，9-2)で紹介する日本色彩研究所グループの研究，人間工学会関西支部グループの研究，そしてより最近の伊藤(2007)の研究においても，否定的な結果しか得られていない。それでもなお，Moon & Spencer の調和理論は，科学的な態度を目ざして色彩調和を定量的に扱った最初の試みとして

歴史に名を残している。

9-1-4 当時の色彩調和論に関するジャッドの論考

当時の欧米には上記以外にも色彩調和論はいろいろあり，1950年には，アメリカの色彩学者ジャッド(Judd, D. B.)により，その頃までの色彩調和論が要約的に一覧されて注釈つきで公刊された。さらにJuddは1955年に，「色彩調和は好き嫌いの問題であり，情緒反応は人によって異なり，また同一人でも時によって異なる」としながらも，先人の多くの色彩調和論に共通して認められるさまざまな原理を以下の四つに要約し，その論考を公刊した。四つの原理とは，「秩序」，「親近性」，「類似性」，「明瞭性」であり，福田(1996)に依拠して要約すれば下記のとおりである。

秩序の原理(principle of order)：色立体の中から規則的に選ばれた色，例えば，色相環において数理的・幾何学的秩序をもつ2色配色(中心を通る直線で結ばれる補色)，3色配色(色相環を3等分する配色)，4色配色(色相環を4等分する配色)は調和する。

親近性の原理(principle of familiarity；なじみの原理)：自然界にあり，人々が見慣れた色の配列を色彩調和の真の指標とする。例えば，秋の野山にみられる紅葉の色や，木の葉に日光が当たる時につくりだされる緑系の諧調などには，色相の自然連鎖の法則があるとした。

類似性の原理(principle of similarity)：構成色間に，なんらかの共通性，類似性がある配色は調和しやすいという原理であり，ほとんどの色彩調和理論であげられている。

明瞭性の原理(principle of unambiguity；明白性の原理)：構成色間の関係があいまいでなく，明快であれば調和する。

9-1-5 イッテンの色彩調和論

20世紀の中頃は，カラーコンサルタントやデザイナーによる実用志向的な調和論も盛んであった。1961年に，スイスの美術教育者**イッテン**(Itten, J.)は，色立体の規則的な分割によって2色から6色までの調和的配色を説明する書を著した。すぐに『色彩の芸術』の書名で邦訳されたこともあり(大智・手塚，1964)，日本の美術教育界でもよく知られている。その要点は下記のとおりである。

■**イッテン色立体** Ittenの色立体における色相環は，絵具の三原色であるレッド，イエロー，ブルーを一次色として選び，図9-3に示すように色相環の三方に置いた。次いで，二次色として三原色のそれぞれ中間に，混色によってオレ

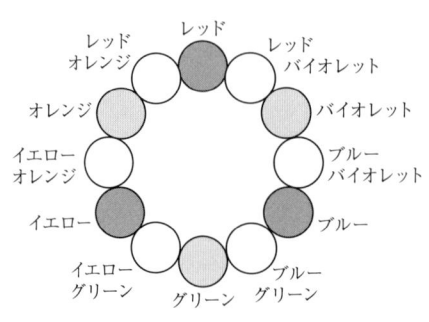

図 9-3 12色相のイッテン色相環 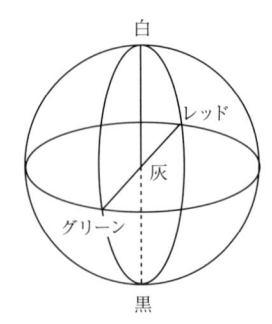　　**図 9-4** 球形構成のイッテン色立体

ンジ，グリーン，バイオレットを作り，さらに三次色として，一次色と二次色の間に両者の混色による6色を作った。これで **12色相の色相環** ができ，向き合う2色は補色関係となり，混色色が灰色になるよう構成されている。

次に Itten は，色相環の中央を垂直に貫く軸の上下に白と黒を置く，**球形構成の色立体** を考えた。これが図 9-4 に示すイッテン色立体である。この色立体に基づいて 2～6 色の配色形式が提言されるのであるが，彼は配色の調和について，個人によって異なる主観的な物差しで判断するよりも，客観的で均衡のとれた色相分割の概念で説明することを念頭に置いていた。この考えは，Judd(1955)が四つに要約した色彩調和論に共通な基本原理の中の「秩序の原理」と「明瞭性の原理」に通じる。

■ **色相分割に基づく配色の調和**　　Itten は，複雑な色空間を球形で表現したイッテン色立体の中に，客観的で均衡のとれた色相分割の概念を単純な幾何学的図形のかたちで持ち込んだ。そして色彩調和の形式として，2色補色配色のダイアード，3色正三角形配色のトライアド，分裂補色配色のスプリットコンプリメンタリー，4色配色のテトラードなどの分割配色技法を提言した。

2色調和（ダイアード；dyads） は，レッドとグリーン，オレンジとブルー，イエローとバイオレットの組合せのように，色相環で相対する補色関係の2色配色（**コンプリメンタリー配色**）のことで，このような色の組合せは調和するという。それだけでなく，ダイアードの組合せ形式は球形の色立体全体に適用されるので，混色すれば無彩色となる2色，すなわち色立体の中心を挟んで正反対に位置する2色はすべて調和するという。

イッテン色立体は 12 色相の構成であるが，次の 9-2 節で述べる PCCS は 24 色相で両者は馴染みやすいので，今述べたダイアードの配色形式について PCCS のヒュー・トーン・システム（☞ p.110，図 6-14；p.113，図 6-17）を借りて説明す

9-1 欧米の色彩調和論

ると，例えば，色相環上に位置する赤(v 2)と青緑(v 14)，黄(v 8)と青紫(v 20)の組合せだけでなく，ブライトトーンの赤(b 2)とディープトーンの青緑(dp 14)，ライトトーンの黄(lt 8)とダークトーンの青紫(dk 20)の組合せなども，色立体の中心を挟んで点対称となる2色であるから調和が得られる。このように，ダイアードによる調和的な配色は無数に想定することができる。

3色調和(トライアド；triads)は，色相環に内接する正三角形の頂点に位置する3色相(色相環を3等分する3色相)を組み合わせる配色形式である。12色相のイッテン色相環では4色相間隔の3色配色となり，典型的なものは，色相環の構成で1次色に選ばれたレッド，イエロー，ブルーの組合せである。色相環上に限らず，色立体の中心を通る平面上で球面に内接する任意の正三角形による組合せで得られる。

もう一つの3色配色は，**スプリットコンプリメンタリー**(split complementary；3色分裂補色配色)と呼ばれるもので，上記のダイアードで例示したレッドとグリーンの補色対を元に説明すると，図9-3でレッドの両隣にあるレッドバイオレットとレッドオレンジの2色にグリーンを組み合わせた3色配色，あるいは，グリーンの両隣にあるイエローグリーンとブルーグリーンの2色にレッドを組み合わせた3色配色がこれに相当する。すなわち，ダイアードの補色対のうち片方の色相を，その両隣に位置する2色相に分けて3色配色とする形式であり，色相環上の3色相を線でつなぐと頂角30°の二等辺三角形が描ける。この配色形式もダイアードやトライアドの場合と同様，色相環の一番外側の色相だけに適用されるのではなく，色立体の中心を通る面上で所定の条件を満たす3色であれば調和が得られる。

4色調和(テトラード；tetrads)は，色立体に内接する正方形または長方形の頂点に位置する4色の配色形式であり，その典型は色相環を4等分する4色相の配色，すなわち2組の直交するダイアード(補色対)の組合せにあたる。

さらにIttenは，色相環に内接する正多角形を五角形あるいは六角形とする，**5色調和**(ペンタード；pentads)や**6色調和**(ヘクサード；hexads)の提言も試みた。しかし，イッテン色立体の色相環は5の倍数構成ではないため，ペンタードでは正五角形の頂点と色相との対応が失われ，配色形式としての規則性に欠ける。そこで彼は，上述したトライアドの3色と無彩軸上下の白と黒を組み合わせることでペンタードを説明し，配色形式つまりは自己の考え方の一貫性を保とうとした。この場合，白と黒を取り込んだペンタードの5色配色を直線で結ぶと，すべての面が三角形のデルタ六面体(双三角錐)となる。また，ヘクサードでは内接正六角形の頂点と色相との対応関係は保たれるが，無彩軸の白と黒を取り入れたペ

ンタードでの考えはヘクサードにも適用され，この場合の6色配色を線で結ぶと，ピラミッドを重ね合わせた形の正八面体（双四角錐）となる．

9-2 日本における色彩調和の研究

9-2-1 日本における色彩調和研究の沿革

わが国で欧米の色彩調和論が紹介されたのは，**塩田力蔵**『色の調和』（学齢館，1892）が最初ではないかという（福田，1998a）．明治25年のことで，彼が勤めた東京美術学校が創設されて5年後のことである．その後も欧米の色彩調和論を導入する時期が長く続き，日本人が色彩調和に関する独自の研究を本格的に展開し始めたのは戦後の1950年代以降である．

■ **研究の黎明期**　日本で色彩学という書名の最初の本は，**矢野道也**『色彩学』（1907）であろう．その第十二章「配色法の一斑」には，"(配色法も)単一なる理のみにては推す能はずして，之を見る人の習慣，其周囲の境遇教育の程度，其の国民の風俗，其他無意識的に行はるゝ諸般の原因，相錯綜して始めて快不快の判断を来すものなるが如し"(p.223)とあり，配色調和における個人差や国による違いにまで言及している．また，ブリュッケ，シュブロール，ルードらによる種々の色彩の組合せによる調和の結果を紹介し，例えば，"組み合はすべき二つの色の名称：赤と青　組み合はせの結果：甚だ宜し，赤と紫：悪し"などと列記し，"配色法に関して専問に取り調ぶるを要する人は，シュヴロール氏の配色論を熟読せられんことを希望す"と述べている．

少し時代が下がり，**濱八百彦**(1928)は，『色彩概論』第十章「色彩の好悪及配色法」で，"配色法の意味は，変化と統一に帰着でき，反対色，近似色の配合の場合，そしてその中間色の配合の場合があり，目的により異なる．配色の美は，時と場所と目的，背景そして照光により変化する"(p.365)として，色彩から生じる感情や美に関する彼独自の考えも述べた．

その後，長い戦前・戦中の時期を経て戦後約10年を経たころ，**星野昌一**は『色彩調和と配色』(1957)の序で"わたくしがかねて主張してきた物の見え方は，明度に支配されるという原理は色彩調節の根本をなすものであり，色彩調和もまた明度配置の適正さから起るという考え方はグレーブスの説くところと一致し，この理論を建築，機械，設備，家具，衣服，食物などに応用して，快適な環境を作りだすのに役立てたい"と述べ，その色彩調和論を発表した．1950年代後半からのこの時期は，わが国における色彩調和研究の黎明期として，服飾や室内の色彩など特定の対象についての配色を課題とする色彩調和研究も見られるように

なってきた。1960年に発表された**塚田敢**の色彩調和論は，『色彩の美学』(1966)で知ることができる。またこの時期は，色彩調和を主たる目的とした配色論の立場から多くの基礎的研究も蓄積され始め，色彩調和研究の一層の展開に向かう時期とも重なっている。

■ **研究の展開期**　この時期を代表する研究は，1954年以降20年間に及ぶ**細野尚志**ら日本色彩研究所グループの研究と，1965年から5～6年間続いた**納谷嘉信**ら人間工学会関西支部グループの研究であろう。いずれも，多数の色票と配色サンプルを用いた計量心理学的実験によって，多人数の評価者から入手したデータを統計数理学的に解析した研究で，今日，その規模と精度においてあらためて高く評価されている。

これらの研究については次の項で改めて述べるが，結論的に導き出されたことの要点をあらかじめまとめておけば，次の3点であり，第一は，色彩調和の評価における次元や基準は日本人と欧米人では同じでないこと，第二は，調和感の得やすさは色によって異なり，調和しやすい色と調和しにくい色があること，第三は，類似の配色は調和し，対比の配色は不調和と判断されやすく，この傾向は欧米での結果とあまり一致しないことなどであった。これらは，日本固有の色彩事情や日本人の感性に合致した色彩調和論の創案が必要だという提言でもあった。

この他，計量心理的手法を初めて取り入れた**神作順子**(1963)の2色配色の因子分析的研究もあり，その一部は，先の8章の色彩感情の項ですでに述べた(☞ p.154)。この研究で神作は，色差により組織的に選んだ39組の2色配色を対象に20尺度を用いたSD法による色彩感情分析を行い，調和感との相関が常に高いのは「気持のよさの因子」が高く負荷する尺度であること，また，明度差が大きくなるほど調和感が増すが，色相差と彩度差に関しては一定の傾向が認められず，Moon & Spencerの色彩調和理論でいう調和－不調和領域(☞ p.167，図9-2)とは一致しないことを明らかにした。

8章でも述べたが，配色の色彩感情には多数の次元があり，そのいずれもが多かれ少なかれ'調和－不調和'の評価と相関的に影響し合っている。単色の評価が配色の評価にも影響し，すでに細野(1974)は，色彩調和体系の構成への展望として，配色の感情効果を構成単色それぞれの感情効果の合成にどれだけ還元できるかについて論じている。

9-2-2　日本における代表的な色彩調和研究

前節で，日本の色彩調和研究を代表する研究として，日本色彩研究所グループによるものと，人間工学会関西支部グループによるものとの二つを指摘した。色

彩調和研究の範例として，それぞれの概要を以下に紹介する．

■ **日本色彩研究所グループの研究**　細野(1954)は，"造型上の調和とは本来綜合的な感覚である．そういう造型上の綜合的観点からすると，色は常に或る材質を，形体をともない，その面積関係や配置のバランスなどを切り離しては考えられない．従ってその場合の調和は，常に色と他の造形要素との相互関係に於いて綜合的に把握されるべきである"と前置きした上で，一応色だけを他の造型上の諸問題と切り離して考えるとして研究を始めた．こうして細野らの日本色彩研究所グループは，1955年に実施した大規模な調査を出発点として色彩調和論を展開していった．その成果は，1955年以降の同研究所紀要『色彩研究』で逐次公刊された．

共同研究者であった同研究所の児玉(1998)によれば，1955年調査では，画家・デザイナー・美術教育者ら専門家132名と美術大学生ら200名の計332名を対象とし，664種×2組(計1328種)の2色配色サンプルを用いて，配色の'調和−不調和'について「どちらでもない」を含む3件法で直感的に評定することが求められた．膨大なデータは色の三属性との関係から分析され，配色の色相差との関係では4類型の調和タイプ(いずれのタイプも色相差0のとき調和しやすいが，色相差が大きくなるほど調和傾向が減少するタイプa，色相差が5～7，8～9，11～12で調和傾向が高まるタイプb, c, d)，明度差との関係では2類型の調和タイプ(調和傾向のピークが明度差2の近くにあるタイプと明度差5～6にあるタイプ)が見出され，彩度差との関係では差が小さい場合と大きい場合に調和しやすく，中間の彩度差3～4のとき調和傾向が低いことが示された．これらの調和タイプと被調査者の職種との関係も分析されている．また，後の1973年調査では，色の嗜好と配色調和との関係や，'派手な−地味な'，'強い−弱い'などの感情効果と配色調和との関係も分析された．上記のほかにも，適時幾つかの調査が実施されており，一部は先の8章で紹介したとおりである．

日本色彩研究所は，これらの研究成果を**日本色研配色体系**(Practical Color Coordinate System；PCCS)として結実させた．先の6章では，そのうちの表色系(カラーオーダーシステム)としての機能について説明したが(☞ p.108, 6-5)，その際に述べたように，PCCSはその名の通り色彩調和を主たる目的として配色論の立場から開発されたカラーシステムであり，色彩調和の法則性や実際的な配色論こそ真に目指すところであった．

■ **人間工学会関西支部グループの研究**　納谷を中心としたグループは，102組の2色配色を用いた大規模な実証研究によりMoon & Spencerの色彩調和理論(☞ p.167, 9-1-3)の検証を行い，その妥当性に疑問を投げかけた．特に，明度差

9-2 日本における色彩調和の研究

(a) ΔV-ΔC 面

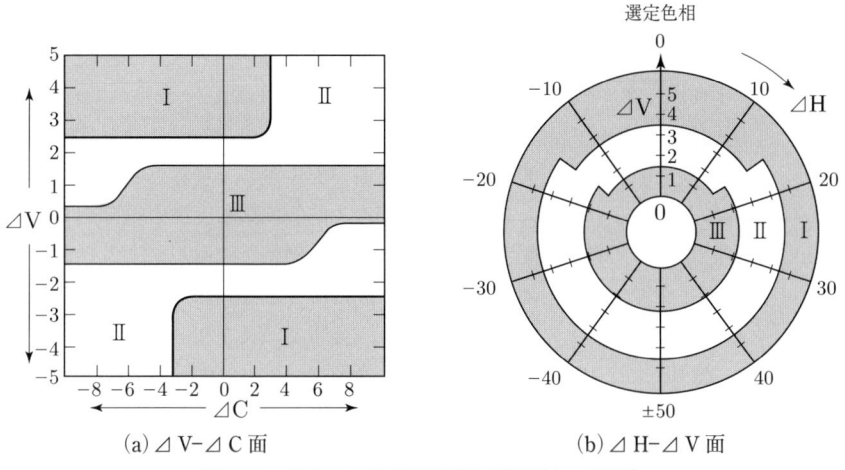

(b) ΔH-ΔV 面

図 9-5 納谷らの色彩調和範囲(森ほか,1966)

と彩度差の正負方向の相互関係が重要であるとし,図9-5(a),(b)のような独自の配色選定図を用いて色彩調和範囲を示した(森・納谷・辻本・池田・難波,1966)。この図の領域Ⅰは「比較的調和の得やすい領域」(良調和域),領域Ⅱは「中間的領域」,領域Ⅲは「比較的不調和となりやすい領域」(不調和域)を示す。

図9-5(a)は,配色する2色の間の明度差ΔVと彩度差ΔCを選定するときに使用するΔV-ΔC面を表している。この面上で2色の調和範囲は,座標中央点に関して点対称であるが,ΔV=0の軸に関して上下非対称,ΔC=0の軸に関しても右左非対称であることが特徴的であり,ΔVとΔCの間で±方向が逆の組合せになる第2象限と第4象限に良調和域Ⅰの広いことがわかる。すなわち,高明度低彩度色と低明度高彩度色の組合せが調和しやすいことを意味している。

図9-5(b)は,色相差ΔHと明度差ΔVの選定に使用するΔH-ΔV面である。この図では,円環は,色相を100分割(☞ p.94,図6-7)したときの2色のΔH(色相差)を示し,円の内側から外側に向けてΔV(明度差)が大となるように表されている(ただし,ドーナツ型の表示なので円の中心がΔV=0ではない)。円環の外周部が良調和域(領域Ⅰ),その内側の白抜き部分が中間的領域(領域Ⅱ),中心部が不調和領域(領域Ⅲ)であり,ΔVが3.5ないし4.5以上の場合はいかなるΔHも良調和域に入ることを示している。

森ほか(1966)は図9-5について,"重要度が高いのはΔV-ΔC面の方であって,ΔH-ΔV面は参考程度である。本配色選定図および本論文の結論は多くの人の平均的な調和感覚であり,特定の個人については多少のずれがあるかもしれ

ない"と述べ、さらに、Moon & Spencerの配色選定図(☞ p.167, 図9-1；図9-2)と比較し、"明度差が小さい場合、ほとんどの彩度差の関係で不調和となる。$\varDelta V$-$\varDelta C$平面図において、座標軸に関して対称型にならない"と述べている。

配色で明度差と彩度差の関係が重要であることは、その後の研究でも指摘されている。例えば近年、伊藤(2007)は、同一色相の配色および無彩色と有彩色の配色で「良調和」であったのは、高明度低彩度色と低明度高彩度色の組合せであるとしている。ただし、異色相配色では色相差による効果と明度差彩度差による効果との間に相互作用が生じ、調和－不調和を決める2色間関係はそう単純なものではなくなる。今、明度差の影響を見るため、実験で「良調和」と評価された異色相配色の29組(上位10%)と「不調和」と評価された31組(下位10%)を取り出して、縦軸に2色相の明度差$\varDelta V$、横軸に2色相のうち明度が高かった方の明度Vをとって、「良調和」と「不調和」の別に示すと図9-6のとおりである(伊藤、2009)。これより、明度差の小さい高明度色同士の配色に調和感の評価が高いこと(図9-6(a))、また、明度差の大きい高明度色と低明度色の配色および中明度色同士の配色に調和感の評価が低いこと(図9-6(b))が読み取れる。

先にも述べたが、日本人と欧米人では色彩調和の評価基準が同じではない。これが、日本色彩研究所グループや人間工学会関西支部グループによる研究を後押ししたのであるが、伊藤(2007)も、類似色相配色においては調和が得られやすいが対照色相配色においては調和が得られにくかったことを報告し、西欧の歴史的な調和論では反対色の調和を強調する傾向があると指摘している。他者に積極的にアピールする場合は反対色の調和、自身がリラックスする場合は近似色(同一色相・類似色相)の調和を使用するというように、時と場所と場合によって望ま

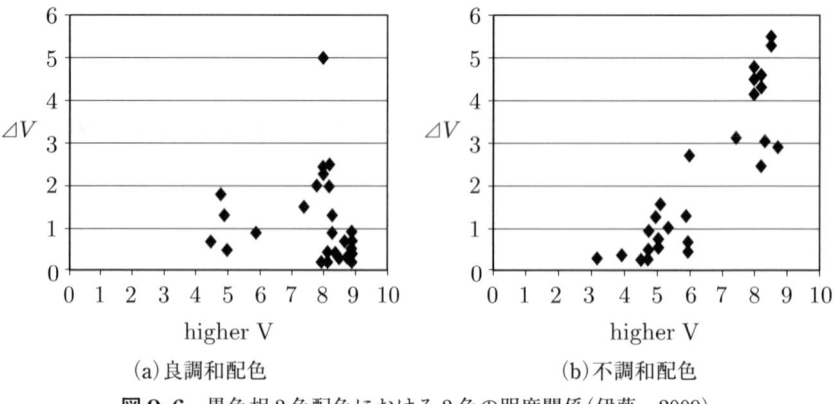

(a) 良調和配色　　　　(b) 不調和配色

図 9-6 異色相2色配色における2色の明度関係(伊藤, 2009)

しい調和的配色も変わることが考えられる。80年以上前の濱(1928)の文中にも，すでにこれと類似した意味の記述がある。

9-3 配色の実際

9-3-1 2色配色の基本型

この項では，2色配色の基本型について，色相差，明度差，彩度差，トーン差のそれぞれを手掛かりとしたときの典型的な事例を順に述べる。便宜上，色相とトーンを手掛かりとする配色についてはPCCSヒュー・トーン・システム(☞ p.109, 6-5-2)の色記号を用い，明度と彩度を手掛かりとする配色についてはマンセルシステム(☞ p.92, 6-2-2)のスケールを用いて説明するので，必要に応じて当該のページを参照してほしい。

■ **色相差をもとにした配色** 色相は配色を考える上で最も基本的な要素である。色相を手掛かりにした配色は，PCCS色相環(☞ p.110, 図6-14)における色相差をもとに6類型に分けることができる。2色の色相差の値(0～12)と色相環での角度(0°～180°)とを併記して順に記せば，① **同一色相配色**：色相差0(角度0°)，② **隣接色相配色**：色相差1(角度15°)，③ **類似色相配色**：色相差2または3(角度30°または45°)，④ **中差色相配色**：色相差4～7(角度60°～105°)，⑤ **対照色相配色**：色相差8～10(角度120°～150°)，⑥ **補色色相配色**：色相差11または12(角度165°または180°)である。一般に，色相差が小さいほどなじみやすく，大きくなるにつれて明瞭性が高まる。

色相は必ずトーンを伴うから，それぞれのトーン(☞ p.112, 図6-17)も指定しておく必要がある。同一色相の配色(必ずトーンは異なる)を除いて，配色構成色のトーンは同じかもしれないし違うかもしれないが，いずれの場合であってもトーンの略記号を色相記号の番号の前に付けて，例えば，v2(さえた赤)とv12(さえた緑)，b8(明るい黄)とdk10(暗い黄緑)のように表す(☞ p.112)。参考までに，色相差を手掛かりとした2色配色の事例を，上記6類型ごとに「トーン略記号・色相番号」で3組ずつ列記すれば，① 同一色相配色は「v8とdkg8」，「p6とdk6」，「lt18とdp18」，② 隣接色相配色は「v8とv9」，「v17とb16」，「dk2とv3」，③ 類似色相配色は「v8とv10」，「v2とsf4」，「dp4とd6」，④ 中差色相配色は「v8とv12」，「sf12とdk16」，「b20とlt14」，⑤ 対照色相配色は「v8とv16」，「sf8とdk18」，「d2とd12」，⑥ 補色色相配色は「v8とv20」，「ltg2とv15」，「p2とp14」のとおりである。

さて，配色の結果を上記の例のように「トーン略記号・色相番号」の並置で表

しただけでは，その2色が色相差による6類型のどれに相当し，それぞれのトーンがどのような関係にあるか(つまり，2色が色相環上およびトーン分類図上でどのような位置関係にあるか)，直感的には捉え難い．そこで，図6-14(☞ p.110)と図6-17(☞ p.112)を参考に，円周を24分割した色相環の略図と，半楕円の中を17区分したトーン分類の略図を作成して，それらの中に2色の色相とトーンを描き込めば配色の視覚的イメージが得やすくなる．上記の例を用いて各自で試みてみるとよい．

なお，コントラストの効いた明快で対照的な2色配色は**ビコロール配色**(フランス語の bicolore；2色の意)と呼ばれ，上記の⑥補色色相配色で例示したv8とv20の組合せがこれに当たる．ちなみに，めりはりのある明快な3色配色は**トリコロール配色**(tricolore)と呼ばれ，フランス国旗の赤−白−青やイタリア国旗の赤−白−緑など，多くは国旗の配色にその事例が見出される．

■ **明度差をもとにした配色**　マンセルシステムの明度スケールは，9.5(白)から1.5(黒)まで0.5ステップで刻まれた17段階で構成されているので，明度差による配色の分類は，差の取り方によって何種類にも分けられる．例えば，明度差を0(同一)，0.5(隣接)，1〜2(類似)，2.5〜3.5(中差)，4以上(対照)に分ければ，5類型の配色を考えることができる．これは PCCS においても同様である．

しかし，有彩色でわずかな明度差を評価するのは大変難しい．そこで明度を手掛かりにした配色を構成するには，図9-7のように，マンセル明度(バリュー)が7以上の**高明度色**，4以上7未満の**中明度色**，4未満の**低明度色**の3群に分類し，この組合せで配色を考えた上で，明度類似系の配色や明度対照系の配色になるよう微調整するのが実際的である．

明度類似系の配色は，一般に明度差が0から1.5程度までの配色であるから，図9-7の高明度色同士，中明度色同士，低明度色同士で組合せを考えれば大抵は

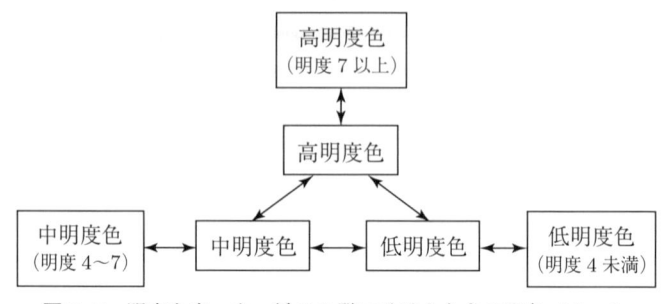

図9-7　明度を高・中・低の3群に分けたときの配色パターン

これに当てはまる。この配色は明度が近いために各色の明瞭性が低く，特に同一明度の配色は境界が曖昧になって色の分離が悪くなる(リープマン効果；☞ p.124)のであまり使用されない。しかし，これを逆手に取りあえて目立ちにくい配色を作ることもある。

明度対照系の配色は，明度差がおよそ 2.5 以上の配色で，高明度色と低明度色の組合せはすべて該当する。明度差が大きくなるにつれて明瞭性，視認性は一層高まる。また，高明度色と中明度色の組合せ，中明度色と低明度色の組合せは，明度のとり方によって明度類似系の配色にも明度対照系の配色にもなる。

■ **彩度差をもとにした配色**　　上述の明度の場合と同様，色をマンセル彩度(クロマ)7 以上の**高彩度色**，3 以上 7 未満の**中彩度色**，3 未満の**低彩度色**の 3 群に分け，その組合せにより彩度類似系の配色と彩度対照系の配色に分類することができる。図 9-7 にある高明度色，中明度色，低明度色の語を，それぞれ高彩度色，中彩度色，低彩度色に置き換えて考えればよい。

彩度類似系の配色は，マンセルシステムにおける彩度差が 3 前後までの配色であり，高彩度色同士，中彩度色同士，低彩度色同士の組合せはおおむねこの類型の配色になる。彩度差が小さい配色では，明度差を適度につけると調和のとれた配色が得られやすい。一方，**彩度対照系の配色**は彩度差がおよそ 7 以上の配色である。低彩度色と高彩度色の配色は，明度差をつけたときと同様，明瞭性が高くなる。

なお，マンセル彩度で説明した高彩度，中彩度，低彩度は，PCCS の彩度スケールでは，それぞれ 7 s〜9 s，4 s〜6 s，1 s〜3 s に相当する。

■ **トーン差をもとにした配色**　　配色でトーンを手掛かりとするときは，PCCS のヒュー・トーン・システムを使うことになる。この場合，同一トーン配色，類似トーン配色，対照トーン配色の 3 類型が考えられる。

同一トーン配色は，同じトーン略記号の色同士(例えば，lt と lt，dp と dp)を組み合わせればよいわけで，色相を加えた実際の配色例は，「lt 22 と lt 8」，「g 8 と g 18」，「dp 2 と dp 8」などである。

類似トーン配色は，図 6-17(☞ p.112)のトーン配置図で縦方向(明度軸方向)，横方向(彩度軸方向)，あるいは斜め方向で隣り合うトーンを組み合わせればよい。縦方向の隣接トーンは彩度が同じ組合せ，横方向の隣接トーンは明度が同じか類似で彩度も類似の組合せ，斜め方向の隣接トーンは明度と彩度がやや異なる組合せとなる。順に配色例を一つずつあげると，それぞれ「p 2 と ltg 12」，「g 10 と d 18」，「ltg 16 と d 2」となる。

対照トーン配色には，明度差を強調した配色，彩度差を強調した配色，明度も

彩度も対照とした配色の3種が考えられる。明度差を強調したトーン対照系の配色では，相対的に明度の高いトーン（明清色；p, lt, b）と明度の低いトーン（暗清色；dkg, dk, dp）から1色ずつ選んで組み合わせればよい。同様に，彩度差を強調したトーン対照系の配色では，彩度の高いトーン（v, b, s, dp）と彩度の低いトーン（p, ltg, g, dkg）の色を組み合わせることになる。なお，明度差のあるトーン対照系の配色は，コントラストの効いた明快なビコロール配色（☞ p.178）の仲間に入る。

9-3-2 効果的配色の基礎技法

　配色とは二つ以上の色を目的に適うように組み合わせることであり，その目的が調和感を得ることであれば，見る人にポジティブな感情的効果をもたらす色の組合せを目指すことになる。本章の冒頭で，色の調和感とは配色の仕方という客観的なルールに支えられて生まれる主観的な心の営みの産物であると述べ，前項では2色配色の基本型を例示とともに説明した。その基本型の応用として，実際に用いられる配色には幾つかのバリエーションがある。それらは配色の効果を一層高める技法として実用されており，また配色技法を表す用語としても定着している。

■**ベースカラー・アソートカラー・アクセントカラー**　色相，明度，彩度，あるいはトーンに共通性を求めて統一的な配色をすると，どうしても単調な感じが強くなるので，これを避けるために，使用している色とは異なる属性の色（例えば，対照的な色相やトーン，明度差の大きい色）を少量だけ加えて全体を引き締まった感じにすることがある。このように使われる色が**アクセントカラー**（accent color，強調色）であり，図9-8のように，類似色相配色で共に明度の低い2色（dk 20とdk 18）の境目に，明度の高い対照色相（b 8）を配するのはその典型例である。無彩色の組合せに有彩色のアクセントカラーを用いることもあれば，色の感性印象的性質に基づいた暖色系同士の配色に寒色系のアクセントカラーを用いることもある。

　図9-8の例では，配色された2色の印象を分断するようにアクセントカラーが

dk20 （ベースカラー）	dk18 （アソートカラー）

b8（アクセントカラー）

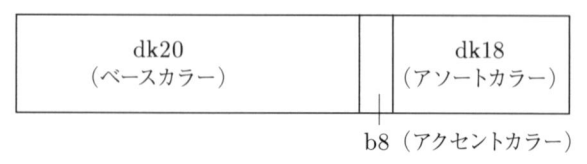

図 9-8　低明度の類似色相配色に高明度の対照色相を配したアクセントカラーの例

挿入されているが，このような使われ方がアクセントカラーの必要条件ではない．配色の主たる色のいずれかに印象を合わせたワンポイントのアクセントとして用いられることもある．なお，配色において最も大きい面積を占める色を**ベースカラー**（基調色），これと組み合わされる2番目に大きい色を**アソートカラー**（配合色）という．

▌**セパレーション**　　両者が主張し合うような補色色相あるいは対照色相の関係にある純色の組合せ（例えばv2とv12）は，強烈過ぎて落ち着きのない感じを与えるし，逆に，近似した色相で共に彩度も低い色の組合せ（例えばltg8とltg10）は，互いに似たもの同士で感性に訴えることが少ない．このように違いがはっきりし過ぎていたり，逆にはっきりしない場合は，**セパレーション**（separation，分離）と呼ばれる技法がしばしば使われる．これは，色と色の境目に別の色を挿入して隣接する2色を分断し，コントラストを弱めたり逆に強めたりすることで，均整の取れた配色に見せる手法である．挿入される色は，あくまでも配色全体の引き立て役として補助色の役割を果たせばよいから，隣接する色がv2とv12のときはW（白），ltg8とltg10のときはBk（黒）というように，できるだけ明度差のある無彩色，または低彩度の色が用いられることが多い．

　色同士の関係が曖昧で不調和になりやすい場合，別の色を挿入することで分離し，安定した調和に向かわせるセパレーションの技法は，Judd（1955）が要約した色彩調和論の四つの基本原理（☞ p.169）のうちの「明瞭性の原理」（明白性の原理）を具現する一つの方途であろう．

▌**ナチュラル・ハーモニー**　　Judd（1955）のいう基本原理の一つに「親近性の原理」（なじみの原理）があり，自然の中に見られる色の変化のように，日常見慣れている色の配列は調和するという．例えば，自然の光の下では，光が当たった部分の色は明るいだけでなくやや黄みの方向にずれて見え，反対に陰の部分は暗いと同時に青紫みがかった感じの色に見える．このような色の見えの違いは，しばしば，赤いリンゴの表面や木々の葉の緑を昼間の太陽光の下で見たときの色の感じで説明される．リンゴの赤や木の葉の緑は，陽に直接照らされると明るく黄みがかった赤や緑に見え，日陰の部分のリンゴは暗い紫みを，木の葉は暗い青みを帯びて見える．このように，**ナチュラル・ハーモニー**（natural harmony）とは自然で見慣れた馴染みの調和であり，自然の色の見えの関係を配色に応用した技法のことをいう．

　もともと赤い色のリンゴや緑色の木の葉に当たる光の加減で，見えの色みが微妙に黄みや青紫みを帯びて感じられるのであるから，本質的にこの技法は近似した色相の組合せ，すなわち隣接色相配色や類似色相配色のバリエーションである．

具体的には，配色のうち，色相環で黄に近い色はやや明るい黄みに，青紫に近い色はやや青み寄りに暗くすればよいことになる。

■**コンプレックス・ハーモニー**　上記のナチュラル・ハーモニーとは逆に，色相環で青紫に近い色相の方を，黄に近い色よりもやや明るくする配色を**コンプレックス・ハーモニー**(complex harmony)という。この技法も隣接色相配色や類似色相配色のバリエーションであるが，自然界での色の見え方に逆らった配色であるから，感性的には違和感が生じやすい。しかし，「親近性の原理」に反するからこそ新奇で新鮮な感情が誘発されるという複雑(complex)な効果もあるわけで，その意味でしばしば「**不調和の調和**」とも表現される。そのような表現に触発されてか，隣接色相配色や類似色相配色の括りを超えて色相に対照性がある場合にまで拡大解釈されることもあり，配色のうち黄に近い暖色系の色をやや暗くし，青紫に近い寒色系の色を相対的に明るくして，広く不調和の調和が演出されている。

■**グラデーション配色**　色を段階的に変化させながら規則的に配列した多色配色のことを**グラデーション**(gradation)という。Judd(1955)のいう「秩序の原理」にも「類似性の原理」（共通要素の原理）にも適うものであり，見る者にリズミカルな心地よい調和感を与える。色の変化は，色相，明度，彩度あるいはトーンに関して一定の順序ないし規則性が保たれていることが必要であり，変化の途中で順序が入れ変わったり，極端に不均等な間隔で並んでいたりすると，統一性や連続性が失われてしまう。例えば，明度だけが変化するグラデーションの途中に色相や彩度の違う色が加わると，連続性は分断され心地よさが損なわれる。グラデーションを構成するための段階的変化の数は自由に決められるが，比較的隣接的で多段階であるほうが効果は得られやすい。

　ここで各人，H V/C で表される**マンセル色記号**(☞ p.94)と「トーンの略記号＋色相記号の番号」で表される PCCS の**トーン記号**(☞ p.112)の復習を兼ねて，色相，明度，彩度あるいはトーンに基づくグラデーション配色の例を幾つか実際に作成し，それらを，マンセル色記号あるいは PCCS トーン記号を用いて書き表してみてはどうだろう。

　なお，以上では明暗や色の境目が断崖的にはっきり区別できる多色配色の事例でグラデーションを説明したが，写真や映像の世界では，広く「画像の濃淡勾配」を意味する技術用語（映像情報メディア学会，1999）として用いられており，境目がはっきりしない明暗や色の変化などの暈し（ぼかし）の手法もグラデーションの仲間とされている。

■**ドミナントカラー配色とドミナントトーン配色**　多色配色で使われる手法で

あり，多色という点ではグラデーションと同類である．しかし，グラデーション配色は，色相やトーンの変化が隣接的で規則的でありさえすればその変化は広範囲に及んでもよいが，**ドミナントカラー配色**(dominant color)は，全体の色調を一つの支配的な色相(赤み，青み，暖色系，寒色系といった共通要素)に整え，色相のまとまりで全体的な統一感をもたせる多色配色技法である．同様に，**ドミナントトーン配色**(dominant tone)は，トーン(色の調子)のまとまりで配色の感性的イメージに共通性を持たせようとする技法である．両者とも，ナチュラル・ハーモニーと同様，自然における馴染みの色の見え方に倣った調和技法であり，前者では夕焼けの光景が茜色に染まって見える事例(ドミナントカラーはオレンジ色)，後者では薄く霧のかかった街路が淡い色調に包まれて見える事例(ドミナントトーンはペール)がよく引き合いに出される．

■ **その他の配色技法**　以上に概説してきた配色の諸技法は単独で，あるいは複数組み合わせた多種多様なかたちで，デザイン，ファッション，インテリア，エクステリアといった実際的な色の取扱いの中で活用されている．上記のほかにも配色の基礎的な技法は幾つもあり，ここではそれらの用語をごく簡単に説明しておく．

トーン・オン・トーン配色(tone on tone)は，赤系統とか青系統といった色相でまとめる配色方法(ドミナントカラー配色と同類)である．p 18 と dk 18 の組合せのように，曖昧にならないよう明度差を比較的大きくするなど，トーンで変化をつける同系色相(PCCS 色相差 0～3)の濃淡配色である．

トーン・イン・トーン配色(tone in tone)は，明度差の近い同系のトーンでまとめ，色相で変化をつける色の組合せ(ドミナントトーン配色と同類)である．色相も同系色相(PCCS 色相差 0～3)から選択するのが基本であるが，近年は色相差の大小にかかわらず同系トーンの配色はこの名で呼ばれている．このトーン・イン・トーン配色や既述のドミナントトーン配色と同類の技法に，**トーナル**(tonal)と呼ばれる配色がある．この技法は，特に基本とするトーンに中明度・中彩度の中間色調系(ダルトーン)を用いて全体をまとめるねらいがあり，控えめで地味な落着きある印象の表現に適している．

カマイユ(camaieu)，**フォカマイユ**(faux camaieu)とフランス語で呼ばれる配色がある．カマイユとは，もともと絵画の技法として，特に白と褐色だけを用いる単色画法に付けられていた名称であり，その名の由来のとおり色の三属性やトーンに関して差が僅少で，ほとんど一色に見える微妙な色使いの配色のことである．また，フォカマイユの faux は英語では false(真正でない，偽りの，見せかけの)であり，**フォカマイユ配色**とはカマイユ配色と少しだけ違って，色相と

トーンの双方あるいは片方に若干の変化をもたせた配色である。ここでいう若干の変化とは，類似色相で類似トーンの範囲にまで色を広げて組み合せてもよいということである。現実的にはカマイユ配色とよく似てまぎらわしい'擬似'カマイユ配色であり，両者を厳密に区別するのはむずかしい。このほか，やはりフランス語で呼ばれる手法に**ビコロール配色**と**トリコロール配色**があり，この二つについては先に述べた（☞ p.178）。

10章
カラーコーディネートの基礎と応用

　美しく奏でるハーモニーが心を癒すように，調和のとれた色彩空間は快い感情を抱かせ，心を落ち着かせてくれる。初めて見る品物や菓子でも，色やデザインが気に入り，つい買ってしまうことはよくある。色彩は人の感情に直接働きかけ，人の行動に影響を与える力をもっている。装うことや住むことの中で，自分らしさを表現し，独自のライフスタイルをいかにクリエイトしていくか。ファッションビジネス業界においては，消費者の購買欲を刺激し心をつかむために，色の持つ力をどのように生かせるか，そのファッション戦略が問われている。インテリア業界では，コストをかけずに色彩の力で快適な住空間を演出する計画が練られている。この章では，ファッションビジネスのカラー情報，ファッションカラーコーディネートの基礎知識と実務への応用，多様化する生活者のためのインテリア色彩計画について，その一端を紹介する。

10-1　ファッションビジネスと色彩

　ファッション(fashion)の語義は"流行"であるが，今日では，衣服・化粧品・アクセサリーなど，単に服装や服飾を意味する言葉として広く使われている。この意味でファッションは，当然，個人の好みや流行の影響を受けやすく，比較的短いサイクルで変化している。現代の生活者は自分独自の価値観を持ち，ファッションはますます個性化の時代になっている。とりわけファッションの色彩は，個人のイメージ表現や個性の発揮に欠かせない要素であり，街のショップやファッション雑誌は，急速に移り変わる時代の流れを敏感に読み取り，洋服から小物の装身具に至るまで身辺空間をトータルにコーディネートして生活者に提案し，多様化する消費者の心に訴えかけている。

10-1-1　ファッションカラー情報の時系列

　繊維産業(テキスタイル)，アパレル産業，小売業の三つに大別されるファッション産業は，次シーズンのトレンドに関わるファッション情報の綿密な収集と

分析を通して，常に新しいファッションカラーを提案していかなければならない。情報をいかに収集・分析し，企画し，それをどう見せるかで売り上げが左右されると言っても過言ではない。ここでは，田仲(2007)を参照しながら，ファッションカラー情報の時系列について順にまとめて述べる。

▍インターカラー　　ファッションカラーの世界はインターカラー(Intercolor)における流行色の提案から始まる。**インターカラー**とは，1963年に発足した，**日本を含む14か国が加盟する国際流行色委員会**(International Commission for Colours)のことで，各国が提案色を持ち寄り，実シーズンの2年前の6月に春夏カラー，12月に秋冬カラーの選定委員会を開催し，トレンドカラー(流行色情報)を発表する。日本からは，**日本流行色協会**(Japan Fashion Color Association；JAFCA)が参加しており，インターカラーの傾向を参考にしながら，日本国内市場の傾向を国内専門委員会で検討し，日本市場向きのトレンドカラーを選定して発表する。

▍ファッショントレンド情報　　民間団体によるトレンド情報には，色彩情報機関によるものと，テキスタイル産業やアパレル産業，小売業向けの予測資料があり，実シーズンの12～18か月前に提供される。これらの情報はテーマ別にカラー・パレットが構成され，具体的な配色も提案される。

▍素材展・素材情報　　インターカラーの発表を受けて，その情報を織り込んだ素材傾向が，実シーズンの12か月前に，ヨーロッパを中心とした素材展で提案される。特にパリのプルミエールビジョン(Première Vision)の素材展は最も早い時期に開催され，規模も大きく注目度が高い。ヤーン(糸)中心の素材展であるエキスポフィル(Expofil)も，同時期にパリで開催される。

▍デザイナーズコレクション　　実シーズンの約半年前に，世界の主要都市4か所(ニューヨーク，ロンドン，パリ，ミラノ)で，ファッションマインドをリードする4大コレクションが開催される。近年は，アジア圏において影響力のある東京コレクションも注目されている。これらのコレクションが開催されると，映像メディアなどを通して一斉に報道され，一般の雑誌や新聞，ファッション雑誌にそのシーズンのファッションコーディネート特集が掲載される。日本では，繊研新聞やWWD(Women's Wear Daily) JAPANなどが速報を掲載する。米国ではパントン(PANTONE)などがコレクションのカラー情報を分析し提供している。

▍アパレル展示会　　アパレルメーカーは，トレンドカラーの情報(色・素材)を集めて分析し，企画を立て，商品化する。アパレル展示会は，ヨーロッパやアメリカ等で世界のバイヤーを相手に開催され，日本では1月と7月に，IFF(International Fashion Fair)が東京ビッグサイトで開催されている。また，JFW JAPAN

CREATIONなど素材の総合展は，カラー情報を提示した展示を行っている。

▌**マスコミ・ファッション情報誌**　実シーズンに商品が店頭展開されるまで，ファッション専門新聞や雑誌等によってファッション情報が広く報道される。また，消費者のライフスタイルや嗜好を分析し，ターゲットを定めて編集される生活者向けファッション雑誌も数多く出版される。

▌**売り場における消費者情報**　売れ筋カラーを見つけ，商品に対する反応をいち早く知るためには，売り場情報は欠かせない企業情報源である。また，次シーズンに向けた企画立案においても重要な役割を担っている。

以上のようにファッションビジネスの世界は，先行する世界のファッショントレンド情報を収集・分析すると同時に，市場リサーチ情報やライフスタイル情報を加味して，コンセプトを立てる。アパレルメーカーは，その企画に基づいて製品見本をつくり，展示会で披露する。情報によってシーズンの方向性が定められ，それが実際の店頭売上を左右するのである。

10-1-2　ファッションビジネスの視点

ファッションビジネスにおいて，その商品企画や消費者の個性を考える一つの方途として，ファッションをイメージで分類する方法がとられる。また，商品の売り上げを伸ばすためには，商品構成や想定顧客層を明確化した店舗計画と演出が重要な要素となる。

▌**ファッションイメージとカラーの分類**　ファッションイメージの分類にはさまざまなものがあるが，よく使用される代表的なものは，ロマンチック，エレガント，プリティ，モダン，マニッシュ，ナチュラル，エスニック，ソフィスティケート，クラシック，カジュアルなどである。これらの分類は，使用するカラーや素材（マテリアル），デザイン（ライン，シェイプ）によってイメージがそれぞれ異なる。それぞれの代表的なイメージと使用されるカラーを略述すれば下記のとおりである。

　ロマンチックは，甘く柔らかなイメージで，リボンやフリルで装飾が施されたものや繊細なデザインの可愛らしいスタイルであり，白を取り入れたパステルカラーが代表的である。

　エレガントは，カラー，デザインとも上品で洗練された雰囲気がある優雅な大人のイメージであり，グレイッシュなパステルカラーや紫系，赤紫系の色彩が代表的で，曲線を生かしたしなやかなラインが特徴的なスタイルである。

　プリティは，可愛らしく，キュートなイメージで，ブライトトーンやライト

トーンなどの明るい明清色が使用される。

モダンは，モノトーンの白・黒など一般に少しクールなイメージで，無地・幾何学模様・ストライプ・直線が用いられ，アクセントカラーにビビッドな色が使われる。

マニッシュは，女性が男っぽさを取り入れたイメージを持つスタイルであり，ネービーブルーやダークカラーなどが主流である。

ナチュラルは，自然素材を使用し，ラフなスタイルで，ベージュやアイボリーなどを基調色として，明るいブラウン，ライトトーンやダルトーンなどの中彩度色や黄緑系を用いる。

エスニックは，民族的なイメージのデザインや色調を用い，キメの荒い素材や，赤茶系や茶系，緑系のディープカラーなどがよく使用される。

ソフィスティケートは，都会風で大人っぽく洗練されたイメージを意味し，シャープさの中に大胆さを取り入れたスタイリング，黒やグレー，ベージュなどを基調色とした色使いが特徴である。

クラシックは，伝統的，基本的といった意味を持ち，ディープトーンやダークトーン，ブラウンなどの暗い色合いで，時代を超えて存続し，落ち着いたイメージのオーソドックスな組合せに用いられる。

カジュアルは，スポーツウェアや普段着などに代表される，明るくて活動的なイメージのことで，デザインは機能的，色にはビビッドカラーなど，彩度の高い色合いや多色配色がよく用いられる。

■ **ファッションビジネスにおける商品の演出**　ファッションビジネスにおいて売り上げに関わるもう一つの大きな要因は，視覚的表現を第一に考える商品の演出・展開である。これは **VMD**(visual merchandising)と言われ，特に販売では，「だれに，何を，どのように売るのか」を明確にし，消費者が店舗に入りやすく，見やすく，買いやすく，満足のいく品揃えやコーディネートをする必要がある。購買意欲を促進しそれぞれの顧客に合った商品を展開し，顧客満足度を高めることにより，リピート率を上げることが望まれる。また，ネットショップや通販カタログにおいても，VMDは売り上げに大きく関わっている。どう見せるかで，客の購買欲が大きく変わる。ファッション商品の販売において，品々の取り揃えや商品ディスプレイの視点はさまざまであるが，ターゲットを絞り，ライフスタイルに合わせ，顧客層を絞り込んでいくことが重要である。店舗やカタログ商品の特徴を消費者に如何にアピールするかが重要な鍵となる。

商品計画を実施する場合，まず必要なのは**対象顧客の決定**である。以下，年齢層，ライフスタイル，ライフステージ，オケージョン，テイストによる消費者

(顧客)の区分の仕方について概説する。

　年齢層による区分は，女性の場合，ジュニア(13～17歳)，ヤング(18～22歳)，ヤングアダルト(23～27歳)，ミッシー(28～37歳)，ミセス(37～46歳)，ハイミセス(47歳以上)の呼名で分けることがある。男性と女性では呼名はもとより年齢区分に若干の違いがある。また新生児からジュニアまでは，一般に，ベビー(15か月児まで)，トドラー(3歳まで)，幼児(6歳まで)，スクール(小学生)，ティーンズ(中高生)に区別される。近年では，ベビー，キッズ，スクール，ギャル，ティーンズ，メンズ，ウーマン，シニアなどの区分や，20代，30代，40代，中高年という大まかな年齢層で分けることも多い。

　ライフスタイルとは，価値観や好みなどの生活様式による区分であり，近年はますます多様化している。具体的には，ロックスタイル，スポーティスタイル，クラシックスタイル，お嬢様スタイル，ナチュラルスタイルなどに細かく区分し，ターゲットを絞った商品を展開している。

　さらに生活の主体となる場(**ライフステージ**)によって，キャンパス，オフィス，ホームなどで区分したり，時々の生活の場面や用途(**オケージョン**)によって，フォーマルウェア，ビジネスウェア，ワークウェア，ユニフォームウェア，スポーツウェア，ホームウェア，カジュアルウェアなどの分類も考えられる。

　上記に加え，ファッションに対する各人の積極性や関心度，受け入れ方の度合いなど，**テイスト**と呼ばれる感性的要素に基づく分類もあり，コンサバティブ(保守的，流行の受け入れに消極的)，アバンギャルド(前衛的，流行を先取する)，アップ・トゥ・デイト(今日的な)，シビライズド(都会的，文化的な)，カントリー(田舎，田園的)，エレガント，カジュアル，スポーティブ，ロマンチック，プリティ，ナチュラルなどの分類は，商品企画や商品の演出において重要な切り口となる。

　ファッションビジネスのコーディネートにおいては，これらの多様な視点を踏まえて企画，提案するとともに，切り口の違いによってVMDを明確にし，最適な商品ディスプレイやウェブや通販カタログ等を考案していくことになる。

10-2　カラーコーディネートとカラーイメージ

　ファッションコーディネートは色だけの問題ではなく，マテリアル(素材のカラー，柄，材質，加工など)，シェイプ(シルエットやデザイン)，スタイリング(ヘアーメイク，アクセサリー，小物などの組合せ)の三つの要素を総合的に考える必要がある。TPOに合わせ，最適なファッションカラーを選ぶことも重要で

ある．それを踏まえた上で，本節では，ファッションのカラーコーディネートに焦点を当て，配色に関する基礎知識と配色イメージの特徴について述べる．

10-2-1　カラーコーディネートにおける色彩の基礎知識

配色についてはすでに9章で取り扱ったので(☞ p.177, 9-3)，繰り返しになるところもあるが，本項では，ファッションコーディネートにおける配色の特徴について述べる．ここでは特に，ファッションにおけるマテリアルとスタイリングの配色パターンの事例を説明する．

■**ファッション配色の基本的要素**　ファッションでは，色の組合せを調整して美しく見せるカラーコーディネートが必要とされる．カラーコーディネートの基本的な要素には，ベースカラー(基調色)，アソートカラー(配合色)，アクセントカラー(強調色)がある．**ベースカラー**とは全体の基本となる色のことで，配色全体のイメージを左右する面積の一番大きい色，**アソートカラー**とは，ベースカラーと組み合わせる2番目に大きい色を指す．**アクセントカラー**は，面積が小さく，コーディネート全体のアクセントになるよう，ベースカラーやアソートカラーに対して対照的な色で，他の色よりも目立つ色を使う．

■**色相を主体としたカラーコーディネートとその特徴**　同一色相配色，類似色相配色，対照色相・補色色相配色，多色色相配色の4類型に分けて，以下に説明する．色相の差を類型に分けるときの基準については，9章の9-3-1(☞ p.177)を参照してほしい．

同一色相配色は色相を統一することにその特徴があり，同じ色相のコーディネートは，明度や彩度に差をつけると非常にまとまりのある配色になる．当然，この配色は色相の持つイメージが大きい．異素材の複雑な組合せであっても，全体をまとまって見せることができ，素材感の違いをより明確に打ち出すことができる．例えば，ペールトーンの薄紫色のシルク素材のスカートにディープトーンの紫のベルベットのブラウス，ダークトーンの暗い紫のパンプスというように，同系色の濃淡配色にする．この例では，紫という色相の持つエレガントなイメージを生かしながら，明度・彩度に変化を持たせて，それぞれの素材の違いを強調する配色になる．ドミナントカラー配色，トーン・オン・トーン配色，色相のグラデーション配色なども色相の統一配色に含まれる．

類似色相配色は，色相のよく似た穏やかな配色が特徴的である．同一色相配色と比べ，色相に若干の差をつけることによってやや変化がみられる一方，配色には統一感があり，色相によるまとまりのある配色である．

対照色相・補色色相配色はコントラストを主にした配色で，ビビッドトーンな

10-2 カラーコーディネートとカラーイメージ

ど彩度の高い色同士の組合せでは，面積のバランスが重要となる。また，アクセントカラーとして対照色相や補色色相を使うことも効果的である。ダイアード配色やトライアド配色(☞ p.171)などがこれにあたり，それぞれの色相を引き立てる効果がある。

多色色相配色では，トーンを揃えて使うとトーンのイメージが優勢になり，イメージを表現しやすい配色になる。ただし，スタイリングにおいて多色を使用する場合は，すべてのアイテムでの多色配色は避けた方がよい。例えば，インナーのセーターが多色配色で，ジャケットやパンツも多色であると，なかなかうまくコーディネートできないので，スタイリングの時には，多色色相に使われている1色をインナーのセーターやパンツの色に合わせるか，無彩色を使用すると合わせやすい。

■ **トーンを主体としたカラーコーディネートとその特徴**　同一トーン配色，類似トーン配色，対照トーン配色の三つの類型に分けて説明する。これらの類型に相当するトーンの組合せは，9章の記述(☞ p.177, 9-3-1)を参照してほしい。

同一トーン配色は，トーンイメージを直接的に演出しやすい配色である。例えば，優しいイメージを演出するにはペールトーンやライトトーンなどを組み合わせ，円熟した大人のイメージを演出するにはディープトーン配色などでコーディネートする。トーン・イン・トーン配色，ドミナントトーン配色，トーナル配色なども同一トーン配色にあたる。

類似トーン配色には微妙なコントラストがあり，コーディネートによく使われ，着こなしに変化が出る配色である。例えば，ディープトーンを中心として，ソフトトーンやライトグレイッシュトーン，グレイッシュトーンなどの中間色調を使用するトーナル配色は，落ち着いたイメージのコーディネートに向いている。似たようなトーンを使うことで，トーンのイメージにも統一感が得られ，明度・彩度を微妙に変えることにより変化もつけられる。フォカマイユ配色なども含まれる。

対照トーン配色は，その名のとおりコントラストが強く，互いのトーンを引き立てることができる。例えば，ライトグレイッシュトーンは薄い色で地味なイメージだからあまり目立たないが，ダークトーンやディープトーンなど明度の低いトーンと組み合わせると，そのおとなしいイメージや優しいイメージを際立たせる効果がある。また，彩度の高いビビッドトーンを暗いトーンと組み合わせると鮮やかな色が一層引き立つ効果があるし，薄いペールトーンと組み合わせると少しソフトなイメージになり，ビビッドトーン同士よりも優しく感じさせる効果がある。

■ **ファッショントレンドに多用される配色とその特徴**　以上のカラーコーディネートに関する記述の中で，ドミナントカラー配色，トーン・オン・トーン配色，トーナル配色，フォカマイユ配色などの専門用語を用いてきた。いずれもファッショントレンドに多用される配色技法であるので，以下，他の技法と合わせて若干の説明を加えておきたい。なお，9章の9-3-2の記述（☞ p.180）も読み返してほしい。

　ドミナントカラー(dominant color)**配色**とは，同じ色相が全体を支配する配色であり，多色配色によって統一感が欠ける場合などに使われる。例えば，全体を赤みで統一するとか，青みで統一するなどして色相に統一感を持たせる方法である。これと同様に，**ドミナントトーン**(dominant tone)**配色**も多色使いの配色で，トーンを合わせて全体に統一感を持たせる方法である。トーンで統一するとイメージが共通するので，イメージによる統一感が生まれる。

　トーン・オン・トーン(tone on tone)**配色**は同系色の濃淡配色と言われ，同一色相や類似色相までの同系色を用いて，トーンや明度で変化をつける配色である。一番合わせやすく，無難なコーディネートとしてよく使われる。他方，**トーン・イン・トーン**(tone in tone)**配色**は，同じトーンまたは類似トーンでまとめる配色であり，その場合の色相はどんな色でもよい。例えば，優しいイメージにするにはペールトーンの同一トーンや，ライトトーンの類似トーンと合わせるなど，よく似たイメージを演出するのに使われる方法である。

　トーナル(tonal)**配色**の技法は，トーン・イン・トーンやドミナントトーンの類型であるが，特に中明度・中彩度のダルトーンを中心とした中間色調（濁色系）の配色のことを言い，地味で落ち着いた印象がその特徴である。

　カマイユ(camaieu)**配色**のカマイユとは単彩画法のことで，微妙な差異しかない色同士を組み合わせ，地模様や素材の違いをうまく強調するのに使われる。**フォカマイユ**(faux camaieu)**配色**は，カマイユよりも，色相，明度，彩度に関して微妙な変化が見える配色であり，類似した色であっても素材によって光沢が出たり，微妙な色の変化が楽しめるコーディネートとして用いられる。カマイユとフォカマイユがよく似て紛らわしいことは先にも述べたが，ファッションでは両者を区別しないことが多い。

　ビコロール(bicolore)**配色**は，英語読みでバイカラー配色ともいわれ，その明快な2色配色はスポーティなスタイリングによく使われ，例えば白と爽やかなブルーのボーダー柄の2色配色など，ユニフォームなどにもしばしば使用される。もう1色増やした**トリコロール**(tricolore)**配色**は，広義には明快な3色配色のことで，多様な色の組合せが考えられるが，ファッションでトリコロールカラーと

言えば，フランス国旗の赤−白−青の３色配色をさすことが多い。

コンプレックスハーモニー（complex harmony）**配色**のコンプレックスの語は，日本語として定着している「劣等感」の意ではなく，英語本来の「複雑な」という意味である。これは自然界で普段見られないような配色を意味し，色相環で黄色に近い色を暗く，青紫に近い色を明るくする配色方法である。例えば，黄緑と青の２色配色では，黄緑色を暗くして青を明るくした，オリーブグリーンと水色の組み合わせなどがこれにあたる。カーキーなどがトレンドカラーになるときにしばしば登場する配色である。見慣れない配色だが，粋であったり幻想的であったりと，さまざまな効果が期待できる。

10-2-2 ファッションに影響する色彩心理とその特徴

ファッションの色彩には，色の感覚知覚的性質に加えて，感性情動的性質の関与が著しい。色の感性情動的性質については先の８章（☞ p.139）でその諸相を述べたが，ここでは，ファッションに影響する色彩心理という観点から，幾つかの特徴を改めてまとめておく。

■ **色の属性間効果**　色が見えの大きさに影響することは**膨張色**と**収縮色**，見えの距離に影響することは**進出色**と**後退色**の用語で先に説明した。通常，明度が高い色は大きく膨張して見え，明度が低い色は小さく収縮して見える。このことから，着衣の色や明るさによって体型の印象が変わることがあり，特にファッションではスタイリングに関係すると言われている。また，赤・オレンジ・黄などの長波長側の色は見る者に近づいて見え，青などの短波長側の色は遠くにあるように見える。

■ **色のモダリティ間効果**　色と温度感との関係についても，**暖色**と**寒色**の用語で先に説明した。一般的に，赤・オレンジ・黄などは暖かく感じられる暖色系の色であり，青緑・青などは冷たく感じられる寒色系の色に分類される。緑や紫などは，温かくも冷たくも感じられない中性色である。中性色は暖色と組み合わせると温かく見え，寒色と組み合わせると冷たく感じる。また，青系の寒色の印象が，クールで理知的なイメージに連鎖するなど，色相による影響は大きい。

このほか，**やわらかい色**と**硬い色**あるいは**軽い色**と**重い色**の区別もある。一般に，明度が高い色ほどやわらかい印象（ソフトなイメージ）になり，明度が低くなると硬い印象（ハードなイメージ）を与える。また，明度が高いと軽く，明度が低いと重そうに見えるので，身長の低い人が暗い色の靴を履くと，見た目の重心が下にきて身長が一層低く見えるなど，色によって見かけの体型が変わることがある。

■**色の感情的効果**　よく知られているのは**興奮色**と**鎮静色**の区別であり，鮮やかな色，特に暖色系の赤から黄にかけての高彩度色は高揚感・興奮感を与え，逆に彩度が低い寒色系の色は鎮静的な印象が強く働く。また，**派手な色**と**地味な色**の区別もあり，彩度が高いほど派手で積極的な印象が強く，彩度が低いほど地味で消極的な印象になる。

■**色の象徴性効果**　色には，形態的な意味を超えて，人間の感性に直接働きかける性質がある(☞ p.146, 8-2-2)。**色の連想語**には，例えば，緑に対する'森林'

表10-1　色から連想された具象語と抽象語(伊藤，2008に依拠)

	具　象　語	抽　象　語
白	雲(42), 雪(22)	清潔(19), 純粋(17), 純潔(5), 清楚(3), 天使(3), 無(3), 爽やか(3)
灰色	鼠(36), コンクリート(14), 灰(8), 煙(7), 道路(6), 象(5), 雨雲(3), 雲(3)	不安(15), 暗い(6), 悩み(4), 迷い(4), どんより(4), もやもや(4), 孤独(3), 汚い(3), 寂しい(3)
黒	髪(26), 墨(10), 烏(10), 夜(7), 夜空(6), 闇(6), 猫(5), ゴマ(4), 影(3)	闇(13), 暗い(12), 恐怖(11), 絶望(4), 夜(4), 悪(3), 孤独(3), 静寂(3)
赤	りんご(28), 血(15), トマト(11), 火(9), 太陽(8), 苺(5), 炎(4), バラ(3)	情熱(38), 愛(15), 愛情(9), 熱い(5), 怒り(4), 暑い(3), 元気(3)
橙	みかん(32), オレンジ(22), 太陽(18), 夕日(12), 夕焼け(5)	暖かい(22), 元気(17), 明るい(7), 友情(4)
茶色	土(46), 木(9), チョコレート(8), 木の幹(4), 犬(3), 机(3), 枯れ葉(3)	汚い(10), 落ち着き(9), 秋(8), 地味(4), 自然(3)
黄	レモン(31), バナナ(12), 向日葵(11), 星(6), 太陽(5), 光(4), 信号(4), ひよこ(3), 月(3), 花(3), タンポポ(3)	明るい(17), 元気(11), 光(6), 幸福(4), 眩しい(3), 未来(3), 輝き(3)
黄緑	葉(24), 草(13), 若葉(10), 芝生(7), メロン(4), 新芽(4), レタス(3), 蛙(3), 草原(3)	爽やか(10), 若さ(8), 自然(8), 新鮮(5), 明るい(4), 癒し(4), 希望(4), 安らぎ(4), 春(3), 平和(3)
緑	森林(29), 森(28), 木(14), 山(4), 草(3), 植物(3)	自然(16), 癒し(10), 落ち着く(7), 安らぎ(7), 爽やか(4), 安心(4), 平和(3)
青	海(52), 空(40)	爽やか(19), 冷静(6), 冷たい(6), 悲しみ(5), 涼しい(6), 青春(3), 寒い(3), 広大(3)
紫	葡萄(35), 茄子(12), 紫陽花(12), スミレ(3), さつまいも(3), 朝顔(3), 紫いも(3), 菖蒲(3)	欲求(5), 高貴(5), 大人っぽい(5), 嫉妬(4), 不安(4), セクシー(3)
ピンク	桃(39), 桜(17), 花(13), ハート(6), 兎(3)	可愛らしさ(23), 幸せ(11), 恋(9), 愛(7), 恋愛(7), 愛情(5), 優しい(5), 柔らかい(3), 心(3), 春(3), 女の子(3)

表中の語は，被調査者264名のうち3%(8名)以上が連想した語で，( )内の数値はその%を表す。

葉，草' などの具体的連想と，同じく '自然，癒し，平和' などの抽象的連想がある。参考までに表10-1に，色から連想される具象語と抽象語に関する最近の調査結果を示した(伊藤，2008に依拠して作成)。この調査では，女子学生264名に12個の色名(白，灰，黒，赤，橙，茶，黄，黄緑，緑，青，紫，ピンク)を与えて，各色名から連想される具象語と抽象語を一つずつ自由に挙げさせており，そのうち，被調査者の3%(8名)以上が挙げた単語を一覧にしたものが表10-1である。この結果を見ると，色からの連想語が特定の単語に集中する程度は，どちらかと言えば具象語のほうが高い。ちなみに，この調査の約1か月後，今度は，白，灰，黒，赤，橙，黄，緑，青，紫の9色の色票(灰はN5，有彩色はいずれも純色)を見せて，自由に連想語を挙げさせる調査を実施したところ，9色に対する第1位の連想語はすべて表10-1の具象語の第1位と同じであり，また，回答された連想語全体の9割は具象語であった。

　このような色からの連想語には，時代による違いが比較的少ない。表10-1の結果は，塚田(1978)が具象語と抽象語に分けて紹介している1960年代の調査結果と大きく変わってはいない。

　ファッションの世界では，抽象的概念と結びついた色の連想語は「色の象徴語」とも呼ばれ，とりわけ重要視される。色が象徴する連想語，逆に象徴語からの連想色などを含め，イメージの連想が広く一般化したものが**色の象徴性**であり，それはファッションにおいて，言語によらないコミュニケーションや自己表現の手段としての重要な役割を担っている。例えば，赤い服は情熱的，青い服は理知的に見えるなど，カラーコーディネートにおいてこのような色彩連想や色彩象徴を利用する場合は多々見られる。

10-2-3　ファッションに用いられるトーンイメージとその特徴

　PCCSの配色体系(☞ p.108, 6-5)には，明度と彩度の複合概念であるトーンが用いられ，同一トーンの色は色相(ヒュー)が異なっても同じような印象やイメージを持つとされる。もともとPCCSは色彩調和を主な目的として創案された表色系であるので，ファッションカラーをトーンのイメージで捉えることは，一般の人々にも分かりやすい方法である。以下に，トーン別にそのイメージの一部を列記する。

■ **高彩度トーンのイメージ**　　ビビッドトーン(v)は「鮮やかな，派手な，目立つ，生き生きした」イメージ，ブライトトーン(b)は「明るい，健康的，陽気な，華やかな」イメージ，ストロングトーン(s)は「強い，動的な」イメージ，ディープトーン(dp)は「深い，充実した，濃い，伝統的な」イメージなどであ

る。

■ 中彩度トーンのイメージ　ライトトーン(lt)は「澄んだ，さわやかな，こどもっぽい」イメージ，ソフトトーン(sf)は「やわらかな，穏やかな」イメージ，ダルトーン(d)は「鈍い，くすんだ」イメージ，ダークトーン(dk)は「暗い，丈夫な」イメージなどとされる。

■ 低彩度トーンのイメージ　ペールトーン(p)は「薄い，淡い，弱い，優しい」イメージ，ライトグレイッシュトーン(ltg)は「落ち着いた，おとなしい」イメージ，グレイッシュトーン(g)は「地味な，にごった」イメージ，ダークグレイッシュトーン(dkg)は「陰気な，重い，硬い」イメージなどである。

■ 無彩色のイメージ　ホワイト(W)は「清潔な，冷たい」イメージ，グレイ(Gy)は「寂しい，しゃれた」イメージ，ブラック(Bk)は「高級な，おしゃれな，フォーマルな」イメージなどとされる。

　これらの知見を参照しながら，例えば，落ち着いた味わい深いイメージにするにはディープトーン(dp)，やさしいイメージにするにはペールトーン(p)というように，計画的にカラーコーディネートすることができる。また，これらのトーンイメージはファッションのみならず，企業イメージや商品色彩，インテリアなどのカラーコーディネート立案にも有効である。

10-2-4　配色イメージと配色構成色

　デザインを行うとき，配色を自分の好みや感覚で決めるのではなく，色の持つイメージでコンセプトを具現化したり，メッセージを伝えるための論理的な手法を用いることが重要である。この項では，基本的なイメージに対応する配色手法を知るために，日本色彩研究所が近年行った配色イメージと配色構成色との関係についての調査結果を紹介する。

■ イメージに対応する典型的配色パターン　この調査では，はじめに，配色イメージを表現する多数の感性語を収集し，基本的な**10種類のイメージ語**(1.ロマンチック，2.カジュアル，3.モダン，4.エレガント，5.シック，6.クリア，7.フレッシュナチュラル，8.ダイナミック，9.ウォームナチュラル，10.クラシック)を決定した。次に複数の色彩の専門家が，ベースカラー，アソートカラー，アクセントカラーとなる色を所定の配置(後述)に組み合わせて，それぞれのイメージ語に対応する配色パターンを作成した。最後に，年齢・性別の異なる多くの人々を対象に，各配色イメージ語に対応する最適の配色パターンを選定する調査を行い，それぞれのイメージを表す**典型的配色パターン**を抽出した。

　調査で作成・評価された配色パターンは，1.8 cm四方の正方形が3×3の9ブ

表10-2 配色イメージと配色構成色の一例(松田・名取, 2011)

	イメージ語	配色イメージ	配色構成色の一例		
			ベースカラー	アソートカラー	アクセントカラー
1	ロマンチック	かわいい・可憐な・愛らしい	ペールトーン赤	ライトトーン黄みの橙, ライトトーン赤	ライトトーン赤紫
2	カジュアル	明るい・活発な・親しみやすい	ペールトーン黄	ブライトトーン橙, ブライトトーン黄緑	ビビッドトーン黄
3	モダン	現代的・人工的・都会的な	ライトグレイ	ライトトーン青, ミディアムグレイ	黒
4	エレガント	女性的・気品のある・洗練された・優雅な	ペールトーン青紫	ペールトーン赤紫, ライトトーン青紫	ブライトトーン赤紫
5	シック	渋い・洗練された・大人っぽい	ライトグレイ	ダークグレイ, ライトグレイッシュトーン緑	黒
6	クリア	明るい・さわやかな・透明感のある	白	ペールトーン青, ペールトーン青緑	ペールトーン青
7	フレッシュナチュラル	若々しい・新鮮な・さわやかな	白	ブライトトーン黄緑, ブライトトーン緑	ブライトトーン青緑
8	ダイナミック	強い・はっきりした・派手な	ビビッドトーン黄	ビビッドトーン青, 黒	ビビッドトーン赤
9	ウォームナチュラル	穏やかな・素朴な・温もりのある	ライトグレイッシュトーン赤	グレイッシュトーン赤, ダルトーン黄緑	ディープトーン黄みの橙
10	クラシック	重厚な・円熟した・伝統的な	グレイッシュトーン橙	ダークトーン赤, ダークトーン赤みの橙	黒

ロックに分割されて,次のように4色で塗り分けられたものであった。すなわち,ベースカラー(1色)を中央ブロックの上下左右の4か所に配置し,2色のアソートカラーのうちの1色を左上隅と右下隅の2か所に,他の1色を右上隅と左下隅の2か所に配置し,中央の1箇所をアクセントカラー(1色)とする配置であった。上述の10種類のイメージ語に対して選定された典型的な配色パターンの構成色(ベースカラー,アソートカラー,アクセントカラーの組合せ)の一例を示すと,表10-2のとおりである。

■ **典型的配色構成によるイメージの演出** 表10-2に例示した配色構成を参考にして,意図するイメージを演出することができる。例えば,明るい,活発な,親しみやすい「カジュアル」なイメージを演出するには,ベースカラーに全体的な雰囲気を表す橙から黄色の中~低彩度の明清色を用い,中面積のアソートカラーには,ベースカラーとの色相対比や彩度対比のコントラスが生まれるように調整し,アクセントカラーには,ベースカラーやアソートカラーとの色相対比や

彩度対比となる高彩度の色を用いる。また，明るい，さわやかな，透明感のある「クリア」なイメージを生むには，ベースカラーにホワイト系やペールトーン，ライトトーンの寒色系を用い，アソートカラーには明清色やホワイトを組み合わせ，アクセントカラーにはアソートカラーと同様に，ブルーグリーン系やブルー系の寒色系を中心とした色相を用いる。このように，さまざまなファッションカラーやカラーコーディネートを考察し提案することができる。

10-2-5 カラーイメージスケール

日本カラーデザイン研究所は，配色とイメージとの関係について，一つひとつの色や言葉が持つ意味（イメージ）を明らかにし，それらを相互に関連付けて比較・判断できるように，独自に「単色カラーイメージスケール」，「言語イメージスケール」，および「配色イメージスケール」を開発した。これらについては小林（1990, 1998）で詳述されているが，その概要を簡略に紹介すれば下記のとおりである。あわせて本項では，これらのスケールによって表されるイメージスタイルと色彩・デザイン・素材との関係についても述べる。

■ **単色カラーイメージスケール** このスケールでは，ヒュー・トーン・システムに基づいて系統的に選ばれた120の有彩色（10色相×12トーン）と10の無彩色の計130色が，SD法によるイメージ測定の結果に基づいて，'ウォーム－クール'（W-C），'ソフト－ハード'（S-H），'クリア－グレイッシュ'（K-G）という三つの軸からなる三次元のイメージ空間内に整理されている。このうちW-C軸とS-H軸で示される平面上でカラーイメージを説明すると，中央部にはウォーム，クール，ソフト，ハードのいずれにも偏らない濁色（グレイッシュ）で穏やかな色（紫）があり，周辺部には清色（クリア）でイメージのはっきりした色が配置されている。その色をあえてヒュー（色相）だけで表記すれば，例えばW-C軸のW側には赤，C側には青，S-H軸のS側には黄，H側には赤紫といった色が位置する。

■ **言語イメージスケール** 色が表象するイメージを言葉で置き換えてカラー戦略を立てるために，カラーイメージスケール上の色と対応付けて，言語イメージスケールが作成されている。一般に，W-C軸のW側にある色は'はなやか'な暖色，C側にある色は'さわやか'な寒色で，その中間にある色は暖色でも寒色でもない'おだやか'な色となる。しかし，それぞれの色イメージや言語イメージは，W-C軸だけでなくS-H軸（さらにはK-G軸）のイメージと複雑に絡み合った総体的なものであるから，実際にはそう単純ではない。ここでも，W-C軸とS-H軸の二次元面で言語イメージスケールの一部を説明すると，中央部に

10-2 カラーコーディネートとカラーイメージ

はエレガント(優雅な，上品な，繊細な，…)，周辺部に位置するW-C軸のW側にはカジュアル(活気のある，にぎやかな，親しみやすい，…)，C側にはクール・カジュアル(若々しい，スポーティな，スカッとした，…)，S-H軸のS側にはロマンチック(ういういしい，可憐な，純真な，…)，H側にはクラシック&ダンディ(温厚な，どっしりした，風格のある，…)といった配置で，このほかにも多数の形容語が多数のエリアにまとめられている。

■**配色イメージスケール**　　形容語で表された個々の言語イメージに相応する配色を選定し，それらを言語イメージスケール上の当該箇所に配置したものが配色イメージスケールである。2色配色，3色配色，5色配色等のイメージスケールが用意されており，例えば，'優雅な'イメージの配色は，W-C軸とS-H軸の交わる中央部(エレガントのエリア)に配置され，'にぎやかな'イメージの配色は，W-C軸のW側(カジュアルのエリア)に配置されている。

　配色イメージスケールの使用方法の一例をあげると，「飾り気のない，おとなしい，なじみやすい」イメージを演出したい場合は，まず言語イメージスケールでこられの言葉を探し，それらが多く分布するナチュラルエリアを選択し，配色イメージスケールにおける「ナチュラル」配色を参考に配色を決定する。すなわち，イメージを言葉で表現し，それをさらに具体的な配色に置き換えていくのである。このようなイメージを元にした配色選定は，物の意味，人の好み，企業イメージや商品イメージなど，感性的で抽象的な概念を客観的かつ具体的に表現するのに有効であり，カラー戦略を立てるためのシステムとして，ファッションはもとより建築，インテリアなど，さまざまなジャンルの色彩計画に使われている。

■**イメージスタイルと色彩・デザイン・素材との関係**　　洋服に合う靴，帽子，アクセサリーからインテリア空間まで，生活者の個性や趣味，好みなどの違いを把握し，イメージを提案し，消費者の購買意欲を高め，その心をつかむには，おおまかなスタイルの捉え方や志向スタイルの方向性を知る必要がある。言うまでもなくデザイン要素は色だけでなく，形や柄，素材などを複合的に組み合わせてイメージが形成される。そこで，多様化する今日の消費者の嗜好に対応するため，人々が色やデザイン，素材をどのようにとらえ，またどのように感じているかを，小林(1990)に依拠してイメージスタイルごとにまとめ，表10-3 に示した。

　表10-3に基づいて，例えば，カジュアル志向の人には，コットン素材の鮮やかな色づかいで，ときにはビビッドカラーを取り入れた小物やアクセサリーを組み合わせる。またエレガントイメージを志向する人には，紫・赤紫をベースカラーにして，ライトグレイッシュトーンのシフォン素材にパールのネックレス，しなやかな曲線ラインのドレスを組み合わせるなど，生活者の志向に合わせたイ

表 10-3　イメージスタイルと色彩・デザイン・素材（小林，1990 に依拠して作成）

スタイル	イメージ	カラー	柄・デザイン	ファブリックなどの素材
ナチュラル	自然な なじみやすい 素朴な のどかな 親しみやすい 飾り気がない	ベージュ系 ブラウン系 オフホワイト 低・中彩度のベージュ系ブラウン系 あまり暗いブラウンを使わない sf・d トーンの YG 系など	なめらかなライン 自然のままの丸み 素朴な形 草・木・葉のモチーフ	平織りの布地 木綿 素朴な焼き物 木・竹・藤などの質感
カジュアル	若々しい 鮮やかな 楽しい 派手な 華やかな 活動的な	鮮やかな清色調（v・b・lt） 明るい派手なトーン（v・b） 白・黒を生かす 全体に明るく・高彩度のアクセント コントラストをつける	大柄チェックやストライプ 手書き風イラスト 動きのある模様 丸みのある遊び感覚	厚みのある木綿 プラスチック・ゴム 木 実用的で軽快に使えるもの 異素材の組み合わせ （自然素材 + 人工材）
モダン	都会的な シャープな 人工的な 進歩的な 合理的な 理知的な	白・黒・ダークグレイなど 無彩色が基調 無機質で冷たい感じ アクセントで表情を変える	無地が基本 シャープなストライプ シンプルで直線的 メカニックでハードなもの	金属や人工材 硬く無機質で冷たい手触りのもの 緻密で光沢のある自然石
ロマンチック	やわらかい メルヘンの 可憐な 淡い ういういしい 柔和な	パステル調の淡い色 甘さのある清色 白をきかせてソフトにまとめる	やさしい曲線 小柄・リピート柄 やわらかいタッチのイラスト 小さめで細かい柄 薄手で丸みのある形	繊細なレース すりガラス 白木 明るい色の藤 シフォン等の透明感のある素材
エレガント	上品な 優雅な しとやかな 優美な 女性的な エレガントな	赤紫・紫系が代表的 穏やかなグレイッシュカラー 微妙なグラデーションで まとまり配色	流れるような曲線 適度な装飾をいかした花柄や抽象柄 コントラストを出さず輪郭の淡いもの 微妙な凹凸のもの	しなやかなシルク サテンなどやや光沢のあるもの レース パールや高級陶器のように品よくキメの細かい質感
クラシック	伝統的な 古典的な 味わい深い 豪華な 重厚な 円熟した	暖色系の温かみのある暗い色が中心 低・中明度，低，中彩度の暖色系 コントラストをつけすぎず穏やかにまとめる	装飾的な伝統文様 動植物のモチーフやペイズリー古典柄 細部まで凝った様式性のもの	金・絹・ベルベット 光沢があり，高級感があるもの 重厚で風格のある皮革 レンガ・ローズウッドなど

メージを提案する指針となる．この分類は，ファッションだけでなく，インテリア，商品色彩など，さまざまなジャンルに応用できる．

10-3　インテリアカラーコーディネートにおける色彩計画

　インテリアデザインは，住む人にとって安全で，より快適な空間であることが求められる．インテリアカラーコーディネートは，人々が快適に生活できる空間をつくるために，その空間に関係するすべての色彩を調整することである．イン

テリアデザインにおいても色彩の影響力は大きく，色の使い方一つで快適になったり不快になったりと，気分や行動に変化を生じさせる。また，床や壁の色などは長期使用することが多く，簡単に変えることが難しいので，色彩計画には慎重を期さなければならない。

10-3-1　インテリアカラーコーディネートの手順

　ここでは，新築一般住居を想定したインテリアカラーコーディネートの色彩計画を説明する。インテリアの色彩計画は，住宅の工事と連動して行われることが多く，工事には一定の時間がかかるため，塗装や発注のタイミングによって計画の変更を余儀なくされたり工程が遅れたりすることがあるので，スケジュールには注意が必要である。また工事の最終段階で一度に多くの色を決定することが多く，部材の手配にはかなりの日程を要するものがあるので、計画的に手配することが必要である。以下では色彩計画を中心に解説していく。

▎**設計条件の把握**　色彩計画には，建物の立地条件，各部屋の利用目的や，利用者像などを把握することが大切である。現場や周辺を視察し，写真などを撮影し，立体図面，平面図面なども確認しておく。その細目を列挙すれば下記のとおりである。

　①立地条件：敷地，眺望，日照条件，周囲の環境、また住宅周辺の木々の季節変化などの情報を把握しておく。
　②空間条件：敷地や部屋の広さ，各部屋の使用目的，工法，空間配置などを平面図で確認する。
　③初期投資：予算，メンテナンスコストなどを確認する。
　④納期：工事予定・日程を確認する。
　⑤空間構成アイテムの確認：床・壁・家具などを確認する（今までに使用していた家具等を使うかどうかも含めて）。
　⑥問題点の抽出：インテリアの場合，長期使用になるのでメンテナンス等のことも考慮する。

▎**利用者の調査と分析**　利用者にとって快適な空間を演出するために，利用者のライフスタイルや趣味，インテリアイメージに関する嗜好を調査する。下記にその細目をあげる。

　①家族プロフィール：家族構成・職業・年齢・性別を把握する。
　②ライフスタイル：家族の趣味や嗜好，食事時間及び食事スタイル，社交性などを調査する。
　③空間イメージ：好きな色やイメージ，材質の好み，各部屋のイメージなど，

家族全員にそれぞれ聞き取り調査を行う。

■ **コンセプトの策定**　聞き取り調査の結果や諸条件の把握から，コンセプトを策定する。その作業としては，イメージワードを抽出する方法を取ることが多い。例えば，くつろぐ，やさしい，落ち着きのある，楽しいなどのキーワードを抽出し，最終的に「落ち着いた，温もりの感じられる空間」とか「温かく，楽しい，くつろぎ空間」といったイメージコンセプトを策定する。

　また，部屋の使用目的によって使用する色彩も変わるので，対象がパブリックゾーン(玄関ホール，廊下，リビングルームなど)か，セミパブリックゾーン(ダイニングルーム，キッチン，バスルーム，洗面所，トイレなど)か，プライベートゾーン(ベッドルーム，子ども部屋など)か，といったゾーニングの確認を行ってコンセプトを策定する必要もある。

■ **色彩設計**　コンセプトに従いながら色彩設計を行う。具体的に，どのようにして色を決定していくのかを紹介する。

　①**コンセプトワードからの色彩イメージの決定**：先に紹介した色相イメージ，トーンイメージ，配色イメージや，カラーイメージスケール等を参考にして，コンセプトワードから色彩を決定する。例えば，「落ち着いた，温もりの感じられる空間」というコンセプトワードから，暖色(オフホワイトを含む)や中性色で温もり感を，中間色調(濁色)であるライトグレイッシュトーン，ソフトトーン，ダークトーンなどのトーンイメージで落ち着き感を演出していく。

　②**コンセプトワードからのイメージスタイルの決定**：コンセプトワードからイメージスタイルを決める。例えば，表10-3を参照すると，「親しみやすく，素朴でなじみやすい」というイメージ語はナチュラルスタイルになる。そこで，基調色をベージュ系・ブラウン系にし，床材は温もり感のある木の素材を使用し，壁紙にはオフホワイトを使用するなど，イメージのスタイルを決定し，それに合うようにコーディネートする。

　③**ゾーニングの視点からの色彩計画の決定**：パブリックゾーン，セミパブリックゾーン，プライベートゾーンのいずれに属するかという，ゾーニングの視点からも色彩のコーディネートを考える。通常は，三つのゾーンのうちパブリックゾーンをコンセプトのメインに据える。パブリックゾーンは，家族だけでなく来客など多くの人が利用するため，家族全員の好みを反映させた飽きのこない色彩が多く使用される。ベージュ，アイボリー，ブラウンなどのナチュラルカラーが主流とされるケースが多い。

　さらに，基調色を保ちながら個性や嗜好を加味して，独自の好みのコンセプトを付け加えることができる。例えば，前述したベージュやアイボリー系のナチュ

10-3 インテリアカラーコーディネートにおける色彩計画

ラルカラーの基調色に，好みの「モダン」要素を加えたい場合には，冷たい印象の大理石やタイルを玄関部分のステップに使用し，装飾品として無彩色のクッションやクリスタルの透明花器を使い，カーテンやソファのデザインには幾何学的で直線的なラインを使うなどして，好みに合ったナチュラルでモダンな空間を演出することができる。

セミパブリックゾーンのキッチンやバスルームには，北向き・南向きなど配置方向によって室内温度に差が生じるため，カーテンやキャビネットの色の温度感に注意する必要がある。例えば，南向きのキッチンキャビネットが暖色系ばかりだと暑そうなイメージになり，北向きの洗面所やバスルームが寒色系ばかりだと冷たく寒く感じるので，中性色（黄緑，緑系）やアイボリー，オフホワイトを用いるなど，色による温度感の演出に工夫が必要である。

プライベートゾーンは利用者の好みが反映されるところなので，基本的に利用者の要望を基に色彩を決定する。その時も，色相・トーンのイメージ（☞ p.195，10-2-3）やイメージスタイル（☞ 表10-3）を参考にするとよい。

▍プレゼンテーション　　プレゼンテーションは，色彩設計を具体的なイメージで伝える手段として大変重要な作業である。建築家とコラボレーションすることも多く，終始，建築家とのコミュニケーションが大切になる。さらに最終的には，施主を含めた三者間協働（施主，建築家，カラーコーディネーター）になるので，お互いが納得いくまで話し合いを持つことが不可欠である。コンピュータによるシミュレーションやプレゼンテーション用ボードなどを使って，全体的なイメージが建築家や施主に伝わるように工夫することも大切である。

10-3-2　インテリアカラーコーディネートの注意点

上述のとおり，最初に住居全体あるいは部屋ごとの方向性をカラーコンセプトに基づいて設定し，最終的に施主へのプレゼンテーションに至るのであるが，その間，カラーコーディネーターとして留意しておかなければならない事柄は数多くある。その幾つかについてはすでに各所で適宜述べてきたが，それらに加えてここでは，色彩の問題とも関わり注意が必要な2～3の事柄について付記しておきたい。

まず，インテリアカラーコーディネーターとしての任を果たすには，建築用材や仕上げ材など，ある程度の建築関係の知識も要求される。カラーコンセプトに基づいた方向性に沿って，インテリア構成アイテムの仕上げ材の検討を行っていくには，色彩の知識だけでなく，カーテンの質感，床材の特質，壁材，建具といった仕上げ材などの知識が必要になる。当然，照明も大きく影響するので，照

明条件を含めた全体の色彩設計を行うことが必要であり，例えば，照明の色温度や演色性，演出方法に関する知識は欠かせない。経年変化による色材の変色・退色にも留意する必要がある。

次に指摘しておきたいことは色見本の面積効果である（☞ p.114）。壁紙クロスや床材など，色彩を決定する時には小さな色見本帳で色を選択することが多いが，この場合，色の見え方にずれが生じ，実際の使用場所で見る色とは大きな違いがあるので，使用する色見本（サンプル）の大きさに留意しておく必要がある。通常，大きな面積になると，見た目の色の感じとしては明度も彩度も上がるが，暗い色がより暗く感じられる場合もある。写真の色と実際の色が違うことも多いので，必ず大きめの実物サンプルを取り寄せることである。壁紙の色を決めるときなどは，最低でも 30 cm×30 cm くらいの大きさのサンプルが必要である。

また，塗料などは，実際に塗装サンプルを作成してもらうことが推奨される。さらに，日照時間に合わせて色の変化を観察することや，昼と夜ではカーテンの開け閉めの状態や照明によって部屋の印象が変わるので，これらのことにも注意を払う必要がある。

11章
色の知覚的・感性情動的性質の測定法

　本書の1～10章では，色の感覚知覚的性質や感性情動的性質に関連する数々の知見を述べてきたが，このような知見を入手したり既存の知識を再検証したり，あるいは応用的技法を提言したりするためには，その目的に応じた所定の手順が必要である。この章では初めに，実証的研究に共通な方法論的原則や研究方法の一般的類型(観察，調査・検査，実験)について略述し，次いで，色彩学や色彩心理学の研究領域でしばしば用いられる心理測定や評価法について，具体的な研究事例を援用しながら概説する。これらの説明を通して，本書の各所で述べてきた事柄は，たとえわずか数行に満たない記述であっても，いずれも所定の手順を経て蓄積されてきた根拠のある知見であることを知ってほしい。あわせて，各人が色に関連する課題に研究関心を抱き，調査や実験を試みようとするときの参考になれば一層幸いである。

11-1　実証的研究の特徴と研究法の類型

11-1-1　実証的研究の基礎と一般的手続き
　色彩学や色彩心理学など「色の科学」の目標は，色や色彩に関する人間事象としての多様な心の働きを客観的実証的に記述・説明し，それぞれの心の働きの中に現れてくる法則性を見出し，将来の同じような事態における予測を可能とする科学的知識の確立にある。その前提として心理事象の測定は必須の課題であるが，測定といっても，物を対象とする物理測定と違って現に生きている人間を対象とする**心理測定**であるから，具体的な研究方法に幾つかの特徴や制約があることは当然である。しかし，実証的科学として他の諸科学と共通の方法論的な原則や手順に従うことも，また当然である。

■**方法論的原則**　　すべての科学に共通の原則として，科学的知識には客観性と公共性が保証されていなければならない。**客観的公共性の保証**とは，第一に，科学的知識は，事象についての忠実な第三者的観測(実験や調査など)を通して客観的に収集されたデータと，それに対する論理的推論によって導かれたものでなければならないということを意味する。単なる個人的体験や思索の産物は知識の糸

口にはなりえても，それだけでは主観の域を出るものでなく，これを科学的知識の水準に高めるためには一定の手順を経る必要がある。

　第二に，知識の客観的公共性とは，その知識の確かさを誰でもが検証できる状態に置かなければならないという，**検証可能性の保証**を意味している。取り扱う事象や知識は個人性を越えて，仮に他者が再び同じ知識を入手するために同じ事象を観測しようとすればそれが可能であるように，観測条件や研究方法の詳細が明確に公開されている必要がある。他者による検証の結果が一致すれば，知識の水準は一層高まる（これを「（知識が）追試される」という）。

　第三に，すでに確立したと目される知識であっても，必ずしもそれが真実であるとはかぎらないから，第三者の検証によって反証的根拠が明確になればその知識は否定されてよいということである。逆に，公開された一定の手順を経て確立された知識が，客観的根拠なしに否定されることはありえない。

■ **研究方法の一般的手続き**　色彩学や色彩心理学の課題は多様であるから，その解決に最適の研究方法も多種多様である。しかし，いずれの方法であってもその手順は，実験，調査，検査，観察などによって問題とする事象を忠実に観測し，確かなデータを入手することから始まる。もちろんそれ以前に，問題意識による課題の発見と焦点化が必要であり，そのため，既存知識の精査や先行研究文献の検索，あるいは探索的な研究準備（予備実験・予備調査）も必要となる。課題が決まれば研究計画を立案し，それに従った観測を開始する。

　観測の結果はデータとしてその後の所定の操作に耐えるように，何らかのかたちで符号化され記録される。もとより，収集されたデータは知識の源泉であっても知識そのものではない。当然のことながら，観測されたデータは整理され分析されて，まとまりある記述と説明が試みられなければならないし，必要に応じて論理的推論を加えるなどして事象間の関係の探索が行われる。

　さらにいえば，観測事象の記述だけでは科学的知識としてなお不十分である。他の知識と統合して論理的な抽象化・一般化を試み，観測されていない範囲の事象にまで説明が適用される理論の構築が望まれる。このように，事象の観測から抽象化・一般化に至るまでの手順が繰り返されることによって予測性が高まり，科学的知識の体系が豊かで確かなものになっていくのである。

■ **記述的研究と検証的研究**　いずれの研究方法であっても，実証的研究の基本は研究計画に基づく客観的データの収集であるが，その目的は現象の記述にあったり仮説の検証にあったりする。**記述的研究**とは，事象をありのままに把握し，その直接的な解釈を試みることが主目的の研究で，例えば色の嗜好を年齢層や性の別に調べた実態調査（☞ p.149, 表8-4）などがこれにあたる。

検証的研究とは，既存の知識を確かめたり，その知識のいっそうの敷衍を試みたり，まだ調べられていない未知なる知見を見出そうとする研究である。その水準は多様であるが，多くは，事象についての予見(仮説)を設定し，データの分析を通してその予見の当否を確かめようとするものである。例えば，「明暗を感受する桿体と色を感受する錐体の網膜上の分布が異なっているとすれば(☞ p.18，図2-3)，行動的に観測される視野の限界と色視野の範囲(等値線で結ばれる視野図の大きさ)も異なっているに違いない」という仮説を立て，これを確かめるために無彩と有彩の視標を用いて視野計で測定したところ，その通りの結果(☞ p.35，図2-11)が得られたといった類の研究である。

■ **識別的研究と統制的研究**　研究目的に応じたデータ入手の仕方によって，研究方法を識別的研究と統制的研究に分けて説明することもできる。**識別的研究**は，観測の対象や事象，その条件を人為的に統制できない場合に採用され，研究目的に合致した対象者や条件を選択してデータを入手する方法である。調査研究の例で言えば，色彩嗜好の文化差(☞ p.151)を調べるためには，被調査者として幾つかの異文化の国や地域の人々に協力を求める必要がある。また，実験研究の例をあげれば，視感度曲線(☞ p.32，図2-10)が三色型色覚(正常)，二色型第一色覚異常，二色型第二色覚異常の間でどのように異なっているかを明らかにするためには，その目的に合致した被験者を探して実験協力を依頼しなければならない。このように，人為的に作られたものではない，もともと世に存在する異質の条件や被験者群を比較し，それらの違いを識別することを目的とする研究を識別的研究という。

他方，**統制的研究**は事象と諸条件の間の定量的関係を明らかにすることを目的とする研究であり，人為的に統制された条件のもとで組織的に事象の観測を行う，いわゆる実験室的研究はその典型である。例えば，色相の同時対比において検査領域と誘導領域の面積比が対比効果にどのように影響するか(☞ p.130)を精査するには，第一に必要な実験条件として，2領域の面積比を人為的かつ系統的に変化させた観察条件(刺激)を用意しなければならない。そしてさらに，計画的に変化させる(しばしば「操作する」という)条件以外の諸条件については，やはり人為的に不変に保つ(「統制する」という)手立てをとる必要がある。これが統制的研究といわれるゆえんであり，この手続きが不十分であると，得られた結果(データ＝従属変数の振舞い)が本来見たかった条件操作(独立変数)による効果か，それ以外の不特定の要因(剰余変数)によるものかが不明になってしまう。

■ **仮説検証的方法**　色彩学や色彩心理学の領域にかぎらず，既有の知識を確かめたり，新たな科学的知識の入手を目指したりする上で，実りの多い研究の進め

方の一つに**仮説検証的方法**がある。その手順として，既知の科学的知識や日常の経験的事実などへの深い洞察的思考に基づき，まず，研究の出発点として「これはきっとこうであるに違いない」と確信される予測的命題すなわち仮説を設定し，この仮説を検証するための方法(実験や調査などの手続き)を立案する。次いで，その手続きに従って目的のデータを収集し，データの整理・分析，さらには論理的推論を経て一定の結論を導出する。ここで導かれた結論が当初の仮説と一致するか否かの照合判定が行われ，これによって仮説の確からしさが客観的に確認されたときに，その結論を一定範囲内で妥当とする知識として位置づけ，既知となった事実の説明的役割を担わせる。つまり，当初の予測的命題は，所定の検証手続きを経ることによって"仮説"の域を超え，観測された事象の範囲内で通用する"知識"となる。この知識を科学的知識の体系の中に普遍な，より一般性の高い知識として位置づけるために，さらなる抽象化・一般化が必要であることは先に述べた。

　なお，導き出された結論が当初の仮説と一致しないときは，データの信頼性，分析の妥当性，結論導出の論理性などどこに問題があったのか，あるいはもともと仮説の設定に誤りがあり棄却されるべきものだったのか，再び研究の出発点に戻って検討を加えることになる。

11-1-2　研究方法の類型

　課題とする事象を忠実に観測し，その後の分析に耐える確かなデータを入手する方法は多様であるが，具体的な研究方法の類型としては，**観察法**，**調査法**，**検査法**，**実験法**などがあり，研究目的に応じて使い分けられている。このほか，現実にある個別の色彩課題についてケース・バイ・ケースでその解決策を探求する**事例研究**(case study)があり，そのためには既存の経験的な知識や技法が駆使されるだけでなく，上記の諸方法が必要に応じて適宜採用される。

■**観 察 法**　他者の動作や発語など外に現れる行動を注意深く観察し，そのありさまや経過を正確に記録することは，客観的データ収集の基本である。一般に**観察法**(observational method)と総称され，日常的な状況の中でありのままの姿を観察する**自然的観察**と，場の状況に人為的な統制を加えた一定の条件下で計画的に観察を行う**実験的観察**(統制的観察)に大別される。例えば，親が子に買い与える靴下の色が，男児と女児(性差)あるいは幼児と児童(年齢差)で異なっているかどうかを店頭で調べるのは自然的観察であり，他方，商品パッケージの彩色を研究計画に従って幾通りかに変えて棚に置き，色の違いと消費者の商品購入との関係を調べるのは実験的観察にあたる。

観察内容をその場その場でありのまま自由に記録することもあるが，通常は，目的に応じた観察項目や，その程度や類型の別をあらかじめ**チェックリスト**のかたちにまとめておき，判断した結果を記録することが多い。観察内容が複雑な場合や微妙な判断が求められる場合は，一人の観察者ではデータの信頼性に限界が生じてくることもあるので，複数人が共同で観察や記録に当たることも多い。また，人の行動は他者（同行者や観察者）の存在によって変容するのが常であるから，観察の内容によってはこの点への配慮も必要である。

▍**調査法と検査法**　色の感性情動的性質（☞ p.142）の研究では**調査法**（survey method）が採用されることが多い。調査法は質問紙調査法と面接調査法に大別され，いずれの方法も，あらかじめ用意された質問項目について被調査者の回答を求める点では同じであるが，両者には質問紙への筆記回答か面接による口問口答かの違いがある。

よく使われる**質問紙調査法**（questionnaire method）は，調べたい事柄の細目について質問項目を作成し，一定の形式に印刷した調査票（調査用紙）を用いて調査対象者に回答を記入させる方法である。おもに多人数の対象者のデータを入手したい場合に用いられ，観察や実験によってでは直接知り難い態度や意識など，人間の心の内面に潜むさまざまな傾向を把握するのに適している。回答は自由記述させることもあるが，後の項（☞ p.220, 11-3-1）で詳述するように，多くの場合，選択法（二件法，三件法，多肢選択法など）や評定法（順位法，評定尺度法など）が採用される。質問紙調査法では比較的簡単にデータ収集ができるので，ときにアンケート感覚で安易に実施されることがあるが，この方法を用いるにあたっては，質問紙の作成，対象者の選定，配布・実施・回収の仕方などのすべての手続きに関して，専門的な知識と技術が要求されることを知っておくべきである。

他方の**面接調査法**（質問紙法面接，questionnaire interview）は，被調査者に個別または集団で面接し，用意された調査項目について口問口答を行う方法である。質問紙調査法と基本的に異なるところはないが，場の様態に応じてある程度臨機応変に対応していくことができる。

例えば，色彩嗜好を調べる研究では調査法が多く用いられる。色彩嗜好の年齢差を示した表8-4（☞ p.149）はその一例であるが，この調査では，年齢層が10歳前後から50歳前後にわたる異群の調査対象者に同じ時点で回答を求めるという方法を用いており，このようなデータの集め方で行う研究を**横断的研究**（cross-sectional research）という。他方，今の時点で10歳前後である調査対象者に，10年後，20年後，…と同じ調査内容で繰り返し協力を求め，色彩嗜好の年齢的変化を追う方法で行う研究を**縦断的研究**（longitudinal research）という。いずれの

方法にも長所と短所があるが，同じ個人や集団を長期にわたって追跡調査する縦断的方法には各様の困難を伴うことが多いので，通常は年齢差といえば横断的方法による年齢群間差のことであって，加齢に伴う経年的変化のことを意味してはいない。

調査法に類似の方法に**検査法**(**テスト法**, test method)がある。検査というと，通常は，設問に対して正答とされる解答があらかじめ決まっている学力検査や，個人の回答を査定するための評価規準が定まっている知能検査やパーソナリティ検査を想起しがちである。しかし，色や色彩の研究領域で検査法が用いられるのは，その検査によって人を評価・査定すること自体が目的ではなく，例えば，色の感情価や色彩嗜好と人格特性との相関関係を調べるためにパーソナリティ検査を利用するとか，色覚異常とされる人々の色覚特性や色の知覚的あるいは感性情動的性質を調べるために色覚検査を実施するというように，所定の研究課題を遂行するために必要な手順の一部として検査法が使われることが多い。

■**実　験　法**　統制された一定の条件の下で事象を人為的に生起させたり変化させたりして，それに伴う被験者(実験協力者)の反応を記録し，そのデータを厳密に集計・分析して結論への到達を目指す研究方法を**実験法**(experimental method)という。反応の記録には，言語報告，記述報告，動作報告(例えば，キー押しや所定の機器操作)などがあり，具体的な反応の取り方としては，選択法(二件法，三件法，多肢選択法など)や評定法(順位法，評定尺度法など)に準じた方法も採用される。心電図や脳波など，生体反応の電気生理学的記録が用いられることもある。

実験法で留意すべきことは，先に統制的研究(☞ p.207)の説明で述べたこととおおむね重なる。これに加え，いかに実験状況を統制してデータの入手を試みても，その対象が人間であるからには個人差など実験条件以外の不測の要因が混入することは避けきれない。そこで，実験条件以外のすべての条件を同一にした被験者群(**統制群**)のデータも同時に入手して，実験群のデータと比較検討できるような研究計画を採るのが普通である。入手したデータは，通常，被験者数も変動因に加えて数量的に処理される。

今，数量の処理と記したが，一般に科学の研究には測定と数量化が必須であり，このような研究のスタイルは**定量的研究**(quantitative research)と総称される。特に自然科学においては，特定の自然事象の量的側面に注目してそれを物理測定し，数式を用いてその事象を理論的に説明することが研究の基本であり，将来における事象の生起を予測できるのは数式による理論的説明が行われているからである。色と人間との関わりを課題とする色彩心理学の研究領域においても，目標

はこれと大きく変わるところはなく，その研究スタイルに定量的研究への志向は極めて強い。

一方，定量的研究の対概念として，**定性的研究**(qualitative research；質的研究)と呼ばれる手法がしばしば指摘されている。9章(☞ p.163)の序言で，19世紀におけるゲーテやシュヴルールの色彩調和論を定性的配色論と記したが，特に，未知な事柄の多い先駆的な研究において，定量的に扱い難い対象や事象の定性的な側面に注目して，概説的な知識の構築を試みることもまた有意義である。ただ，定性的研究は個人の直感や印象に左右されやすいために信頼性に欠け，主観性に過ぎるという批判もある。しかし，逆に定量的データに統計的分析を加えれば直ちに客観性が保証されるのかといえば必ずしもそうではないわけで，もとより両者を対峙させて優劣是非が論じられるものではない。

11-2 感覚知覚的性質の測定とその適用事例

11-2-1 心理物理的測定法

色の研究領域で用いられる多様な心理測定の方法を以下で順次述べるにあたり，まずは，色感覚や色知覚の性質を定量的に調べる伝統的な**心理物理(学)的測定法**(psychophysical methods)を取り上げることとし，約150年過去の"*Elemente der Psychophysik*"(Fechner, 1860)に由来する代表的な三つの測定法(**調整法，極限法，恒常法**)について最初に概説する。"Psychophysik(英：psychophysics)"は当初から"精神物理学"と邦訳されていたので，今でも心理物理(学)的測定法は**精神物理(学)的測定法**と呼ばれることも多い。

■ **調整法とその適用例** 知覚心理学の実験では，呈示される視覚刺激の物理的パラメータ(強度，大きさ，位置など)を連続的に変化させて，観察者(被験者)にその見え方を判断させたり，あるいはまた，呈示される二つの刺激のうちの一方を一定に保ち他方を連続的に変化させて，2刺激の見え方の同異を判断させたりする方法がしばしば用いられる。そうして目的の測定値を得るわけであるが，その最も単純な求め方は，あらかじめ指定された見え方(例えば「2刺激が同じ明るさに見える」)になるよう刺激パラメータを自由に調整する手続きであろう。このような方法は**調整法**(method of adjustment)と呼ばれ，心理物理的測定法と総称される方法のうち最も簡便な測定法である。被験者自らが調整を行う場合(**被験者調整法**)もあるし，被験者の反応や指示を受けて実験者が調整を行う場合(**実験者調整法**)もある。

調整法の適用事例として**進出色と後退色**の現象(☞ p.139)を取り上げてみよう。

測定は，方形の色視標を被験者の前方2mの標準距離に固定して置き，それと並置された方形の灰色視標が色視標と等距離に見えるように，被験者が灰色指標までの距離を調整する手順で行う。このとき，二つの刺激のうち一定距離に保たれる色視標は判断の標準となるという意味で**標準刺激**(standard stimulus)と呼ばれ，距離が調整される灰色視標は**比較刺激**(comparison stimulus)または**変化刺激**(variable stimulus)と呼ばれる。標準刺激と比較刺激は，いずれも被験者の前方1.5mの距離に並置された同大の方形窓を通して常に同じ大きさ(視角)で観察されるよう工夫し，両刺激の大きさが距離判断の手掛かりとならないようにする。この手続きは，先に述べた実験条件以外の要因を統制することに他ならない。見えの等距離の測定は，比較刺激が標準刺激よりも明らかに後方に見える位置から調整を始める系列と，明らかに前方に見える位置から始める系列の2通りで，同じ回数だけ繰り返し実施する。

　調整法の特徴の一つとして，比較刺激の調整に際して距離を手前あるいは遠方に動かしすぎた場合は，逆方向に戻して自由に調整し直すことができる。最終的に得られたデータを整理し，各条件の色視標と等距離に調整された灰色視標の見えの距離(定位距離)を求めれば，図8-1(☞ p.140)に示されるような結果が得られよう。この定位距離は，標準刺激の距離と主観的に等しいと判断された見えの距離であるから，**主観的等価点**(point of subjective equality；PSE)と呼ばれる。また，上記の測定事例で，比較刺激を後方から前進させる系列と前方から後退させる系列(一般的な説明では，しばしば**上昇系列**と**下降系列**という用語が用いられる)が同数ずつ繰り返されるのは，測定値に混入する**系列誤差**(反応バイアスの一つ)を相殺的に排除するためである。このような手続きから，調整法は**平均誤差法**(method of average error)とも呼ばれる。

■ **極限法とその適用例**　　調整法における刺激変化のさせ方は自由で連続的であったが，これを，あらかじめ決められた一定の変化幅(ステップ)で段階的に変えながらその都度被験者の判断を求め，単一刺激における判断の変化点を決定したり，2刺激の比較における主観的等価点(PSE)を測定したりする方法を**極限法**(method of limits)という。操作の手順にちなんで**極小変化法**(method of minimal changes)と呼ぶこともある。刺激の段階的変化は実験者が行い，先に述べた調整法の場合と同様，刺激強度を少しずつ増加させる**上昇系列**と少しずつ減少させる**下降系列**がランダム順に同じ回数繰り返される。被験者には，刺激が提示される都度，二件法(例えば，「見える」，「見えない」)または三件法(例えば，「見える」，「見えない」，「わからない」)で反応を求め，多数の被験者による多数回の判断結果に基づいて飽和度閾や色相弁別閾(☞ p.41)などが測定される。

11-2 感覚知覚的性質の測定とその適用事例

極限法の適用例として，ここでは**飽和度閾の測定**(☞ p.42)について略述しよう。3章で説明したとおり，飽和度閾は，白色光に特定の単色光を加えていって初めて色みが感じられたとき（白色光と弁別できたとき）の単色光の強度のことである。標準的な手続きの実験では，エネルギーの等しい白色光を二つ呈示し（よく用いられるのは，**二分視野**といって円形刺激を左右の半円領域に分割したもの），その片方に一定のステップ（エネルギー増分）で任意の単色光を加えていく。被験者には，1ステップ変化させるごとに，2領域の見え方が「同じ」か「違う」かの判断を求める。増分ゼロから増やしていく上昇系列では，しばらくは単色光成分があまりにも弱いので知覚的に白色光と区別できず，「同じ」という反応が続くことになるが，やがてある条件で「違う」という反応が出現するので，ここでその系列を打ち切り反応の変化点を記録する。逆に下降系列では，明らかに色みが感じられる条件（「違う」という反応が出る）から1ステップずつ単色光成分を減らしていき，「同じ」という反応に変化する点を記録する。両系列をそれぞれ何回か繰り返し，最終的に全系列のデータ（反応変化点）の平均値を求め当該の単色光（波長）条件の飽和度閾とする。

極限法の変形として，**上下法**(up-and-down method)または**段階法**(staircase method)と呼ばれる方法もよく用いられる。実験手続きは極限法とよく似ているが，反応変化点で系列を中断せず，上昇と下降を行き来しながら継続的に測定を行うことが特徴である。今，上記の飽和度閾の測定を例にとれば，上昇系列で1ステップずつ単色光を加えていき，「同じ」という反応が続いたのち「違う」という反応が出たら，次の試行では1ステップ減らす（つまり，一つ前の観察条件に戻す）。1ステップ減らしても「違う」という反応が続いたら，さらに1ステップ減らす。やがて「同じ」という反応に変わったら，次の試行では1ステップ増やし，今度は「違う」という反応に変わるまで増やし続ける。このように反応の変化点ごとに上昇と下降を切り替え，あらかじめ決めておいた回数（例えば10回）の反応変化が得られるまで測定を継続する。閾の求め方は極限法に準じ，すべての反応変化点の平均値を求めるのが普通である。

上下法は，いわば無駄な試行を省くために工夫された方法である。通常の極限法では，「同じ」から「違う」に，あるいは「違う」から「同じ」に反応が変わるまで，同一の反応が幾度も繰り返されることになるが，上下法では反応の変化点（つまり閾値の近辺）でステップの行き来が繰り返されるので，閾値やPSEなどの心理測定を短時間で効率的に行えるというメリットがある。この利点から上下法は，暗順応の時間経過に伴う光覚閾の測定(☞ p.37，図2-12)のように，急速な時間的変化を示す心理量の測定には大変有効な方法である。しかし一方で，

被験者に閾値近辺の微妙な判断を求め続けるため常に緊張を強いることとなり，疲労の蓄積が避けられないというデメリットもある。

■ **恒常法とその適用例**　上述の調整法と極限法は，刺激変化の規則性が被験者に"察知される"(被験者調整法の場合，"察知される"どころか被験者自身に"委ねられる")という欠点をもつ。なぜこれが欠点かといえば，そのような知識が種々の反応バイアスとなり，測定結果に望ましくない影響を及ぼす可能性が残るためである。例えば上下法の刺激変化の規則性に気づけば，被験者は，「この刺激は何回か前の試行で見たものと同じで，そのときは"同じ"と答えたはずだから，今回も"同じ"と答えるべきだ…」と動機づけられるかもしれない。このような動機は，実験本来の目的からすればまったく無用な反応バイアスであり，排除されるべきアーチファクトであることは言うまでもない。

その点，ここで述べる**恒常法**(constant method)では，一般に刺激変化の規則性が被験者に知られないため，そのような反応バイアスがデータに混入する可能性は低い。恒常法は**恒常刺激法**(method of constant stimuli)とも呼ばれるが，少数個からなる刺激系列が被験者に繰り返し(恒常的に)呈示されることからこれらの呼び名が付いた。すなわち恒常法による測定では，あらかじめ決められた刺激条件の範囲内で幾つかのステップ(通常は5～9ステップ)で段階的に変化する比較刺激系列が用意され，各比較刺激に対する測定試行がランダム順に多数回繰り返される。被験者に求める反応は，極限法と同様，通常は二件法または三件法による判断である。被験者はランダム順で次々に変化する比較刺激を観察するため，各反応は試行ごとの独立性が保証されやすく，先行試行からの影響が入り込みにくい。これが恒常法の最大の利点である。測定の結果は，各刺激条件の判断データを確率値で表し，必要に応じて数学的な補間(内挿)を行い閾値やPSEが求められる。

恒常法は各種の閾測定やPSE測定などに広く用いられるが，同一観察条件における反応の誤差変動を確率的に扱う性質から，曖昧で微妙な判断が求められる知覚現象の測定に特に適している。ここでは色相の同時対比現象(☞ p.129)を例にとり，15 mm四方の中間灰(PCCSのGy-5.5)の小片を検査領域とし，これを15 cm四方の緑色(同v 12)の誘導領域の中央に置いたときに，検査領域に現れてくる赤みの程度を測定することを考えてみよう。この実験で用いられる比較刺激系列は，色対比の結果として検査領域(灰)に現れる赤み(誘導領域の緑の補色)の程度を測定するためのものであるから，まったく赤みを帯びていない無彩色(検査領域と物理的に等しい中間灰)から徐々に赤みを増していく"赤み変化スケール"になる。仮に5ステップの変化スケールを用いるとすれば，無彩のGy-5.5(0 s)

に加えて，いずれも色相－明度が 24：RP-5.5 で赤みが PCCS 彩度スケールで 1 s，2 s，3 s，4 s（あるいは 0.5 ステップで 0.5 s，1.0 s，1.5 s，2.0 s）と計 5 段階に異なる比較刺激系列を用意すればよい。

さて測定の手順であるが，被験者には上述の比較刺激をランダム順で次々に刺激パターンと並置呈示し，その都度，比較刺激の赤みと刺激パターン中央の検査領域に感じられる赤みとを比較して，比較刺激の赤みの方が「強い」か「弱い」かを答えさせる。5 ステップすべての比較刺激について十分な回数（50 回以上が望ましい）の判断を繰り返し，横軸を赤みの程度，縦軸を「強い」反応の出現率とするグラフを描けば，「強い」反応の出現率が 0 s 条件から 4 s 条件（あるいは 0 s 条件から 2.0 s 条件）まで S 字曲線様に増大する結果が得られるはずである。この曲線に基づいて，「強い」反応の出現率が 50％ となる横軸（彩度スケール）上の値を求め，この赤みの程度をもって当該刺激条件での対比量（錯視量あるいは PSE に対応する心理量）とする。

冒頭に述べたように恒常法は反応バイアスに強いという利点をもつが，反面，一度の実験に要する試行数が多く，時間が長くかかるという欠点がある。また，比較刺激の変化のレンジ（上限から下限までの範囲）とステップに無駄がなく，かつ十分な精度をもつ，適切な比較刺激系列を用意するために，本実験に先立って予備的な測定が必要になる場合もある。これらの制約はあるものの，恒常法は本項で述べた 3 種類の心理物理的測定法のうちもっとも精度の高い方法であり，その有用性は高い。

11-2-2 心理尺度構成法

先の項（11-2-1）で紹介した諸方法は，例えば「見えるか，見えないか」，見え方や感じ方が「同じか，違うか」など，基本的に単一の条件下における当該心理事象の質的判断（有無や同異の分類）を求めるものであった。これに対し，多数の条件間での感じ方の相対的差異（例えば「どれくらい強いか，弱いか」）を比較するなど，心理事象の量的判断（程度の記述）を問う場合もある。一般に，心理事象の強度を一つの物差し（尺度；scale）で量的に測定し記述するための方法を **心理尺度構成法**（method of psychological scaling）と呼ぶ。心理尺度構成法は，大きく直接的方法と間接的方法に分けることができる。

■ **マグニチュード推定法**　　直接的な心理尺度構成法の代表は，新精神物理学の創始者である **スティーヴンス**（Stevens, S. S.）が提唱した **マグニチュード推定法**（**量推定法**；method of magnitude estimation）である。この方法が，伝統的な **フェヒナー**（Fechner, G. T.）流の心理尺度構成法と決定的に異なる点は，心理量

の単位として弁別閾を用いないことである。**弁別閾**(difference threshold)は，かつては**丁度可知差異**(just noticeable difference；jnd)とも呼ばれ，感覚の質的あるいは量的な差異を生じさせるために必要な最小限の刺激差(刺激変化量)のことであり，前項(☞ p.211, 11-2-1)で説明した3種類の心理物理的測定法のいずれを用いても測定することができる。Fechner は心理尺度構成に際し弁別閾を心理量(感覚量)の単位と見なし，弁別閾の累積で表される感覚量の大きさ(S)を縦軸にとったとき，横軸にとる物理量(刺激量：I)の対数値の関数として比例的に変化するという，いわゆる**対数法則** $S = \log I + k$ (**フェヒナーの法則**，Fechner's law)を導いた。このように間接的に構成された心理尺度における対数法則は，例えば，オストワルト表色系の無彩系列が白色量の対数値で等間隔に刻まれているように(☞ p.97)，現在でも実用されている場面は少なくないが，一方で厳密な科学法則としては適用範囲に限界があることが知られている。

　これに対し Stevens が用いた**マグニチュード推定法**は，弁別閾を用いない，より直接的な心理尺度構成を目指した。そこでは，まず一定強度の刺激 A を規準(モデュラス；modulus)として与え，被験者には，その刺激によって惹き起こされる感覚の大きさが一定の数値(例えば100)で表されるものと約束しておく。次いで，あらかじめ評価対象として用意されていた刺激系列の中から任意の刺激 C_i が次々と呈示され，その都度，被験者はモデュラスと照合しながら，C_i の強度(感覚的大きさ)に見合った数値を回答していく。例えば，C_i の強度をモデュラス(100)の半分と感じたときは50，2倍と感じたときは200と答えればよい。モデュラスを2点(例えば，刺激 A = 100，刺激 B = 200)与えて，それらの内外にある強度の刺激に対する感覚的大きさを答えさせることもできる。

　ちなみに，このような方法で得られた感覚量の大きさ(S)を縦軸，刺激強度(I)を横軸にとってグラフに表すと，感覚の種類の別により正の加速度曲線になったり負の加速度曲線になったりする。ここで，等しい刺激強度比は等しい感覚比をもたらすという発想からこれらのデータを両対数グラフ(縦軸 $\log S$，横軸 $\log I$)にプロットし直すと，いずれのグラフも勾配が異なる直線に書き換えられ，その関係は $S = kI^n$ の冪(べき)関数で近似できる(n は感覚の種類ごとに固有の値をもつ冪指数)。この定式関係は**スティーヴンスの法則**(Stevens' law；**冪法則**，power law)と呼ばれ，この方法で構成される心理尺度を**マグニチュード尺度**という。

　さて，上述のように与えた刺激を数値で答えさせるのではなく，逆に数値を与えて相応の刺激を被験者に作成させる方法もある。例えば，モデュラス(100)として刺激 A を与え，感覚強度が150となるよう刺激 C_i の物理的強度を調整させる手順である。この手続きは**マグニチュード産出法**(method of magnitude production)とも呼ばれるが，心理尺度構成法として目指すところはマグニチュード推定法と同じである。任意の刺激を与えて，そのn倍(例えば，2倍，3倍，…)あるいは1/n倍(1/2倍とすることが多い)の刺激を調整させる方法もある。

　マグニチュード推定法は，伝統的な心理物理的測定法と同様あるいはそれ以上に適用範囲が広く，感覚量の測定をはじめ各様の心理測定に用いられる。例えば，知覚的な色の鮮やかさ(彩度)の心理尺度構成を例にとれば，2点のモジュラスとして無彩色色票で感じられる色みを0，もっとも鮮やかな有彩色色票で感じられる色みを100と決め，それらをつなぐさまざまな色票で感じられる色みの程度を答えさせればよい。この手続きを十分に詳細な刺激条件に対して行えば，やがて，物理的な刺激飽和度の関数としての知覚的な彩度変化の物差し(心理尺度)が得られよう。

■ **一対比較法**　マグニチュード推定法が直接的な心理尺度構成法であるのに対して，間接的な心理尺度構成法の代表といえるものは**一対比較法**(method of paired comparison)である。この方法は，名前の通り，測定対象となる多数の刺激条件から2条件ずつの組合せ(対，pair)を総当たり方式で呈示し，各対について当該心理事象の程度が大きい方を選ばせるというものである。例えば5条件からなる刺激系列を測定しようとすれば，対となる組合せは $_5C_2 = 10$ 通りになる。測定では各対をランダム順序で呈示し，その都度，知覚量の大きい方(例えば錯視図形であれば錯視が強い方)を選ばせる。データは選択率として確率的に扱われるため，それぞれの組合せについて多数回(恒常法と同じく，少なくとも20回程度，できれば50回以上)の判断が繰り返し求められる。この手続きにより得られる各条件の選択比率の一覧(選択比率行列)を基に，通常，ランダム選択結果の正規分布を仮定した数学的処理により各条件の心理尺度値が求められる。(具体的な尺度値算出の手続きについては他書を参照のこと。Excelなどの表計算ソフトでも簡単に計算できる。)算出される尺度値はゼロを挟んで負値から正値に及ぶが，この尺度は**間隔尺度**であるため原点を任意に決めることができるので，通常は最小値をゼロとする正値のみの尺度に変換される。

　ちなみに間隔尺度とは，Stevens(1951)が尺度の水準を下位から上位に，**名義尺度**(nominal scale)，**順序尺度**(ordinal scale)，**間隔尺度**(interval scale)，**比率尺度**(ratio scale)と4区別したうちの一つである。略述すれば，間隔尺度は原点0を任意に定めることができ，順序尺度の要件である数値の順序性(大小関係)に加えて，数値の差の等価性が満たされている尺度のことをいう。わかりやすい例としては，物理尺度のセ氏温度(0°と100°を恣意的に定め，その間を100等分した値を単位とする尺度)が挙げられる。心理尺度としては，後述する評定尺度法

による測定値や，知能検査など標準化された心理検査の得点は大体この間隔尺度に該当するものと見なされている。

さて，話を一対比較法に戻してその長所を指摘すれば，被験者に求められる1試行ごとの知覚判断が単純で実施が簡便であること，心理量の微妙な差の検出に優れていること(すなわち測定精度が高いこと)などである。逆に短所は，第一に，刺激条件の増加とともに対の組合せが急激に増大することである。上記の説明例では5条件の組合せ($_5C_2$)を考えたが，仮にこれを7条件とすれば$_7C_2=21$通り，8条件とすれば$_8C_2=28$通りの組合せについて多数回の判断を求めなければならない。第二の短所は，組合せ対の一方が常に選択されたり，対ごとの選択比率が常に一定となるなど，画一的な判断基準が適用されるとデータが解析不能になることである。

一対比較法で用いる刺激系列の構成は単一の物理次元の変化による必要はないので，多様な刺激条件変化の影響を，広くかつ探索的に検討したい場合などに適している。例えば，高橋・大屋・荒川・石坂(2003)は，主観的輪郭(カニッツァ錯視；☞ p.134)の錯視減損効果が報告されている種々の刺激条件(等輝度パターン，ノイズ入りパターン，自己充足誘導図形パターンなど10条件)を一対比較法で検討し，相対的な錯視強度の尺度化を試みている。このような条件設定の自由度の高さからくる適用範囲の広さも大きな特徴であり，次の節(11-3)で紹介するように，この方法は感覚知覚的性質の測定に限らず色の感性情動的性質の測定にまで広く用いられている。

11-2-3 その他の方法

先に述べた心理物理的測定法の適用例のうち，調整法による進出色・後退色の測定，極限法による飽和度閾の測定，恒常法による色対比量の測定などは，いずれも2刺激(標準刺激と比較刺激)の比較判断をベースとしていた。これに対し，あらかじめ多数の比較刺激を用意し，標準刺激との直接のマッチングを求める方法も考えられる。また，与えられた複数個の刺激間の感覚的隔たりを等しくする方法，あるいはその変形などさまざまな方法があり，ここではその一部について略述する。

■ **比較照合法**　あらかじめ用意した多数の比較刺激からなる系列を一度に呈示し，標準刺激(評価対象刺激)に感じられる心理量にもっとも近いものを選択させる方法があり，比較照合法(**マッチング法**，matching method)と呼ばれている。この方法は，たった1回の試行で心理的等価点(PSE)が得られる簡便性が最大の長所であるが，その半面，誤差変動の影響を受けやすいという欠点もある。その

ような誤差変動を超えた条件差を検出するためには，当然のことながら一人の観察者による多数回の試行データ，あるいは多人数の観察者によるデータの収集が必要となる。

　比較照合法は比較刺激の系列変化がはじめから明かされるため，それによるバイアスを受けやすい弁別閾の測定などには向かないが，特定の条件下での感覚・知覚の質を問う PSE 測定には十分に使える。例えば，先に恒常法の適用例としてあげた色対比量の測定でいえば，比較刺激として用いる"赤み変化スケール"の各刺激を一度に呈示し，その中から検査領域で感じられる赤みにもっとも近い刺激を一つ選ばせればよい。上に述べた誤差変動への対処として同一条件での観察試行を多数回繰り返すとしても，恒常法で確率曲線を描くことに比べればはるかに短時間で済むため，測定したい実験条件を多数設定したい場合などにはその簡便性による利点が大いに発揮されよう。

▍**等現間隔法**　　ある刺激系列を構成する各刺激間の感覚的隔たりが等しく感じられるとき，これらの刺激系列は心理的に**等価刺激差異**を持つという。例えば，PCCS の色相環は 24 色相の最高彩度（9 s）の色を**知覚的等歩度**（☞ p.91）に配列したものであるが，これは隣り合う 2 色相がすべて等価刺激差異を持つことに他ならない（知覚的等歩度と等価刺激差異とはほぼ同義である）。等価刺激差異を測定する方法は，一般に**等現間隔法**（method of equal-appearing intervals）と呼ばれるが，その具体的な手続きには，以下に述べるように各様のバリエーションがある。

　単純な例でいえば，A，B という 2 刺激と，C_1，C_2，C_3，…と段階的に変化する比較刺激 C の系列を呈示し，A-B 間の感覚的差異と B-C 間のそれが等しいと感じられる C_x を選択させる方法がある。3 刺激（A，B，C）と比較刺激 D の系列を呈示し，A-B と C-D が等価刺激差異になるよう D_x を選択させる方法もある。

　また，**感覚距離等分法**（method of equal sense distances）あるいは簡潔に**等分割法**（method of equi-section）と呼び，両端の刺激を呈示し，その間の感覚的距離を所定の数に等間隔分割させる方法がある。例えば，ある色相で彩度が最大の純色（その色相の基準色）とそれと同じ明度の無彩色とを刺激系列の両端に置き，両者の間に彩度が等間隔に変化する 8 個の区切りを入れれば，無彩色（0 s）から純色（9 s）に至る彩度スケールが得られよう。これをもっとも単純化した方法として，3 刺激（A，B_x，C）を呈示し，A-B_x と B_x-C が等価刺激差異となるような B_x を求める**二等分法**（method of bisection；**中間区分法**）もある。

　さらに，より複雑な手続きとして，被験者に判断のための等間隔カテゴリー（例えば 0〜9 の 10 段階尺度）をあらかじめ与えておき，呈示される多数の刺激をそれぞれいずれかに分類させる方法もある。例えば，PCCS 色立体の等色相面

(☞ p.111，図 6-16 の 10:YG または 22:P)に並ぶ約 100 枚の色票を被験者に与え，各色票に感じる色みの程度を 0〜9 の等間隔カテゴリーで分類させたとすれば，数値の高いカテゴリー(9，8，…)には純色または純色に近い少数の色票が選ばれ，数値の低いカテゴリー(…2，1，0)に向かって色票の数が漸増するような結果が得られるだろう。

11-3　感性情動的性質の測定とその適用事例

11-3-1　評定法とその多様なバリエーション

　先の 11-2 節で述べた色の感覚知覚的性質に対し，本節で述べる感性情動的性質の大きな特徴は，まず測定結果の個人内変動および個人間変動が大きいこと，また，測定対象となる心理事象が多次元にわたっているだけでなく，場合によってはその次元が事前に決まらず，測定結果から探索的に次元を構成していかなければならないことなどであろう。そのため，感覚知覚的測定より一層多様な方法を柔軟に駆使し，あるいは複数の方法を組み合わせ，明らかにしたい心理事象の様相に迫るためのさまざまな工夫がなされている。色の感性情動的性質の測定に用いられる心理測定法は多岐にわたるが，その多くは**評定法**(rating method)と大分類される方法に含まれる。

■**選 択 法**　　選択法(method of choice)はもっとも単純な評定法である。測定対象を色とする事例で説明すれば，測定したい心理事象の記述を一つずつ呈示し，それぞれの色がその記述に当てはまるか否かを「はい／いいえ」の二件法，またはこれに「わからない」(判断不能)を加えた三件法で答えさせるもので，ちょうど質問紙法による性格検査(YG 性格検査など)と同様の方法である。測定する心理事象は，「好きな色だ」，「よく身につける色だ」，「優しい印象を与える色だ」など，できるだけ単純で分かりやすい記述が望ましい。

　上例のような 1 件ずつの記述の当否判断ではなく，選択される可能性のある多数の心理事象のリストをあらかじめ呈示し，色刺激ごとに当てはまると思う項目を選択させる方法もある。例えば，「明るい」，「鋭い」，「若々しい」などの形容詞を多数用意し，個々の色票ごとに当てはまると思う形容詞を選択させる方法がこれにあたる。あるいは逆に，色刺激のサンプルを多数呈示し，特定の心理事象に当てはまると思う色を選択させる方法もある(例えば，赤，緑，青など多数の色票を用意し，「好きだ」と感じる色を選択させる)。このような方法は**多肢選択法**(multiple-choice method)と呼ばれるが，選択のさせ方は，もっとも当てはまりがよい選択肢を一つだけ選ばせる方法，当てはまりのよいもの上位 3 件など決

められた項目数で選ばせる方法，項目数に上限を設けず好きなだけ選ばせる方法などさまざまある。ちなみに一例をあげれば，日本色彩研究所が1979年から継続的に実施した大規模な色彩嗜好調査では，70色余りのカラーチャートを刺激とし，好きな色（または嫌いな色）上位3色を選択させる方法が採用されている。

　これら比較的単純な評定法は簡便で実施しやすくデータ処理も容易という長所をもつが，半面，単純な方法であるがゆえに，設問文の書き方，口頭教示の与え方，評価項目の呈示順序などの細かい測定手続きによる影響を受けやすいため，実施に当たっては細心の注意を要する。また，必要に応じ個々の回答の理由を尋ねて補足的な資料としたり，複数種類の評定法でデータを集めてそれぞれの結果をつき合わせたりといった工夫が求められる場合もある。

■ **順 位 法**　評定法の一種として一定の判断基準に従って評価対象となる複数の刺激，事物，事象などに順位を付けさせる方法がある。**順位法**(method of rank order：**序列法**)と名付けられる方法で，古くは**品等法**(method of merit order)と呼ばれたこともある。今，10色票を対象とする色の好みの測定を例にとれば，その名前の通り，各回答者に1位から10位まで好みの順に全色票を順位付けさせる。このような順位データをN名の回答者分集め，色票ごとに各順位で回答した者が何人いるかを集計する。たとえば，色票aについては1位7名，2位4名，3位1名，4位2名，5位1名，6位以下はすべて0名，のようにまとめる。次いで，データの直感性を高めるため，値が大きいほど心理量（この事例では色の好みの程度）が大きくなるよう，1位＝10点，2位＝9点，3位＝8点，…，10位＝1点と順位値に変換し，各色票について［順位値×人数］の和を求める。上例の場合，$(10 \times 7) + (9 \times 4) + (8 \times 1) + (7 \times 2) + (6 \times 1) = 134$ となる。このような値を色票ごとに求め，必要に応じ中央値などの統計量を算出して心理尺度を構成していく。なお，いうまでもなく順位法による測定値から作られる心理尺度は基本的には順序尺度であるが，これを基に間隔尺度を構成するための統計的手法も考案されている。

■ **評定尺度法**　上に述べてきた各種の評定法は，いずれも，「当てはまるか否か」，「AとBのどちらがより強いか」といった，心理事象の質的分類を求めるものであった。これに対し，「どのくらい当てはまるか」，「AはBよりどのくらい強いか」といった，心理事象の量的比較を問題にすることもできる。そのためのもっとも直接的な方法は，あらかじめ決められた尺度上で当てはまりの程度を量的に評価させる**評定尺度法**(rating scale method)である。この方法の基本的な考え方は，「はい（当てはまる）」，「わからない（当てはまるとも当てはまらないともいえない）」，「いいえ（当てはまらない）」の3件法を元に，「はい」と「いい

え」それぞれの程度を段階的に分け，5件法，7件法，9件法などに細分化することにある．例えば，5件法であれば，「まったく(非常に)当てはまる」－「やや当てはまる」－「わからない」－「やや当てはまらない」－「まったく(非常に)当てはまらない」，7件法であれば「まったく」と「やや」の間に「かなり」を挿入するなどして評定尺度を構成する．また，奇数個の段階尺度で評定を求めると，しばしば尺度中央の「わからない」に回答が集中しがちになるという**判断の中心化バイアス**が現れてくるので，この傾向を避けるためにあえてこのニュートラル段階を外し，4件法，6件法などの偶数段階の尺度を用いる場合もある．

さらにこれの応用的な方法として，**数値評定法**(numerical rating method)とも呼ばれる方法がある．上述の評定尺度法では，各評定段階に「まったく」，「かなり」，「やや」などの程度副詞と，「当てはまる(当てはまらない)」，「よい(悪い)」などの評価形容詞を組み合わせた文言記述が個別に付されていたが，数値評定法では各段階に個別の文言を付けず，数字だけで示した尺度が用いられる．例えば，「0：まったく当てはまらない」，「10：まったく当てはまる」と尺度の両端だけ記述し，その間は「1，2，…，8，9」と数字だけ示すものである．これに，「5：どちらともいえない」というニュートラル段階の記述を加える場合もある．9件法，11件法(上記の例)など，段階数が多くなって各段階を適切に表現する程度副詞を揃えられない場合によく用いられるが，本質的には評定尺度法の一種である．

上記の多段階の数値評定法の例のように，評定尺度の段階区分が細かくなればなるほど回答選択の自由度は高まり，それだけ心理事象の微細な差異を検出できる可能性が開ける．この発想を推し進めていくと，最終的には段階区分自体をなくした尺度に行き着く．段階すなわちデジタルな評価基準を廃した尺度であるから，一般に**アナログ尺度**と呼ばれる．例えば，一本の直線を引き，その両端にだけ「まったく当てはまらない」，「まったく当てはまる」という評価記述を与え，回答者が感じる「当てはまり」の程度に応じて，直線上の任意の位置に印を付けさせる方法などが用いられる．この方法は**視覚的アナログ尺度**(visual analog scale；VAS)と呼ばれ，もともとは痛みや疲労感の測定など，ストレス研究や感情心理学の分野でよく用いられていた方法であるが，色の感性情動的性質の測定にも応用可能で，例えば，高橋・羽成(2005，2008)，羽成・高橋(2009)は，VASを用いた色嗜好測定の一連の研究成果を報告している．そこでは，それまで多肢選択法や順位法で測定され，最頻選択色，色別選択率など順序尺度値として扱われることが多かった色嗜好の特徴が，VASの長所を生かした間隔尺度値としての種々の分析から検討されている．

11-3-2　心理尺度構成法の応用

　前項で述べてきた評定法の多様なバリエーションは，測定したい色刺激や評価項目，求められる測定精度や測定範囲，あるいは対象とする回答者の属性や人数など，現実には具体的な測定の目的に応じて最適な方法にチューニングされるものである。その意味では，標準はあるが定型はない"カスタマイズされた測定法"といえるだろう。そのため，実際の研究で用いられる方法は，一口に「××法」と呼べないようなかなり特殊な手続きになる場合もある。これに対し，色の感性情動的性質の測定においても，感覚知覚的性質の測定の場合と同様，定型的な手続きがある程度定まった比較的一般的な測定法が適用される場合がある。具体的には，心理尺度構成法(☞ p.215, 11-2-2)で紹介したマグニチュード推定法と一対比較法，ならびに次項で述べるSD法である。

■マグニチュード推定法の応用　　マグニチュード推定法（量推定法）は，もともとStevensがこれを提唱した当初はもっぱら感覚量の測定に用いられていた。そもそも，この方法が編み出された目的は心理物理関数（物理量の変化に対応した心理量の変化曲線）を求めることにあり，そのためには，ある心理量（縦軸）の変化を一義的に決める物理量（横軸）が定義される必要があったからである。先に引用した，色票の飽和度（物理量）と知覚的な鮮やかさ（心理量）との関係(☞ p.217)などはその典型的な例である。これに対し，同じ物理的飽和度の関数として，例えば，あるシンボルマークのカラーデザインとしての色の相応しさの程度を測定したとしても，こと心理物理関数という観点からはあまり益のない試みとなろう。なぜならば，その相応しさの程度に影響するであろう次元は飽和度以外に色相も明度もあり（すなわち飽和度だけで一義的に決められない），また，飽和度による影響だけを取り出してみても，その"関数"として記述するに足る規則的な変動を示す保証がないからである。

　そうであるにもかかわらず，マグニチュード推定法はその後，感覚量の測定に限らない各種多様な心理測定に応用されるようになった。理論的考察の道筋としての心理物理関数の導出にこだわらず，これを単に心理測定の道具としてみれば，マグニチュード推定法は原理的にはあらゆる心理事象の測定に適用されうる。ただし，規準点（モデュラス）が適切に定義されればという条件付きである。実際のところ，この条件の扱いが甘く，曖昧な規準点で測定が行われてしまうケースもしばしば見られる。例えば，先に述べた「シンボルマークの色として相応しい程度」をマグニチュード推定法で測定しようとすれば，規準として任意の色Aの相応しさを数値で示す必要があるが，極めて主観的な印象評価に委ねられる「相応しさ」の規準を適切に決められるか，あるいは，このようにして求めた回答者

のデータを量的に処理すること(例えば平均値を求めること)にどれほどの意味があるか,ははなはだ心許ない.

このように考えると,色の感性情動的性質の測定にマグニチュード推定法を用いることに積極的なメリットがある場面は,あまり多くないと思われる.あえて例を挙げるならば,2色配色の調和感の評価(例えば,調和理論的に最不調和とされる配色を−100,最調和とされる配色を+100とする評価),あるいは香りビンのラベルの色による香り印象への影響の測定(例えば,香り刺激なし条件を0,閉眼で色を見ず香りを嗅ぐ条件を100とする評価)などへの適用が考えられるが,いずれも,評定尺度法や一対比較法など他の方法を用いても十分に目的は達成されるであろう.

■ **一対比較法の応用** 一対比較法は,すでに述べたとおり条件設定の自由度が高いこと(☞ p.218),すなわちどのような条件を比較しても構わないという大きな利点があるため,様々な感性情動的研究に適用されている.例えば,パーソナルカラー診断で使われるドレープの色を変化させて,「似合う程度」,「表情が生き生きと見える程度」,「有能な人物に見える程度」など,自由自在の評価項目で測定を行うことが可能である.あるいは,景観写真の色構成をカラーシミュレーションソフトでさまざまに変化させて,「美しい街並みと思える程度」,「街のブランディングイメージに合う程度」などを比較させることもできる.このように,この方法は直感的には気付きにくい微妙な心理量の違いを検出することに優れた方法なので,一見曖昧で何ともいえないような心理測定に特に威力を発揮する.得られたデータの処理の仕方は感覚知覚レベルの心理測定の場合とまったく同じである.

一方,これも前述のとおり,一対比較法の短所の一つは,測定対象となる刺激条件の増加とともに比較判断される対の組合せが急激に増大することである.対象がn個あれば対となる組合せの数は$_nC_2$になると述べたが,とりわけこの方法を感性情動的レベルの心理測定に用いる場合には,この数をさらに倍増することが望ましい.すなわち,感性情動的レベルの比較判断は個人内でも変動が大きく,対が継時呈示されるときの時間的順序あるいは同時呈示されるときの空間的配置が,A-BのときとB-Aのときで同等の判断がなされるとは限らないので,対の呈示は組合せ($_nC_2$)ではなく順列($_nP_2$)を考慮する必要がある.これにより,AとBがほぼ同位で一方の選択が困難な場合に,選択結果に及ぼす潜在的な順序バイアスあるいは位置バイアスが相殺されることが期待される.

なお,感覚知覚的事象の測定では,同一の被験者にすべての対について数十回以上の繰り返し判断を求めることもあるが,感性情動的レベルの測定では,各被

験者には順列のすべての対で各1回のみの比較判断を求めることが多い。これは，同じ対を繰り返し評価する際の判断基準の動揺や，前試行からのバイアス的影響を避けるためであり，その分少なくなってしまうデータ数については被験者数を増やす（通常は数十名用いる）ことで補うことになる。

11-3-3　SD法

先に8章で，SD法は人々の多面な感情的印象を測定するために，1950年代に**オズグッド**(Osgood, C. E.)により開発された方法であることを述べ，そこでは色の感情価の測定について概説した（☞ p.145）。ここでは再びSD法について，その測定法としての要点を確認しておこう。

▌**SD法の概要**　SD法とはセマンティック・ディファレンシャル法(semantic differential method)の略称であり，かつては「意味微分法」と訳されたこともあったが，「微分」という語のニュアンスが分かりにくいため一般にはSD法と呼ばれている。semanticは「意味」という意味だが、辞書で引くような「意味」ではなく，むしろ「イメージ」に近いもので，「感情的意味」ともいわれる。

SD法は，色，形，語音，香り等の単純な感覚刺激から，音楽，映像，人物，概念等の複雑な評価対象まで，さまざまな刺激が人々に与える印象やイメージを測定するものである。測定される印象やイメージは本来多次元的であり，しかもそれらの次元は事前に明らかでない場合が多い。したがって，測定漏れがないようできるだけ多数の（しかし現実的な制約に収まる数の）評価項目を用意し，因子分析などの統計手法を用い，結果（データの振る舞い）から事後的に次元を推定していくことになる。その意味で，SD法はボトムアップ的，探索的な研究法という性格が強い。

SD法で用いられる評価項目は，一般に対義語の形容詞対からなる両極性尺度であり，「どちらでもない」というニュートラル点を挟む5段階，7段階などの評定尺度として与えられる。どのような形容詞対をいくつ選ぶかは基本的に自由であるが，通常，'よい−悪い'，'好き−嫌い' といった価値評価的なものに限らず，あえて多様な種類の言葉が選ばれる。例えば，2色配色のイメージをSD法で測定しようとすれば，'調和−不調和'，'きれい−汚い' など，いかにもそれらしい項目だけでなく，'強い−弱い'，'安定−不安定'，'重い−軽い' など，配色イメージとただちに結びつかないような項目も用いられる。これは，上でも述べたように，未知の潜在的な評価次元（因子構造）を探索的に検討するためである。

提唱者のOsgoodによれば，SD法で得られる因子構造は評価対象（コンセプ

ト)の種類の違いを超えて比較的安定しており，8章でも述べたように，一般に，**評価性**(evaluation)の因子（'よい−悪い'，'きれい−汚い'など），**活動性**(activity)の因子（'動的−静的'，'熱い−冷たい'など），**力量性**(potency)の因子（'強い−弱い'，'重い−軽い'など）の3因子が得られるとされる(☞ p.145)。しかし，いうまでもなく実際の因子分析の結果は，評価対象，評価者，用いられる評価項目の種類と数などによって大きく変わる。

▌SD法の利点　　SD法の最大の長所はその汎用性である。原則として，どのような評価対象であっても取り扱うことができる。眼前に実在する具象物に限らず，例えば国々のイメージや抽象的な概念のイメージなど，実体のない想像された対象にも適用できる。また，感覚刺激についていえば，視覚や聴覚などのモダリティの違いを超えた，いわゆる共感覚的な印象の検討にも大変使い勝手がよい。例えば，私たちは，「暖かい色」，「柔らかい形」，「明るい音色」など，本来のモダリティを超えた印象を自然に感じることができるが，これらの異種感覚刺激（例えば光刺激と音刺激）の印象を同じSD尺度を用いて測定すれば，両者のイメージの類似性を定量的に検討することができる。

　わが国におけるSD法研究の第一人者である大山正の最近の評論論文(大山，2011)では，色，形，語音，香り等のさまざまな感覚刺激の印象の類似性・共通性を，SD法によって検討した一連の研究成果が報告されている。また，これと内容が重なるところがあるが，市原(2009)による総説も，SD法の歴史的経緯，将来的な展望や課題など，その概要を学ぶ上での好著である。

エピローグ：再び，色と人間生活

　本書は，「色と色彩の心理学」の標準的テキストブックとなることを目標に，さまざまな知見をオーソドックスな内容構成のもとで系統的に解説してきた。ここで再び「色と人間生活」に関わる2～3の事柄について述べ，読者には，新たな知識の源泉が日常経験でのちょっとした気付きや疑問の中にあることを知ってほしい。ただし，気付きや疑問は知識獲得の契機に過ぎない。自己の知識を一層豊かにするには，なぜそうであるかを考え，既存の知識を調べること（文献検索）が大切である。その上で，さらに新たな科学的知識の確立を目指すには，11章で述べたように所定の研究手順を踏む必要がある。そこで，文献検索の一方法についても簡単に紹介し，本書の記述を終えたい。

■なぜ高速道路の案内標識は緑地に白抜きの文字か？

　一口で答えれば，それは，誘目性や可読性など見えやすさ・分かりやすさに優れているからである。しかし，緑だけではなく赤，黄赤，黄などを基本色とする標識も目に付きやすいのに，なぜ自動車道路の案内標識は緑地に白抜きなのか。言うまでもなくそれは，的確な情報伝達のための公共のルールとして，安全標識の色（安全色）についてはJIS，道路標識については道路交通法でその規格が定められているからである。安全色とは「安全に関する意味が与えられている特性を持つ色」，安全標識とは「色と形状との組合せによって得られる一般的な安全上の伝達内容を伝え，また図記号または文言を付加して特定の安全上の伝達内容を伝える標識」と定義され，JIS Z 9101では，伝達の意味または目的の別に，安全色を赤，黄赤，黄，緑，青，赤紫の6種類（対比色に用いる白，黒を除く）に分けて各種の安全標識の詳細を定めている。また，道路交通法では，道路標識を案内標識，警戒標識，規制標識，指示・補助標識に分け，それぞれ細部にわたって規定している。

　高速道路と違って一般道路の案内標識は，青の背景に白抜きの文字・図記号である。運転者に道路や沿道での必要な注意を促す警戒標識は，黒の枠で囲まれた黄赤の地色の中央に黒色の文字・図記号が配置されている。通行の禁止・制限等の規制標識は，JISの禁止標識・高度の危険標識に準じて赤と白の組合せが多い。以上では色についてだけ述べたが，安全標識や道路標識には形状についての約束

ごともあり，例えば，禁止・停止・高度危険等の標識は◯，危険・警戒等の標識は◇，注意や制限等の標識は△または▽，情報・案内・指示等の標識は□，▭または▢の形状の表示板が使用される。これに加え，標識に書きこまれる文言の上下左右の位置関係や文字の書体にもきまりがある。

いつも何気なく見ている公共の標識には，上述のとおり幾つかの種類があり，それぞれの目的や意味に応じて一定の規格がある。そのことを意に留めて，改めて各種の標識を眺めてみると，新しい発見に出合ったり改良への工夫に気付くことがあるかもしれない。

■ 感受性の大小は色物商品の使用と逆比例するのか？

カラー展開をセールスポイントとする色物商品が今や世間に溢れている。すでに四半世紀も過去の1980年代中頃の調査であるが，千々岩(1992)によれば，男女をこみにして半数以上の大学生に使われていた色物商品は，Tシャツ，パジャマ，タオルケット，便箋と封筒，ヘヤードライヤー，財布，目覚まし時計等々で，9割以上の女子に使われていた色物は，下着，便箋と封筒，タオルケット，Tシャツ，パジャマなどであったという。このように，色物商品を多用する若者は多いが，他方，色物に関心が薄かったり，あえて距離を置く若者も確かにいる。そこで千々岩は，色物の多用者と非多用者の2群に分け，好きな色と嫌いな色を色見本から選ばせたり，色の流行や衣服の色への対処，暮らし向きへの容認度や生活観の違いを調査したり，Y-G性格検査を実施したりして色物多用者の典型的人物像を探った。そして，多用者と非多用者の違いは心理的要因によるところが大きいことを論じている。ここではこれ以上の記述を省くが，興味深いことに，色物多用者は社会的刺激に対して鈍感(非多用者は敏感)という，一見，常識的見解に反するような論考も加えられている。

さて，現今の色物商品について言えば，その種類と数の豊富さは千々岩の調査時点の比ではない。炊飯器・冷蔵庫・洗濯機などは白物家電と呼ばれ，当時は色も白が主流であったが，今ではそのような制約的な色使いは感じられない。携帯電話の人口普及率(契約者数÷人口)も1993年には3.2%に過ぎなかったが，2003年には94.4%，2013年には100%超の時代となり，スマートフォンの普及(2012年度末世帯普及率45.9%)とともにカラーバリエーションの展開はさらに加速した感がある。家電製品も携帯電話も，各社機能が横並びとなった今の時代，色・デザインを主たるアピールポイントとして喧伝され，色物への偏好傾向は強い。しかし，そのことと一見矛盾して，携帯電話を購入する際の選択では色みのないモノトーンが今なお主流であるという。

現代の生活者の色物商品の使用の実情はどのようであろうか。その実態を調べ，合わせて千々岩の研究を範例に色物多用者の心理を探り，社会的刺激に対する感受性の大小は色物商品の使用の多寡と逆比例するのかどうか，改めて検証してみるのも興味深いことである。

■ブルーカレーが食欲を減退させるのは色がブルーだからか？

かつて，過食症の対処法の一つとして食べ物を青や紫に着色するという話を耳にしたことがある。ところが最近，某会社の食堂のイベントで，青色のカレーライスが食欲を減退させるかどうかの検証が行われたことが紹介され，今ではそれを知る人の好奇心を満たすために，食堂のメニューに加えられているという。食欲が減退するのは，見た目の色が味に影響を及ぼすモダリティ間効果のネガティブな面の現れであるが，逆に，色で食欲をそそったり，食品を美味しく見せるために照明の演色性が考慮されるのは，ポジティブな効果を見込んでの話である。このような色と味とのモダリティ間効果が現れるのは，過去経験や知識に依存する概念的枠組みが判断基準として働くからという一面が大きい。苦味が全く同じで色の濃淡だけが異なるチョコレートの試料を作り，その色を見ながら苦味を判断させたとき，色が濃くなるほど苦味が増して感じられるのも，'ビター−マイルド'の苦味の程度と色の濃淡とが経験的知識として結びついているからであろう（松田，2005）。このように考えてみると，ブルーカレーが食欲を減退させるのは，その色が人々に内在するカレーの概念的枠組み（判断基準）に適合しないからであって，色がブルーその色だからというわけではないと思う。実際，ナスの漬物は鮮やかな青紫だからこそ美味しい。食品の青は毒物を連想させることがあるというから，青には余計なバイアスが加わることがあるかもしれないが，それでもカレーの色は青でも緑でも紫でも，馴染みの色から知覚的距離の遠い色のカレーは食欲を減退させるはずである。

ところで，私たちは身近な飲食物の色について信念にも似た記憶色を作り上げていて，品物の良し悪しを判断する際の物差しとしている。正にこの記憶色が，色と味のモダリティ間効果を橋渡ししていると表現し直すことができよう。しかし厄介なことに，現実の加工食品は美味しく見せるために多かれ少なかれ着色されており，食料色素製剤を使わない加工食品は滅多にない。記憶色は色相も彩度も一層強調される方向に変容しているのが常であるから，例えば無着色のタラコやオレンジジュースには違和感すら覚える。味へのモダリティ間効果は色だけの問題ではないが，それでもなお，色と味との関係について検討してみる課題はいろいろありそうな気がする。

■**知識と研究関心の拡大のために：文献検索のすすめ**

　知識を豊かにするには，疑問を契機に既存の知識を文献で調べ，その上で必要に応じて自ら新たに検証を試みることだと述べた。ここで言う「知識」とは，実証的研究の手順を踏んで客観的に入手された知見のことであり，「文献」とは，学術誌に公刊された研究論文や研究報告あるいは学会年次大会で発表された研究成果であることが多い。そして，「色と色彩の心理学」に関する文献が掲載される学術誌(学会の機関誌，大学・研究所の紀要・彙報等)や学会年次大会の記録(発表論文集，予稿集，抄録等)は，国内のものだけでも数多くある。

　さて，本書は「色と色彩の心理学」に関する読者諸氏の将来の研究関心を育むための案内書でもあった。そのため，ここでは，ウェブサイトで手軽に研究論文や報告の題名を検索でき，必要に応じて全文を入手可能なわが国の研究文献として，『日本色彩学会誌』と『色彩研究』の2誌を紹介しておきたい。前者は，日本色彩学会が1972年以降発行している逐次刊行物で，2013年の第37巻以降，隔月で年6号(年次大会の予稿集であるSupplementを含む)が刊行されるようになった。後者は，日本色彩研究所の研究紀要で，掲載論文の数は多くないが，1954年の第1巻から2012年の第59巻まで各巻2号ずつ刊行されている。誌名で分かるように，この2誌には心理学領域以外の文献も多数掲載されており，目次の題名だけでは内容の見当も付かない論文もあるに違いないが，逆に色彩に関する研究領域の広さを窺い知る良い機会にもなる。

　目次を検索していて関心が惹かれる論文に出会ったら，全文に目を通す機会を求めるとよい(オンラインアクセスは有料の場合が多いが，図書館などでバックナンバーを探す手もある)。知識が豊かになるだけでなく，研究の目的や方法などを研究事例に即して具体的に知ることができる。論文末尾に掲載の引用文献を手掛かりに過去の研究の経緯を知ることもでき(そのため学術雑誌は最新の巻・号から年代を遡るかたちで検索していくと良い)，自己の関心を拡大あるいは逆に焦点化していくこともできる。研究入門的な段階の文献検索としては，上記のとおりまずは学術誌の目次に目を通すことを奨めるが，やがて研究関心が焦点化してきたら，キーワードによるピンポイント的な文献検索も試みてほしい。

文　献

Alpern, M. (1967). Vision. In M. Alppern, M. Lawrence, & D. Wolsk *Sensory processes*. Belmont, CA: Brooks/Cole Publiishing Company.
浅野長一郎・町原 英・納谷嘉信・辻本明江・側垣博明・池田潤平・難波精一郎・平田素子 (1968). 3色配色の Semantic Differential による感情分析(その2. 実験結果の因子分析による解析). 電気試験所彙報, 32, 195-220.
Benary, W. (1924). Beobachtungen zu einein Experiment über Helligkeitskontrast. *Psychologische Forschung*, 5, 131-142.
Birren, F. (1941). *The story of color: From ancient mysticism to modern science*. Westport, Conn: Crimson Press.
Birren, F. (1987). *The principles of harmony and contrast of colors and their applications to the arts*. Schiffer Publishing.
Chevreul, M. E. (1839). *De la loi du contraste simultané des couleurs et de l'assortiment des objets colorés, considéré d'après cette loi*.
千々岩英彰 (1983). 色彩学. 福村出版.
千々岩英彰 (1992). "色の常識"はもはや通用しない. 松田隆夫・海保博之・藤澤 清・穐山貞登編　心理学フロンティア. 教育出版, pp.214-221.
千々岩英彰 (編著) (1999). 図説世界の色彩感情事典. 河出書房新社.
千々岩英彰 (2001). 色彩学概論. 東京大学出版会.
Choungourian, A. (1968). Color preferences and cultural variation. *Perceptual and Motor Skills*, 26, 1203-1206.
中小企業事業団・千々岩英彰 (1973). 消費者の色彩嗜好に関する研究. 中小企業事業団報告書.
Coren, S. (1972). Subjective contours and apparent depth. *Psychological Review*, 79, 359-367.
Dartnall, H. J. A., Bowmaker, J. K., & Mollon, J. D. (1983). Human visual pigments: Microspecterphotometric results from the eyes of seven persons. *Proceedins of the Royal Society of London*. Series B, 220, 115-130.
Duncker, K. (1939). The influence of past experience upon perceptual properties. *American Journal of Psychology*, 52, 255-265.
Ehrenstein, W. (1941). Über Abwandlungen der L. Hermannschen Helligkeitserscheinung. *Zeitschrift für Psychologie*, 150, 83-91.
Ehrenstein, W. (1954). *Probleme der ganzheitspsychologischen Wahrnemuungslehre*. Leipzig: Barth.
映像情報メディア学会 (1999). 映像情報メディア用語辞典. コロナ社.
Fick, A. (1878). Die Lehre von der Lichtempfindung. In L. Herman(Ed.)*Handbuch der Physiologie*, Vol. III, Leipzig: Vogel, 137-234.
Fransworth, D. (1943). The Farnsworth-Munsell 100 hue and dichotomous tests for color vision. *Journal of the Optical Society of America*, 33, 568-578.
Fransworth, D. (1947). Fransworth dichotomous test for color blindness-Panel D-15 (Manual). New York: The Psychological Corp.
Fuchs, W. (1923). Experimentelle Untersuchungen über das simultane Hintereinander auf derselben Sehrichtung. *Zeitschrift für Psychologie*, 91, 145-235.
福田邦夫 (1996). 色彩調和論. 朝倉書店. 12.

福田邦夫（1998 a）．色彩調和論の沿革．日本色彩学会編　新編色彩科学ハンドブック（第2版）．東京大学出版会，第17章，667-668．

福田邦夫（1998 b）．Ostwald の色彩調和論．日本色彩学会編　新編色彩科学ハンドブック（第2版）．東京大学出版会，第17章，705．

Galanter, E. (1962). Contemporary psychophysics. In R. Brown, E. Galanter, E. H. Hess, & G. Mandler(Eds.), *New directions in psychology*, 1. New York : Holt, Rinehart & Winston.

Gelb, A. (1929). Die Farbenkonstanz der Sehdinge. In A. Bethe et al. (eds), *Handbuch der normalen und pathologischen Physiologie*, 12. Berlin : Springer-Verlag. pp.594-678.

Goethe, J. W. (1810). *Zur Farbenlehre*.（高橋義人・前田富士男（訳）（1999）．色彩論，第一巻．工作舎，273, 288-296.）

Grassmann, H. G. (1853). Zur Theorie der Farbenmischung. *Poggendorf Annalen der Physik und Chemiie*, 89, 69-84. anonymous English translation (1854). Theory of compound colors, *Philosophical Magazine*, 4, 254-264.

Gregory, R. L. (1972). Cognitive contours. *Nature*, 238, 51-52.

芳賀　純・大山　正（1959）．意味微分法による色彩および色名の測定について．日本心理学会第23回大会発表論文抄録集，Ⅲ-52．

濱　八百彦（1928）．色彩概論．丸善．

浜本隆志・伊藤誠宏（編）（2005）．色彩の魔力．明石書店，pp.194-208．

羽成隆司・高橋晋也（2009）．複数色に対する色嗜好スタイルと個人の色認知特性．日本色彩学会誌，33, 319-326．

Hartline, H. K. (1940). The nerve messages in the fibers of the visual pathway. *Journal of the Optic Society of America*, 30, 239-247.

橋本仁司（1956）．色彩嗜好の調査．色彩研究，1, 46-49．

橋本麻里（2012）．ニッポン美術探検隊⑩．信濃毎日新聞(6月22日掲載)．

Hecht, S., & Shlaer, S. (1936). Intermittent stimulation by light. V. The relation between intensity and critical frequency for different parts of the spectrum. *Journal of General Physiology*, 19, 965-979.

Hecht, S., Schlaer, S., & Pirenne, M. H. (1942). Energy, quanta, and vision. *Journal of General Physiology*, 25, 819-840.

Hering, E. (1920). *Grundzuge der Lehre vom Lichtsinn*. Berlin : Springer-Verlag. (L. M. Hurvich, & D. Jameson *Outlines of a theory of the light sense*. Cambridge : Hurvard University Press, 1964.)

Hermann, L. (1870). Eine Erscheinung simultanen Kontrastes. *Pflüger Archiv für die gesamte Physiologie des Menschen und Tiere*, 3, 13-15.

Hochberg, J. E., Triebel, W., & Seaman, G. (1951). Color adaptation under conditions of homogeneous visual stimulation (Ganzfeld). *Journal of Experimental Psychology*, 41, 153-159.

星野昌一（1957）．色彩調和と配色．丸善．

細野尚志（1954）．カラーハーモニーの研究(1)．色彩研究，1, 2-18．

細野尚志（1974）．色彩調和体系の構成への展望．色彩研究，21, 28-35．

Hubel, D. H., & Wiesel, T. N. (1962). Receptive fields, binocular interaction, and functional architecture in the cat's visual cortex. *Journal of Physiology*, 160, 106-154.

Hurd, P. D., & Blevins, J. (1984). Aging and the color of pills. *New England Journal of Medicine*, 310, 202.

Hurvich, L. M. (1981). *Color vision*. Sunderland, Mass : Sinauer Associates.

Hurvich, L. M., & Jameson, D. (1957). An opponent-process theory of color vision. *Psychological Review*, 64, 384-404.

市原　茂（2009）．セマンティック・ディファレンシャル法(SD法)の可能性と今後の課題．人間工学，45, 263-269.
池田光男（1988）．眼はなにを見ているか―視覚系の情報処理．平凡社．
石原久代（1994）．学生における慣用色名の知識．名古屋女子大学紀要：家政・自然編，40, 23-31.
石原　忍（1916）．色盲の名称ならびに新案仮性同色表について．日本眼科学会雑誌，20, 305-313.（石原　忍　考案「総合色盲検査表」　半田屋商店）
伊藤久美子（2001）．服装における色彩調和に関する研究―色彩感情からみた配色―．日本色彩学会誌，25, 183-192.
伊藤久美子（2007）．2色配色における色彩調和と色彩感情の研究．筑波大学博士学位論文．
伊藤久美子（2008）．色彩好悪と色彩象徴の経年比較．デザイン研究，55(4), 31-38.
伊藤久美子（2009）．色彩調和感の諸研究．大山　正・齋藤美穂（編）　色彩学入門　色と感性の心理．東京大学出版会，pp.112-113.
伊藤久美子・吉田宏之・大山　正（2011）．男女の高齢者と大学生における色彩好悪と色彩感情．日本心理学会第75回大会発表論文集，1032.
伊藤みゆき・長谷川敬（1992）．大学生における慣用色名の知識と基本色別色群の特徴及び性差．日本色彩学会誌，16, 75-76.
Itten, J. (1961). *The art of color : the subjective experience and objective rationale of color.* New York : Van Nostrand Reinhold.（大智　浩・手塚又四郎（訳）（1964）．色彩の芸術．美術出版社）
岩滝典生・神作　博・垣本由紀子・横井清和（1964）．試作滑走路距離標識の視認性に関する飛行実験―航空標識の色彩に関する実験的研究―(Ⅳ)．航空医学実験隊報告，6, 57-67.
Judd, D. B. (1935). A Maxwell triangle yielding uniform chromaticity scale. *Journal of the Optical Society of America,* 25, 24-35.
Judd, D. B. (1950). *Color harmony : An annotated bibliography.*
Judd, D. B. (1955). Classic laws of color harmony expressed in terms of color solid. *Inter-Society Color Council News Letter,* 119, 13.
金子隆芳（1990）．色彩の心理学．岩波新書．
Kanizsa, G. (1976). Subjective contours. *Scientific American,* 234(4), 48-52.（金子　隆　芳（訳）（1976）．存在しない輪郭がなぜ見える．サイエンス，6(6), 20-25.）
Kanizsa, G. (1979). *Organization in vision : Essays on Gestalt perception.* New York : Praeger Publisher.（野口　薫（監訳）（1985）．視覚の文法：ゲシュタルト知覚論．サイエンス社．）
神作　博（1969）．模擬自然背景と色彩の誘目性．セイフティダイジェスト，15, 5-12.
神作　博（1972）．色彩の誘目性に関する実験的研究(8)．日本心理学会第36回大会発表論文集，88-89.
神作　博（1984）．照明の心理効果．照明学会・照明普及会（編）　照明教室59：照明における心理効果67.
神作　博（1998）．色光の誘目性．日本色彩学会編，新編色彩科学ハンドブック(第2版)．東京大学出版会，第22章，pp.882-887.
神作順子（1963）．色彩感情の分析的研究―2色配色の場合―．心理学研究，34, 1-12.
Katz, D. (1935). *The world of colour.* London : Kegan Paul.
Kelly, K. L. (1943). Color designations for lights. *Journal of the Optical Society of America,* 33, 627-632.
Kirschmann, A. (1891). Über die quantitativen Verhaltnisse des simultanen Helligkeits-und Farben-Kontrastes. *Philosophische Studien,* 6, 417.
小林重順（1998）．配色イメージの研究．日本色彩学会編，新編色彩科学ハンドブック(第2

版).東京大学出版会,第17章,pp.688-695.
小林重順・日本カラーデザイン研究所(編)(1990).カラーイメージスケール.講談社.
児玉 晃(1998).PCCSにおける色彩調和の考え方.日本色彩学会(編),新編色彩科学ハンドブック(第2版).東京大学出版会,第17章,696-702.
Koffka, K. (1935). *Principles of Gestalt psychology*. New York : Harcourt, Brace & World.
Kuffler, S. W. (1953). Discharge patterns and functional organization of mammalian retina. *Journal of Neurophysiology*, 16, 37-68.
Ladd-Franklin, C. (1929). *Colour and colour theories*. London : Kegan Paul.
Land, E. H. (1959 a). Color vision and the natural image : Part Ⅰ. *Proceedings of the National Academy of Sciences of the United States of America*, 45, 115-129.
Land, E. H. (1959 b). Color vision and the natural image : Part Ⅱ. *Proceedings of the National Academy of Sciences of the United States of America*, 45, 634-644.
MacAdam, D. L. (1942). Visual sensitivities to color differences in daylight. *Journal of the Optical Society of America*, 32, 247-274.
Marks, W. B. (1965). Visual pigments of single goldfish cones. *Journal of Physiology*, 4, 119-133.
Marks, W. B., Dobelle, W. H., & MacNichol, E. F. Jr. (1964). Visual pigments of single primate cones. *Science*, 143, 1181-1183.
増田直衛(1999).透明視.中島義明他(編)心理学辞典.有斐閣,635.
松田博子・名取和幸(2011).大学生における配色好悪と性格特性との関係.日本心理学会第75回大会発表論文集,34.
松田隆夫(1995).視知覚.培風館.
松田隆夫(2000).知覚心理学の基礎.培風館.
松田隆夫(2005).概念的基準の介在による判断の歪み―味に関する二つの実験―.立命館人間科学研究,10, 1-12.
松田隆夫(2007).「知覚不全」の基礎心理学.ナカニシヤ出版.
McCollough, C. (1965). Color adaptation of edge detectors in the human visual cortex. *Science*, 149, 1115-1116.
Metzger, W. (1953). *Gesetze des Sehens*. Frankfurt : Waldemar Kramer.
Miller, G. A. (1956). The magic number seven, plus or minus two : Some limits on our capacity for processing information. *Psychological Review*, 63, 81-97.
三田俊定(1950).光の感覚時.本川弘一・久保秀雄(編) 生理学の進歩.第1集.南條書店,pp.65-125.
三星宗雄(2011).日本における騒色公害の系譜とその解決.神奈川大学人文学研究所報,46, 35-51.
Moon, P., & Spencer, D. E. (1944 a). Geometric formulation of classical color harmony. *Journal of the Optical Society of America*, 34, 46-59.
Moon, P., & Spencer, D. E. (1944 b). Area in color harmony. *Journal of the Optical Society of America*, 34, 93-103.
Moon, P., & Spencer, D. E. (1944 c). Aesthetic measure applied to color harmony. *Journal of the Optical Society of America*, 34, 234-242.
森 伸雄・納谷嘉信・辻本明江・池田潤平・難波精一郎(1966).2色配色の調和理論.人間工学,2, 2-14.
盛田真千子・香川幸子(1989).慣用色名の認識について(第1報):女子大生の認識.日本色彩学会誌,13, 206-218.
盛田真千子・香川幸子(1990).慣用色名の認識について(第2報):世代差が与える影響.日本色彩学会誌,14, 162-171.

盛田真千子・香川幸子（1993）．慣用色名の認識について（第3報）：性差が与える影響．日本色彩学会誌, 17, 1-12.
宗内 敦・江川玫成・坂野雄二・原野広太郎・平沼 良（1983）．カラー・ピラミッド性格検査法．日本図書文化協会.
Newton, I. (1704). *Opticks*. London : Prnited for Sam. Smith and Benj. Walord. Printers to the Royal Society. （島尾永康（訳）（1983）．光学．岩波文庫, pp.307-308.）
日本色覚差別撤廃の会（編著）（1996）．色覚異常は障害ではない．高文研.
日本色彩学会（編）（1998）．新編色彩科学ハンドブック（第2版）．東京大学出版会.
日本色彩学会 ISO TC-187 色表示国内委員会（1993）．NCS(Natural Color System)に関するスウェーデン規格―SWEDISH STANDARD SS 01 91 00 E 邦訳の試み．日本色彩学会誌, 17, 209-217.
納谷嘉信（1998）．配色感情次元，配色嗜好感情の個人差，面積比，配色．日本色彩学会編 新編色彩科学ハンドブック（第2版）．東京大学出版会，第17章, pp.675-680.
納谷嘉信・浅野長一郎・町原 英・池田潤平・難波精一郎・辻本明江・側垣博明・平田素子（1968）．三色配色の Semantic Differential 法による感情分析．テレビジョン, 22, 441-450.
小保内虎夫・松岡 武（1956）．色彩象徴性格検査法．中山書店.
小口忠太（1910）．色盲及其の検査法について（付・予の色神検査表）．日本眼科学会雑誌, 14, 790-807.
近江源太郎（1969）．色彩の嗜好調査．色彩研究, 15, 82-92.
近江源太郎・柳瀬徹夫・椿 文雄（1981）．日本人の色彩嗜好(4)―1980 調査から―．色彩研究, 28, 2-9.
大島正光（1953）．色彩の生理・心理．上田武人（編）色彩調節．技報社, pp.93-97.
太田安雄（1966）．40 hue test の改良．日本眼科学会雑誌, 70, 798-801.（太田安雄 考案・指導「40 色相配列検査器」 日本色研事業）
Ohta, Y. (1970). Studies on the acquired anomalous colour vision-colour vision anomalies in patients with lesion of the retina. Optic Chiasm and Post-occipital Center, AIC. "Color 69", 1, 89-96.
Ohtani. N., & Takanose, K. (1966). Perceptibility and visibility of daylight fluorescent pigments. *Proceedings of the International Conference on Luminescence*, 632-635.
Ostwald, W. (1916). *Die Farbenfibel*. Leiptiz : Verlag Unesma. (*The color primer*, 1969, New York : Nostland Reinhold.)
Ostwald, W. (1922). *Die Harmonie der Farben*. Leiptiz : Verlag Unesma. (*The harmony of colours*, 1931, London : Winser & Newton.)
大山 正（1958）．色彩面の進出・後退現象の測定．照明学会誌, 42, 526-531.
大山 正（1964）．色彩象徴に関する一研究．色彩研究, 11, 55-59.
大山 正（2011）．色・形・運動・語言と感性．心理学評論, 54, 456-472.
大山 正・瀧本 誓・岩澤秀紀（1993）．セマンティック・ディファレンシャル法を用いた共感覚性の研究．行動計量学, 39, 55-64.
大山 正・田中靖政・芳賀 純（1963）．日米学生における色彩感情と色彩象徴．心理学研究, 34, 109-121.
Payne, M. C. Jr. (1961). Apparent weight as a function of hue. *American Journal of Psychology*, 74, 104.
Pirenne, M. H. (1967). *Vision and the eye*. London : Chapman & Hall.
Purdy, D. M. (1937). The Bezold-Brücke phenomenon and contours for constant hue. *American Journal of Psychology*, 13, 295-305.
Rood, O. N. (1879). *Modern chromatics : with applications to art and industry*. New York : D. Appelton and Company.

Roth, A. (1966). Test 28-hue de Roth selon Farnsworth-Munsell, Manual. Paris : Luneau.
Rushton, W. A. H. (1962). *Visual pigments in man*. Liverpool University Press.
齋藤美穂 (1997). 色彩嗜好の構造に関する心理学的研究―国際比較研究を通して―. 早稲田大学博士学位論文.
坂口忠雄・野口 透 (1969). 色相, 明度, 彩度がものの見え方に及ぼす影響. 照明学会雑誌, 53, 213-218.
坂田勝亮 (1998). NCS. 日本色彩学会(編)　新編色彩科学ハンドブック(第2版). 東京大学出版会, 第5章, pp.157-162.
Sample, P. A., Boynton, R. M., & Weinerb, R. N. (1988). Isolating the color vision loss in primary open-angle glaucoma. *American Journal of Ophthalmology*, 106, 686-691.
Schaie, K., & Heiss, R. (1964). *Color and personality*. Hans Huber.
Schenck, F. (1907). Theorie der Farbenempfindung und Farbenblindheit. *Archiv für die gesamte Physiologie des Menschen und der Tiere*, 118, 129-180.
Schmidt, R. F. (Ed.) (1986). *Fundamentals of sensory physiology*. Berlin : Springer-Verlag. (岩村吉晃他(訳) (1989). 感覚生理学, 金芳堂.)
Schumann, F. (1900). Beitrage zur Analyse der Gesichstwahrnemungen. Erste Abhandlung. Einige Beobachttungen über die Zusammenfassung von Gesichtseindruken zu Einheiten. *Zeitschrift für Psychologie und Physiologie der Sinnesorgane*, 23, 1-32.
Schumann, F. (1904). Einige Beobachttungen über die Zusammenfassung von Gesichtseindruken zu Einheiten. *Psychologische Studien*, 1, 1-32.
Secular, R., & Blake, R. (1994). *Perception*. (3rd ed.) New York : McGraw-Hill.
色彩科学協会編 (1962). 色彩科学ハンドブック. 南江堂.
塩田力蔵 (1892). 色の調和. 学齢館.
照明学会 (1970). 各種気象下における航空灯火の見え方に関する試験研究報告書.
相馬一郎・富家 直・千々岩英彰 (1963). 色彩の暖寒感. 和田陽平・大山 正・今井省吾 (編)　感覚・知覚心理学ハンドブック. 誠信書房, 第5章, 14-1, p.386.
Spear, P., Penrod, S., & Baker, T. B. (1988). *Psychology : Perspectives on behavior*. New York : John Wiley & Sons.
鈴木孝夫 (1990). 日本語と外国語. 岩波新書.
高橋晋也・大屋和夫・荒川圭子・石坂裕子 (2003). カニッツァ錯視減損効果の多面的検討. 日本心理学会第67回大会発表論文集, p.557.
高橋晋也・羽成隆司 (2005). 色嗜好表出における認知要因. 日本色彩学会誌, 29, 14-23.
高橋晋也・羽成隆司 (2008). 色嗜好表出における認知要因(2) : 手続き変更による既報知見の一般化の試み. 日本色彩学会誌, 32, 282-289.
田仲留美子 (2007). ファッション情報について. かわとはきもの, 142, 11-14.
富家 直 (1969). 色の意味. 毎日新聞社.
富家 直 (1974). 二色配色の評価と単色の評価との関係. 色彩研究, 21, 19-22.
冨田正利 (1998). 色の感情効果. 日本色彩学会(編)　新編色彩科学ハンドブック(第2版). 東京大学出版会, 第17章, pp.675-680.
Tomita, T., Kaneko, A., Murakami, M., & Pauter, E. L. (1967). Spectral response curves of single cones in the carp. *Vision Research*, 7, 519-531.
塚田 敢 (1962). 建築色彩の視覚効果に関する基礎事項の研究―第2部―. 千葉大学工学部研究報告, 13(24), 1-45.
塚田 敢 (1966). 色彩の美学. 紀伊國屋書店.
上村六郎・山崎勝弘 (1949). 日本色名大鑑. 養徳社.
van Tuijil, H. F. J. M. (1975). A new visual illusion : Neon like color spreading and complementary color induction between subjective contours. *Acta Psychologica*, 39, 441.

Wallach, H. (1948). Brightness constancy and the nature of achromatic colors. *Journal of Experimental Psychology*, 38, 310-324.
Werner, J. S., Cicerone, C. M., Kliegl, R., & DellaRosa, D. (1984). Spectra efficiency of blackness induction. *Journal of the Optical Society of America*, A, 1, 981-986.
Wiegersma, S., & de-Klerck, I. (1984). The "blue phenomenon" is red in the Netherlands. *Perceptual and Motor Skills*, 56, 971-978.
山崎幸雄 (1969). 日本伝統色・色名解説. 日本流行色協会.
山崎勝弘 (1998). 古代色名. 日本色彩学会(編) 新編色彩科学ハンドブック(第2版). 東京大学出版会, 第16章, pp.598-615.
柳瀬徹夫 (1982). 色彩計画. 工業デザイン全集編集委員会 デザイン技法(工業デザイン全集4). 日本出版サービス, pp.209-268.
柳瀬徹夫 (1987). 色彩心理分析の現状(色彩感情の計量化について). 繊維と工業, 43, 68-177.
矢野道也 (1907). 色彩学. 博文館.
吉岡幸雄 (2008). 「源氏物語」の色辞典. 紫紅社.
Zisman, F., & Adams, A. J. (1982). Spectral sensitivity of cone mechanisms in juvenile diabetes. In G. Verriest (Ed.), Colour vision deficiencies, Ⅵ. *Proceedings of the Sixth Symposium of the International Research Group of Colour Vision Deficiencies*. The Hague : W. Junk.

索　引

あ　行

青七現象　152
アクセントカラー　180
アソートカラー　181
アナログ尺度　222
アノマロスコープ　63
アパレル展示会　186
アブニー効果　43
暗順応　36
暗所視　31
暗清系列（暗澄系列）　99, 100
暗清色　112
石原総合色盲検査表　61
異常三色型色覚　56
異常色覚　55
一色型色覚　57
一対比較法　217, 224
イッテン（Itten, J.）　169
色温度　11
色記憶　117
色三角形　106
色残像　39, 115
色失語症　60
色視野　34
色順応　37
色と大きさ感　140
色と温度感　141
色と距離感　139
色特異性細胞　25
色と重量感　141
色の現れ方　119
色の感情価　142
色の感情的意味空間　146
色の三属性　40
色の象徴性　146, 194
色の好き嫌い　149

色の属性間効果　193
色の対比　126
色の同化　132
色のモダリティ間効果　141, 193
色のモダリティ内効果　139
色の連想語　147, 194
色立体　45, 91, 99, 106
　　イッテン——　169
　　NCSの——　107
　　オストワルト——　99
　　PCCS——　111
　　マンセル——　91, 93
陰性残像　39
インターカラー　186
インテリアカラーコーディネート　200
インテリアの色彩計画　200
ヴェルトハイマー－ベヌッシの図形　127
ウォルフの図形　128
S錐体　23, 30
SD尺度　146
SD法　145, 225
NCS　103
M錐体　23, 30
LEDランプ　10
L錐体　23, 30
エーレンシュタイン図形　136
演色　119
演色性　119
縁辺対比　128
エンメルトの法則　39
横断的研究　209
オズグッド（Osgood, C. E.）　144, 225
オストワルト（Ostwald, W.）　96, 165
オストワルト純度　99

か　行

開口色　120

回転混色　48
可視スペクトル　5
可視放射(可視光)　5
仮性同色表　61
仮説検証的方法　207
カッツ(Katz, D.)　120
可読性　124
カニッツァ図形　134
加法混色(加色混合)　45
カマイユ配色　183, 192
カラーイメージスケール　198
カラー印刷　52
カラーオーダーシステム　90, 96, 103, 108
カラーコーディネート　185, 190
カラーテレビ　52
カラー・ピラミッド・テスト　160
カラーフィルム写真　53
カラーユニバーサルデザイン　66
感覚時間　35
間隔尺度　217
眼球の構造　16
還元衝立　121
観察法　208
寒色(冷色)　141, 193
完全色　97
桿体　18, 20
桿体視　31
桿体視物質　20
慣用色名　71, 72, 73
記憶色　116
記述的研究　206
基本色刺激　83
基本色名　75, 80
　JIS の——　75
　PCCS の——　80
鏡映色　121
極限法　212
虚色　88
キルシュマンの法則　131
近中心視　33
空間色　121
空間的解像力　33
グラスマンの法則　47

グラデーション配色　182
グレア効果　124
クロマ　90
クロマティックネス　104
継時対比　126
系統色名　75, 79
　JIS の——　75
　PCCS の——　79
ゲーテ(Goethe, J. W.)　164
ゲルプ効果　118
検査法(テスト法)　210
検証的研究　207
顕色系　82, 90
減法混色(減色混合)　47
光覚閾　31
光輝　121
高彩度トーンのイメージ　195
恒常性　118
　明るさの——　118
　色の——　118
恒常法　214
後退色　139, 193, 211
光沢　121
後天色覚異常　59
興奮色　194
古代色名　68, 70
コフカリング　131
固有色　117
混色　45
混色系　82
混色補色　86
コンプリメンタリー配色　170
コンプレックス・ハーモニー　182, 193

さ　行

彩度　41, 79, 90, 96, 111, 131, 133
彩度差をもとにした配色　179
サチュレーション　108
三原色　49
　加法混色の——　49, 50
　減法混色の——　49, 50
三色型色覚　54

三色説　26
残像　38, 39, 115
　色――　39, 115
　　陰性――　39
　　補色――　39
　　陽性――　39
CIE　82
CFF　34
シェヴルール(Chevreul, M. E.)　164
視覚伝送路　19
時間的解像力　34
視感度曲線　31
色覚　54
色覚異常　55, 58
色覚検査　61
色覚説　26, 29
色彩感情　142
色彩計画　201
色彩嗜好　149
　――と異文化性　151
　――の時代差　150
　――の性差　149
　――の年齢差　149
色彩象徴テスト　159
色彩調節　157
色彩調和論　163
　イッテンの――　169
　オストワルトの――　165
　ムーンとスペンサーの――　167
色彩の還元　120
色彩論　163, 164, 169
　ゲーテの――　164
　シェヴルールの――　164
　ジャッドの――　169
　ニュートンの――　163
色視症　60
色相　40, 77, 92, 94, 97, 104, 109, 131, 133
色相環　44, 94, 98, 105, 110, 170
　イッテンの――　170
　NCSの――　105
　オストワルトの――　98
　PCCSの――　110
　マンセルの――　94

色相差をもとにした配色　177
色相配列検査　62
色相弁別閾　41
色度座標　85
色度図　51, 84, 85, 86
識別性　125
識別の研究　207
色名呼称障害　60
刺激　5
刺激純度　87
視細胞　18, 22
実験法　210
質問紙調査法　209
視認性　123
視物質　20, 21, 22
視野　34
尺度の水準　217
灼熱　121
ジャッド(Judd, D. B.)　169
収縮色　140, 193
縦断的研究　209
周辺視　19, 33
シュヴルール(Chevreul, M. E.)　164
主観色　14
主観的等価点　212
主観的輪郭　134
主波長　9, 41, 87
受容野　21, 24
順位法　221
純紫軌跡　85
純色　97
順応　36, 37
上下法　213
条件等色　47
小面積第三色覚異常　114
視力　33
親近性の原理　169
神経節細胞　18
人工スペクトル・コマ　15
進出色　139, 193, 211
心理尺度構成法　215
心理物理的測定法　211
心理補色　109

錐体　18, 20
錐体視　31
錐体視物質　20, 21, 22
数値評定法　222
スティーヴンス（Stevens, S. S.）　215
　──の法則　216
スプリットコンプリメンタリー　171
スペクトル軌跡　85
赤緑色盲　58
セパレーション　181
セマンティック・ディファレンシャル法
　　144, 225
選択法　220
側抑制（側方抑制）　129

た　行

ダイアード　170
第一色覚異常　56
第三色覚異常　56
対照色相配色　177, 190
対照トーン配色　179, 191
第二色覚異常　56
大脳性色盲　59
対比　125, 129, 131
　彩度の──　131
　色相の──　129
　明度の──　125
対比の調和　168
多色色相配色　191
単色光　8
単色放射　8
暖色（温色）　141, 193
知覚的体制化の原理　125
知覚的等歩度　91, 219
知覚的透明　136
秩序の原理　169
中間混色　48
中間色　112
中彩度トーンのイメージ　196
中心窩　18
中心視　19, 33
中枢性色覚異常　59

調査法　209
調整法　211
鎮静色　194
低彩度トーンのイメージ　196
定性的研究　211
定量的研究　210
デザイナーズコレクション　186
テトラード　171
電磁スペクトル　5
電磁放射　5
同一色相配色　177, 190
同一トーン配色　179, 191
同一の調和　168
同化　126, 132, 133
　彩度の──　133
　色相の──　133
　明度の──　132
等価値色系列　102
等クロマ面　93
等現間隔法　219
等黒系列　100
等色相三角形　99, 100
等色相面　93
同時対比　126, 129
同時的前後視　137
等純系列　101
等色　46
統制的研究　207
動的応答範囲　38
等白系列　100
等分割法　219
透明視　136, 138
透明面色　121
トーナル配色　192
ドミナントカラー配色　183, 192
ドミナントトーン配色　183, 192
トライアド　171
トリコロール配色　178, 192
ドルトニズム　55
トーン　80, 112
トーンイメージ　195
トーン・イン・トーン配色　183, 192
トーン・オン・トーン配色　183, 192

トーン差をもとにした配色　179

な 行

ナチュラルカラーシステム　103
ナチュラル・ハーモニー　181
二色型色覚　56
二色法　116
二分視野　46, 213
日本色研配色体系　79, 108, 174
ニュートン(Newton, I.)　6, 163
ネオンカラー効果　137

は 行

配色イメージ　196
配色の感情効果　153
配色の好悪　156
ハーヴィッチとジェイムソンの段階説　29
薄明視　31
ハーマン格子　135
バリュー　90
伴性劣性遺伝　58
反対色説　28
判断における過剰補償　142
判断の中心化バイアス　222
PCCS　79, 108, 174
PSE　212
比較照合法　218
ビコロール配色　178, 192
比視感度曲線　32
ヒュー　90
ヒュー・トーン・システム　113
標準色票　95
表色系　82, 89, 96
　　RGB——　82
　　XYZ——　83
　　オストワルト——　96
　　CIE——　82
　　マンセル——　89
評定尺度法　221
評定法　220
表面色　120

品等法　221
ファッションイメージ　187
フェヒナー(Fechner, G. T.)　14, 215
　　——の円板　15
　　——の法則　97, 216
フォカマイユ配色　183, 192
複合放射　8
不調和の調和　182
フリッカー弁別　34
負量混合　83
プルキンエ現象　32
フルクロマティックカラー　104
プルフリッヒの振子　35
分光視感効率曲線　32
分光反射率　13
分光分布　9, 10
併置加法混色　49
併置混色　48
冪法則　216
ヘクサード　171
ベースカラー　181
ベツォルト-ブリュッケ現象　43
ベナリーの図形　127
ヘリング格子　135
ヘリングの反対色説　27
ヘルムホルツの三色説　26
ペンタード　171
ベンハムの円板　15
方向特異性色残像　115
膨張色　140, 193
飽和度　41
飽和度弁別閾　43
補色残像　39
補色色相配色　190
補色主波長　87
補色波長対　86
ホームレス・カラー　120

ま 行

マクスウェルの円板　48
マグニチュード産出法　216
マグニチュード尺度　216

243

マグニチュード推定法　　104, 215, 223
マッカロー効果　　115
マックアダムの偏差楕円　　87
マッハ現象　　128
マッハの輪　　128
マンセル（Munsell, A. H.）　　90, 165
　——色記号　　93, 94
　——・カラー・ツリー　　92
見かけの輪郭　　134
無彩系列　　97, 99
無彩光　　8
無彩色　　14
　——のイメージ　　196
無色域　　42
明視性　　124
明順応　　36
明所視　　31
明清系列（明澄系列）　　99, 100
明清色　　112
明度　　41, 79, 90, 109, 111, 125, 132
明度差をもとにした配色　　178
明瞭性の原理　　169
メタメリズム　　47
面色（平面色）　　120

網膜の構造　　17

や　行

ヤング－ヘルムホルツ説　　27
有彩光　　9
有彩色　　14
誘目性　　122
陽性残像　　39
四色説　　28

ら　行

ライトネス　　108
ランドルト環　　33
リープマン効果　　124
臨界融合頻度　　34
類似色相配色　　177, 190
類似性の原理　　169
類似トーン配色　　179, 191
類似の調和　　168
連想色　　147
ロールシャッハ・テスト　　161

著者紹介

松田 隆夫 文学博士
まつだ たかお

略歴 東京教育大学心理学科卒業，同 大学院教育学研究科博士課程修了，徳島大学助教授，同 教授，信州大学教授，立命館大学教授，同 特別任用教授を歴任

著書 心理学フロンティア(共編著，教育出版)，視知覚(単著，培風館)，心理学概論(編著，培風館)，知覚心理学の基礎(単著，培風館)，「知覚不全」の基礎心理学(単著，ナカニシヤ出版)，他

高橋 晋也 博士(心理学)
たかはし しんや

略歴 名古屋大学文学部卒業，同 大学院文学研究科博士後期課程修了，豊田工業大学講師，名古屋大学助教授を経て，東海学園大学教授

著書 錯視の科学ハンドブック(分担執筆，東京大学出版会)，新版 現代心理学(同，培風館)，色彩学入門—色と感性の心理(同，東京大学出版会)，色彩用語事典(同上)，新編 色彩科学ハンドブック[第3版](同上)，他

宮田 久美子 博士(学術)
みやた くみこ

略歴 日本女子大学家政学部卒業，茨城大学大学院人文科学研究科修士課程修了，常磐短期大学助教授を経て，同 教授，Color and Makeup Consultant(米国)

著書 色彩学入門—色と感性の心理(分担執筆，東京大学出版会)，衣生活と介護(共著，医歯薬出版)，プレゼンテーション(共著，嵯峨野書院)，概説 衣料学(単著，山三印刷)，色の抄録(単著，常磐総合印刷)，他

松田 博子 修士(人間科学)
まつだ ひろこ

略歴 神戸女学院大学文学部卒業，日本大学大学院社会情報研究科博士前期課程修了，パーソナルカラーアナリスト(米国・日本)，色彩認定講師(日本色彩研究所・AFT・東京商工会議所)，カラーコンサルタントスタジオ主宰，立命館大学・大阪産業大学非常勤講師

業績 広野幼稚園色彩設計(宇治市)，色彩用語事典(分担執筆，東京大学出版会)，他